高等院校新形态一体化教材·物流类

集装箱与多式联运

(活页式教材)

主　编　嵇莉莉　陈玉卯
副主编　王　娟　李红雨

北京理工大学出版社
BEIJING INSTITUTE OF TECHNOLOGY PRESS

版权专有　侵权必究

图书在版编目（CIP）数据

集装箱与多式联运 / 嵇莉莉，陈玉卯主编. -- 北京：北京理工大学出版社，2023.7

ISBN 978-7-5763-2624-6

Ⅰ.①集… Ⅱ.①嵇…②陈… Ⅲ.①集装箱运输-多式联运-教材 Ⅳ.①U169

中国国家版本馆 CIP 数据核字（2023）第 133940 号

出版发行 /	北京理工大学出版社有限责任公司
社　　址 /	北京市海淀区中关村南大街 5 号
邮　　编 /	100081
电　　话 /	（010）68914775（总编室）
	（010）82562903（教材售后服务热线）
	（010）68944723（其他图书服务热线）
网　　址 /	http：//www.bitpress.com.cn
经　　销 /	全国各地新华书店
印　　刷 /	河北盛世彩捷印刷有限公司
开　　本 /	787 毫米×1092 毫米　1/16
印　　张 /	15.5
字　　数 /	402 千字
版　　次 /	2023 年 7 月第 1 版　2023 年 7 月第 1 次印刷
定　　价 /	49.80 元

责任编辑 /	申玉琴
文案编辑 /	申玉琴
责任校对 /	周瑞红
责任印制 /	施胜娟

图书出现印装质量问题，请拨打售后服务热线，本社负责调换

前　　言

2022年10月16日，中国共产党第二十次全国代表大会胜利召开。二十大报告中指出，要"建设高效顺畅的流通体系，降低物流成本"。随着《推进铁水联运高质量发展行动方案（2023—2025年）》《加快建设交通强国五年行动计划（2023—2027年）》等文件的相继发布，国内各地全面推进落实二十大报告关于加快建设交通强国的目标任务，集装箱与多式联运领域发展的重点工作——部署。

本书根据集装箱多式联运业务的多岗交互性特点，设置教学项目和学习情境，包括集装箱与多式联运认知、集装箱与多式联运货方业务、集装箱与多式联运场站业务、集装箱与多式联运承运人业务，并根据各岗位工作过程设计教学任务。

本书紧扣近年来集装箱多式联运发展变化，将铁水联运、多式联运枢纽建设、中欧班列、智慧堆场等新技术、新工艺、新方法融入教学内容，将行业标准、技术规范等指导性文件纳入拓展学习，促进教学内容与岗位能力需求的对接。

本书编写特色：

（1）体现模块化设计思路。本书按照集装箱多式联运中岗位工作过程设计教学任务，划分教学模块，使用者可以根据所从事的岗位或个人学习需求选取模块，组织学习内容。

（2）选取专业性思政素材。本书中每个教学任务设置一个物流故事，讲述物流企业的社会责任、物流人物的励志成长事迹等，以物流人、物流事引导思考，展开课程思政教育。

（3）配置"5E"模式学习资源。本书提供微课、视频、动画、案例、图文等大量线上学习素材，以二维码形式插入相应位置，便于学生课前、课中、课后自主学习，使学生成为学习的主体，老师成为学习的引导者。

本书是江苏省十四五在线精品课程配套的活页式教材，课程网站汇集教学过程中使用的全部电子教案、微课、视频、图片、案例、动画、题库等资源，便于任课老师组课授课。本书既可作为现代物流管理、铁路物流管理等相关专业学生的教材，也可作为集装箱及多式联运相关岗位从业人员的培训或参考教材。本书采用活页形式装订，便于老师组课和学生取用，实现学做相长、知行合一。

本书由嵇莉莉、陈玉卯任主编，王娟、李红雨任副主编。本书在编写过程中，得到了江苏省国际货运班列有限公司、上海铁路局南京货运中心、传盛货运代理有限公司、隽森供应链有限公司等单位的鼎力支持，在此一并表示感谢！

限于编者水平，书中难免存在疏漏之处，恳请广大读者批评指正！

目 录

项目一　集装箱与多式联运认知 ··· 001

 任务一　了解集装箱多式联运 ··· 001

 任务二　集装箱多式联运标准化 ·· 008

 任务三　集装箱运输工具认知 ··· 023

项目二　集装箱与多式联运货方业务 ·· 027

 任务一　集装箱货物托运 ··· 027

 任务二　集装箱提箱装货 ··· 036

  子任务一　办理提空箱业务 ·· 036

  子任务二　集装箱货物装箱 ·· 046

 任务三　集装箱货物进出境通关 ·· 056

  子任务一　了解进出境通关基本知识 ·· 056

  子任务二　办理集装箱及货物通关 ··· 063

 任务四　集装箱货物交接 ··· 069

  子任务一　办理集装箱箱货交接业务 ·· 069

  子任务二　集装箱运输交接单证业务 ·· 075

  子任务三　集装箱货物运输保险 ··· 090

项目三　集装箱与多式联运场站业务 ·· 096

 任务一　了解集装箱场站 ··· 097

  子任务一　了解集装箱码头 ·· 097

  子任务二　了解铁路集装箱场站 ··· 104

 任务二　集装箱场站箱务管理 ·· 108

  子任务一　集装箱场站箱位划分 ··· 108

  子任务二　集装箱场站堆存管理 ··· 114

  子任务三　集装箱场站收发箱业务 ··· 119

 任务三　集装箱场站装卸业务 ·· 127

  子任务一　了解集装箱场站装卸设备 ·· 127

  子任务二　集装箱场站装卸工艺 ··· 135

项目四　集装箱与多式联运承运人业务 …… 142

任务一　集装箱配置策划 …… 143
子任务一　集装箱配置量的确定 …… 143
子任务二　集装箱租赁方案制定 …… 149
子任务三　集装箱空箱调运 …… 157

任务二　集装箱运输组织 …… 162
子任务一　办理水路集装箱运输 …… 163
子任务二　办理铁路集装箱运输 …… 185
子任务三　办理公路集装箱运输 …… 198
子任务四　办理航空集装运输 …… 204
子任务五　组织集装箱多式联运 …… 216
子任务六　集装箱多式联运运费计收 …… 228

参考文献 …… 239

项目一　集装箱与多式联运认知

学习目标

目标项目	目标要求	完成情况的自我评价
知识目标	了解集装箱运输的特点和优势 理解多式联运内涵 掌握标准集装箱的箱型、尺寸 了解多式联运载运单元的类型和特点 掌握集装箱箱体结构、标识和有关术语 熟悉集装箱运输工具	
技能目标	能识别集装箱箱型、尺寸 能根据箱体标识，识别集装箱主要信息 能根据货物选择适合的集装箱	
素质目标	理解"集装箱改变世界"，培养对课程学习的兴趣及投身行业的热情 通过了解我国集装箱与多式联运行业的快速发展，树立自豪感和自信心	

任务一　了解集装箱多式联运

学习导图

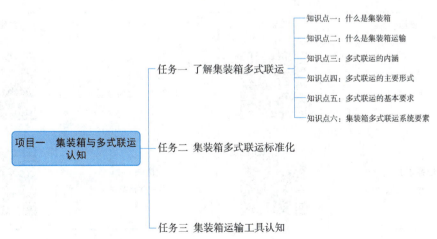

📍 物流故事

物流故事	二维码	谈谈体会
📖物流故事 1-1：全球前 20 大集装箱港口排名出炉，中国占据 9 席		

🎯 导学任务

"集装箱之父"麦克莱恩，用啤酒运输做了一次尝试。先用散装的方式运一次，从工厂出来，装上货车，到码头卸下来装船，到了对岸从船上卸下来再装车，这个时候每吨啤酒的运费是 4 美元。如果使用集装箱，直接从啤酒厂装到箱子里运到对面码头，成本变成了 20 美分，节省了 95% 的运费。

有了集装箱，人类的货物运输成本降低了 90% 以上。集装箱改变了世界经济形态，推动了全球大分工。而且随着世界经济一体化和经济全球化的持续发展，集装箱将继续引领世界运输的发展方向。

大学毕业生小王，到 NT 集装箱公司参加毕业实习，被分配到该企业货运代理业务部门。部门主管张经理要求小王尽快熟悉部门工作，理论联系实际，掌握集装箱运输的相关业务。

🌐 导学问题

- 集装箱运输和件杂货运输有什么区别？
- 集装箱是什么样的容器？它有什么作用？
- 组织集装箱运输的基本要素有哪些？
- 集装箱如何推动多式联运发展？

🔄 导学资源

资源	二维码	资源	二维码
📖视频 1-1：集装箱运输发展		📖微课 1-1：集装箱运输的发展	
📖视频 1-2：24 000TEU 集装箱船		📖微课 1-2：多式联运概述	

项目一 集装箱与多式联运认知

知识链接

知识点一：什么是集装箱

集装箱是一个大型化、标准化、能反复使用的载货容器。一个 20 ft 的标准集装箱尺寸大约为：6 050 mm×2 440 mm×2 440 mm（长×宽×高）。

国际标准化组织（ISO）对集装箱的定义如下。

集装箱是一种运输设备，应具备下列条件：

（1）具有足够的强度，可长期反复使用。
（2）适于一种或多种运输方式运送货物，途中无须倒装。
（3）设有供快速装卸的装置，便于从一种运输方式转到另一种运输方式。
（4）便于箱内货物装满和卸空。
（5）内容积等于或大于 1 m^3（35.3 ft^3）。

"集装箱"这一术语既不包括车辆也不包括一般包装。

知识点二：什么是集装箱运输

集装箱运输就是将货物装在集装箱内，以集装箱作为一个货物集合，进行运输和装卸等。集装箱运输是对传统的以单件货物进行装卸的运输工艺的一次重要革命，是件杂货运输的发展方向。由于集装箱运输所具有的巨大社会效益和经济效益，件杂货运输的集装箱化程度已经成为衡量各国运输现代化程度的重要指标，国际航运中心也将集装箱吞吐量作为衡量其规模的主要标志。

由于集装箱具有对所载货物的集装功能及保护功能，因此使装卸作业的机械化、自动化程度大大提高，从而节约了装卸、理货、车船周转、货物在途的时间，降低了装卸、包装、货损、船舶运营等费用，使承托双方各得其利。

知识点三：多式联运的内涵

中国国家标准《物流术语》中对多式联运的解释是：货物由一种运载单元装运，通过两种或两种以上运输方式连续运输，并进行相关运输物流辅助作业的运输活动。《物流术语》中对国际多式联运的英文表述为：International multimodal Transport。

《联合国国际货物多式联运公约》对国际多式联运所下的定义是：按照国际多式联运合同，以至少两种不同的运输方式，由多式联运经营人把货物从一国境内接管地点运至另一国境内指定交付地点的货物运输。

知识点四：多式联运的主要形式

多式联运一词最早出现在 1929 年《华沙公约》中，1980 年通过的《联合国国际货物多式联运公约》给出了多式联运的具体定义。根据定义，多式联运需要采用至少两种不同的运输方式，即水路、铁路、公路、航空等运输方式的两两及以上组合。

根据 JT/T 1092—2016《货物多式联运术语》，多式联运包括：公铁联运、铁水联运、公水联运、空陆联运及组合运输等。公水联运是应用最为广泛的多式联运形式，由水路方式完成干线运输，公路方式完成门到门环节运输。随着我国铁路集装箱运输以及中欧班列的发展，近年来公铁联运成为发展较快的一种多式联运形式。铁水联运或铁水公的组合运输是现代物流发展的重要方向，体现交通优势互补及融合发展。铁水联运具有污染少、能耗低的特点，在综合交通运输体系中优势显著。我国的陆空联运主要是在航空出口货物运输中，采用陆运方式将货物运至航空口岸，再与国际航班衔接，一般有 Train-Air、Truck-Air、Train-Air-Truck 几种形式。陆桥运输利用横贯大陆的铁路（公路）运输系统作为中间桥梁，把大陆两端的海洋连接起来，形成集装箱海陆联运。北美大陆桥、西伯利亚大陆桥、新亚欧大陆桥等都是世界上主要的陆桥。

知识点五：多式联运的基本要求

集装箱多式联运将不同的运输方式有机地结合在一起，构成了连续的一体化货物运输方式。虽然货物的实际运输仍由海、陆、空等方式完成，但多式联运并不是传统单一运输方式的简单叠加，必须满足相应条件。

（1）是不同国家或地区之间的货物运输。多式联运可以分为国际多式联运和国内多式联运，国际多式联运的全过程跨越了不同的国家或地区，这不仅与国内多式联运相区别，更重要的是涉及国际运输法规的适用问题。

（2）采用两种或两种以上不同运输方式完成全程运输。国际集装箱多式联运必须选择和采用两种或两种以上的运输方式（水路、公路、铁路、航空）来完成全程运输任务。这样才可以发挥各种运输方式的优势，做到扬长避短、优势互补，通过对各种运输方式进行优化，实现各种运输方式的最佳组合，以达到国际货物安全、快速、准时送达以及提高运输效率、降低运输成本的目的。

（3）采用一次托运、一次付费、一单到底、全程负责、统一理赔的运输业务模式。在单一运输方式下，要完成货物从卖方到买方的全程运输，货主要签订多份运输合同，在各运输方式转换地点还要安排人员代为办理货物的交接、换装业务和有关手续。一旦货物在运输过程中发生灭失或损毁，货主必须自己向发生该损失的各区段的运输经营人分别索赔。

在多式联运业务中，货主只需要办理一次托运，订立一份运输合同，多式联运经营人对全程运输负责。货主只需要一份运输单证，向多式联运经营人支付一次全程运费即可。货物一旦在运输过程中遭受损失，也由多式联运经营人统一处理货主索赔。

（4）由多式联运经营人承担或组织完成全程运输任务，对全程运输负责。在国际集装箱多式联运业务下，货物运输过程的一切事项均由联运经营人负责办理。货主只需要在最初起运地向多式联运经营人办理一次托运手续，签订一份运输合同，由多式联运经营人组织全程运输，对全程运输负责。无论货物在运输过程中的哪一区段发生了灭失或损毁，货主都可以向多式联运经营人提出索赔。

该多式联运经营人对于货主而言，不仅是订立多式联运合同的当事人，还是多式联运单证的签发人；而该多式联运经营人在履行多式联运合同的同时，又可以将部分或全部实际运输任务委托给各区段的其他承运人完成，由多式联运经营人与各区段实际承运人签订分运输合同，分运输合同的承运人与货主之间不存在任何合同关系。

（5）签订多式联运合同。多式联运合同是货主与多式联运经营人之间签订的，该合同是确定多式联运经营人与货主之间权利、义务、责任关系的依据，也是区分多式联运与单一运输方式的主要依据。

知识点六：集装箱多式联运系统要素

集装箱多式联运是一种专业化的运输形式，集装箱适箱货物、货物运输所需的各种软硬件设施、运输经营人和集装箱码头公司等构成了集装箱运输系统。

第一，集装箱适箱货物，主要指理化性能和货价承受能力都适合使用集装箱运输的货物，随着集装箱箱型的不断丰富，适箱货源范围越来越广泛。

第二，标准集装箱，是指符合国际标准的集装箱。

第三，集装箱运输工具，包括集装箱船舶、集装箱卡车、铁路集装箱运输车辆、航空器等。

第四，集装箱运输实际承运人，是指拥有运输工具，从事集装箱运输的实际承运人。

第五，集装箱场站，包括集装箱码头场站、铁路集装箱办理站点、公路集装箱货运站、航空货运场站等。集装箱场站配置相应的设施设备，完成集装箱交接、堆存、装卸等业务。

第六，多式联运经营人。集装箱运输在开展多式联运业务时，货物从发货人仓库到收货人仓库及到海、陆、空等运输区段，必须有人负责整个全程运输的安排、组织、协调与管理工作，这个负责人就是多式联运经营人。

此外，还有集装箱租赁公司等相关方。它们是在集装箱运输业务发展过程中逐步产生的，其出现顺应了集装箱运输迅速发展的需求。

任务训练

项目一	集装箱与多式联运认知	任务一	了解集装箱多式联运
任务描述			
各组根据给定任务，查找资料，完成任务目标			
任务实施			
1	谈谈集装箱作为运输容器在多式联运中的作用		
2	谈谈集装箱运输相比于件杂货运输的特点或优势		
3	根据视频资料《改变世界的箱子》，谈谈集装箱运输发展对经济发展的意义		
4	查找资料，深入了解一个集装箱运输相关企业		
5	查找资料，谈谈你对多式联运通道的理解		

续表

6	扫码完成体验活动，体会集装化优势
	结论：

任务评价

评价类型	评价指标	评价得分
自我评价	完成情况（40%）	
	主动学习（40%）	
	学习收获（20%）	
小组评价	完成情况（40%）	
	成果贡献（40%）	
	协作意识（20%）	
教师评价	完成情况（40%）	
	解决问题（40%）	
	线上参与（20%）	
总体评价	校内（100%）	
	企业（100%）（该项目有企业参与时）	

拓展任务

资源	二维码	资源	二维码
图文1-1：集装箱运输发展历程		图文1-2：陆桥运输线路	
拓展任务学习笔记			

任务二 集装箱多式联运标准化

学习导图

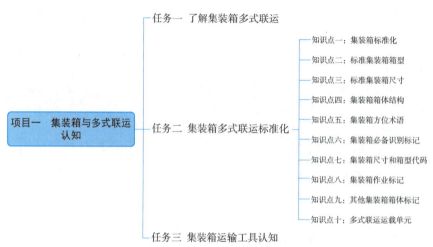

物流故事

物流故事	二维码	谈谈体会
物流故事 1-2："箱"遇相知——中国货运下的集装箱运输		

导学任务

NT集装箱公司收到南京ABC进出口公司出口德国OPQ公司一批"儿童三轮车"的集装箱运输委托。部门主管张经理要求小王对该集装箱的箱型、尺寸等基本信息进行识别，为完成该集装箱运输任务做好准备。

导学问题

- 常见集装箱有哪些类型，分别适用于哪类货物？
- 标准集装箱常见尺寸有哪些？
- 集装箱的方位术语如何表述？
- 指认集装箱主要部件的名称。
- 如何识别集装箱？

导学资源

资源	二维码	资源	二维码
微课 1-3：认识集装箱		视频 1-3：集装箱结构	
微课 1-4：集装箱标记		图文 1-3：集装箱标准化	

知识链接

知识点一：集装箱标准化

标准化是指在经济、技术、科学和管理等社会实践中，对重复性的事物和概念，通过制定、发布和实施标准达到统一，以获得最佳秩序和社会效益。标准化的重要意义是改进产品、过程和服务的适用性，防止贸易壁垒，促进技术合作。

集装箱的标准化统一了国际集装箱的尺寸、重量、形状，使集装箱设备和运输工具明确了发展方向，推动了集装箱多式联运专业化发展。

国际标准化组织（ISO）于 1961 年成立了专门的集装箱技术委员会（ISO/TC104），由美国标准协会 ANSI 担任秘书处工作，着手进行集装箱国际标准的研究。在 ISO/TC104 统筹下，发展与集装箱的设计、装卸、运输和信息等密切相关的标准共有 40 余项。从集装箱标准的组成来看，大致可分为三类：第一是各类集装箱都需要遵循的通用标准；第二是某类集装箱遵循的专项标准；第三是作为补充和参考的技术报告（TR）。

我国集装箱标准化技术委员会成立于 1980 年，是我国成立较早的一个全国性标准化技术委员会（TC6）。全国集装箱标准化技术委员会成立后陆续制定了一系列集装箱的基础标准、通用标准、行业标准和团体标准。其中，等同采用国际标准的约占 33%；等效采用国际标准的约占 7%；其他类型约占 60%。

知识点二：标准集装箱箱型

为了适应不同种类货物的运输需要，出现了不同类型的集装箱。按用途，集装箱可以分为干货集装箱、通风集装箱、开顶集装箱、台架式集装箱、平台式集装箱、冷藏集装箱、罐式集装箱，等等。

1. 干货集装箱（Dry Cargo Container）

干货集装箱也称为杂货集装箱，主要用来运输无须控制温度的件杂货，使用范围很广。其结构通常为封闭式，水密性好。一般在一端或侧面设有箱门，箱内设有一定的固货装置，使用时要求清洁，装箱货物要求有适当的包装，以便充分利用集装箱的箱容。

2. 通风集装箱（Ventilated Container）

通风集装箱一般在其侧壁或顶壁上设有若干供通风用的窗口，适用于装运有一定通风和防潮湿要求的杂货，如原皮、水果、蔬菜等。如果将通风窗口关闭，即可作为干货集装箱使用。

3. 开顶集装箱（Open Top Container）

开顶集装箱的箱顶有硬顶和软顶两种，可以方便地取下或装上。硬顶是用薄钢板制成的，利用超重机械进行装卸作业；软顶是用帆布、塑料布或涂塑布制成，开顶时向一端卷起。这种集装箱适用于装载大型货物和钢铁、木材、玻璃板等重货。货物用吊车从顶部吊入箱内，不易损坏，且便于在箱内固定。

4. 台架式集装箱（Platform Based Container）

台架式集装箱没有箱顶和侧壁，甚至连端板也去掉，只留有底板和四个角柱。这种集装箱可从前后左右及上方进行装卸作业，适合装载长大件和重货件，如重型机械、钢材、钢管、钢锭、木材等。台架式集装箱没有水密性，怕水湿的货物不能装运，或用帆布遮盖后装运。

5. 平台式集装箱（Platform Container）

平台式集装箱是在台架式集装箱基础上再简化，只保留底板的一种特殊结构的集装箱。这种集装箱有较强的承载能力，主要用于装载长、重大件货物，如重型机械、钢材、整件设备等。平台集装箱的尺寸与国际标准箱的箱底尺寸相同，可以使用与其他集装箱相同的紧固件和起吊装置。在集装箱船的舱面上，如果将多个平台式集装箱组合成一个大平台，则适合于装载更重、更大件货物。这种集装箱打破了集装箱必须具有一定容积的概念。

6. 冷藏集装箱（Reefer Container）

冷藏集装箱是专为运输鱼、肉、水果、蔬菜等需要冷冻或冷藏的货物而设计的，它能长时间保持所设定的温度。目前国际上采用的冷藏集装箱基本上分为两种：一种是机械式冷藏集装箱，另一种是离合式冷藏集装箱。机械式冷藏集装箱，箱内自带冷冻机制冷。离合式冷藏集装箱，箱内没有冷冻机而只有隔热结构，在集装箱端壁上设有进气孔和出气孔，箱子装在船舱中，由船舶冷冻装置供冷。

7. 罐式集装箱（Tank Container）

罐式集装箱专门用来装运液体货，如酒类、油类、化学品等。它由罐体和框架两部分组成，罐体用于装载液体货，框架用来支撑和固定罐体。罐体的外壁采用保温材料以使罐体隔热，内壁要研磨抛光以避免液体残留于壁面。罐顶设有装货口，罐底设有排出阀，装货时货物由罐顶装货口进入，卸货时由罐底排出阀流出或从罐顶装货孔吸出。为了降低液体黏度，方便装卸，罐体下部还设有加热器，罐体内的温度可以通过安装在其上部的温度计观察到。

8. 汽车集装箱（Car Container）

汽车集装箱专门用来装运小型汽车，其结构特点是无侧壁，仅设有框架和箱底。为了防止汽车在箱内滑动，箱底专门设有绑扎设备和防滑钢板。大部分汽车集装箱被设计成上下两部分，可以装载2层小汽车。

9. 动物集装箱（Pen Container or Live Stock Container）

动物集装箱专门用来装运鸡、鸭、猪、牛等活牲畜。为了避免阳光照射，其箱顶和侧壁是用玻璃纤维加强塑料制成的。为了保证箱内有较新鲜的空气，其侧面和端面都有用铝丝网制成的窗，以便通风。动物集装箱都设有喂食口，其侧壁下方还设有清扫口和排水口，并配有上下移动的拉门，可以把垃圾清扫出去。这种集装箱一般应装在船甲板上，便于空气流通和照顾。

10. 散货集装箱（Solid Bulk Container）

散货集装箱用于装运粉状或粒状货物，如大豆、大米、各种饲料等。在箱顶部设有2~3个装货口，箱门的下部设有卸货口。使用这种集装箱装运散货，提高了装卸效率和货运质量，同时也减轻了粉尘对人体和环境的侵害。

此外，集装箱还可以按其所有权分为公司箱、货主箱和租赁箱；按是否装货分为重箱和空箱；等等。

知识点三：标准集装箱尺寸

根据 ISO 668—2020《系列 1 集装箱外部尺寸和额定质量》，系列 1 集装箱的宽度均为 2 438 mm（8 ft）。相较于之前版本，ISO 668—2020 增加了公称长度 20 ft 高度为 2 896 mm 的 1CCC 型集装箱，部分型号集装箱的最大额定质量由 30 480 kg 增加到了 36 000 kg。

1. 系列 1 国际标准集装箱外部尺寸

目前通用的系列 1 集装箱外部尺寸、公差和总重数据如表 1-1 所示。

表 1-1 系列 1 集装箱外部尺寸、公差和总重数据

箱型	L 尺寸 mm	L 公差 mm	L 尺寸 ft	L 公差 mm	W 尺寸 mm	W 公差 mm	W 尺寸 ft	W 公差 in	H 尺寸 mm	H 公差 mm	H 尺寸 ft	H 公差 mm	R kg	R lb
1EEE	13 716	0~10	45 ft	0~3/8	2 438	0~5	8 ft	0~3/16	2 896	0~5	9 ft6 in	0~3/16	30 480	67 200
1EE									2 591		8 ft6 in			
1AAA									2 896		9 ft6 in			
1AA	12 192	0~10	40 ft	0~3/8	2 438	0~5	8 ft	0~3/16	2 591	0~5	8 ft6 in	0~3/16	30 480	67 200
1A									2 438		8 ft			
1AX									<2 438		<8 ft			
1BBB									2 896		9 ft6 in			
1BB	9 125	0~10	29 ft 1 125 in	0~3/8	2 438	0~5	8 ft	0~3/16	2 591	0~5	8 ft6 in	0~3/16	30 480	67 200
1B									2 438		8 ft			
1BX									<2 438		<8 ft			
1CCC									2 896		9 ft6 in			
1CC	6 058	0~6	19 ft 10.5 in	0~1/4	2 438	0~5	8 ft	0~3/16	2 591	0~5	8 ft6 in	0~3/16	30 480	67 200
1C									2 438		8 ft			
1CX									<2 438		<8 ft			
1D	2 991	0~5	9 ft 9.75 in	0~3/16	2 438	0~5	8 ft	0~3/16	2 438	0~5	8 ft	0~3/16	10 160	22 400
1DX									<2 438		<8 ft			

系列 1 集装箱中，又以 E 类（长度 45 ft）、A 类（长度 40 ft）和 C 类（长度约 20 ft）集装箱最为通用。通常将一个 20 ft 的集装箱称为 1 个标准箱（TEU），一个 40 ft 的集装箱为 2 个标准箱，一个 45 ft 的集装箱为 2.25 个标准箱，一个 30 ft 的集装箱为 1.5 个标准箱，一个 10 ft 的集装箱为 0.5 个标准箱。集装箱的尺寸配合示意图如图 1-1 所示。

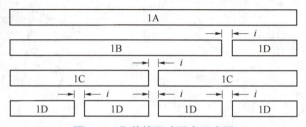

图 1-1 集装箱尺寸配合示意图

1A 型长 40 ft（12 192 mm）；1B 型长 30 ft（9 125 mm）；1C 型长 20 ft（6 058 mm）；1D 型长 10 ft（2 991 mm）；间距 i 为 3 in（76 mm）。

其相互间的尺寸关系为：

$$1A = 1B+1D+i;\ 1B = 3D+2i = 1C+1D+i;\ 1C = 2D+i$$

2. 集装箱最小内部尺寸

根据 ISO 668—2020《系列 1 集装箱外部尺寸和额定质量》，集装箱最小内部尺寸及最小门框开口尺寸如表 1-2 所示。

表 1-2　系列 1 集装箱最小内部尺寸及最小门框开口尺寸

集装箱型号	最小内部尺寸/mm			最小门框开口尺寸/mm	
	高度	宽度	长度	高度	宽度
1EEE	箱体外部高度减去 241	2 330	13 542	2 566	2 286
1EE			13 542	2 261	
1AAA			11 998	2 566	
1AA			11 998	2 261	
1A			11 998	2 134	
1BBB			8 931	2 566	
1BB			8 931	2 261	
1B			8 931	2 134	
1CCC			5 867	2 566	
1CC			5 867	2 261	
1C			5 867	2 134	
1D			5 867	2 134	

与 ISO 668—2020《系列 1 集装箱外部尺寸和额定质量》对应的国家标准是 GB/T 1413—2023《系列 1 集装箱分类、尺寸和额定质量》。

📖 知识点四：集装箱箱体结构

通用集装箱是一个矩形箱体，箱体结构包括：箱门及箱门结构、端面、左侧壁、右侧壁、顶面、底面、上侧梁、下侧梁、上端梁、下端梁、门楣、门槛、角柱、角件。其外观及主要部件示意图如图 1-2 所示。

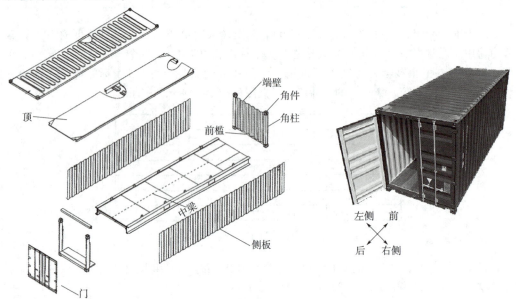

图 1-2　集装箱外观及主要部件示意图

集装箱在堆场和运输工具上堆垛通常情况下都可达到4层以上。支撑集装箱的承重部件称为角结构，由角件和角柱构成。

（1）角件：集装箱箱体的8个角上各有一个角件。角件用于支承、堆码、装卸和系固集装箱。集装箱上部的角件称为顶角件，下部的角件称为底角件。

（2）角柱：角柱是连接顶角件和底角件的立柱。

（3）角结构：由顶角件、底角件和角柱组成的构件称为角结构，是承受集装箱堆码载荷的强力构件。

📖 知识点五：集装箱方位术语

集装箱方位术语主要指的是区分集装箱的前、后、左、右，以及纵、横的方向和位置的定义。占集装箱总数85%以上的通用集装箱，均一端设门，另一端是盲端。这类集装箱的方位术语表述如下：

（1）前端（Front）：指没有箱门的一端。

（2）后端（Rear）：指有箱门的一端。

如集装箱两端结构相同，则应避免使用前端和后端这两个术语，若必须使用时，应依据标记、铭牌等特征加以区别。

（3）左侧（Left）：从集装箱后端向前看，左边的一侧。

（4）右侧（Right）：从集装箱后端向前看，右边的一侧。

由于集装箱在公路上行驶时，有箱门的后端都必须装在拖车的后方，因此有的标准把左侧称为公路侧，右侧称为路缘侧。

（5）路缘侧（Gurbside）：当集装箱底盘车在公路上沿右侧向前行驶时，靠近路缘的一侧。

（6）公路侧（Roadside）：当集装箱底盘车在公路上沿右侧向前行驶时，靠近马路中央的一侧。

（7）纵向（Longitudinal）：指集装箱的前后方向。

（8）横向（Transverse）：指集装箱的左右，与纵向垂直的方向。

📖 知识点六：集装箱必备识别标记

为了更好地开展国际集装箱运输业务，便于集装箱在国际运输中的识别、管理和交接，国际标准化组织制定了ISO 6346—1995《集装箱代码、识别和标记》国际标准。我国等同采用的标准为GB/T 1836—2017《集装箱代码、识别和标记》。该标准涉及的集装箱标记有"识别标记""箱型尺寸标记""作业标记"。

集装箱必备识别标记由箱主代码、设备识别码、箱号、校验码构成。

1. 箱主代码

箱主代码，由三个大写字母组成，具备唯一性，且应向国际集装箱局（BIC）注册。国际集装箱局每半年公布一次箱主代号一览表。

2. 设备识别码

设备识别码分别为"U""J""Z"三个字母。"U"表示集装箱；"J"表示集箱所配置的挂装设备；"Z"表示集装箱拖挂车和底盘车。

3. 箱号

箱号由6位阿拉伯数字组成。如果有效数字不足6位，则在前面用"0"补足6位。

4. 校验码（核对数字）

校验码由1位阿拉伯数字表示，列于6位箱号之后，置于方框之中。校验码由箱主代码、设备识别码和箱号计算得出,用于验证其传递的准确性。

例如,图1-3方框中"TBJ"表示箱主中铁集装箱,"U"是集装箱设备标记,"246271"是箱号,"8"是校验码。

图1-3 集装箱识别标记

📖 知识点七：集装箱尺寸和箱型代码

GB/T 1836—2017《集装箱代码、识别和标记》要求集装箱的外部尺寸和类型均应在箱体上标出以便识别。尺寸和箱型代码在箱体上打标时,应作为一个整体使用。

1. 尺寸代码

集装箱尺寸代码用两位字符表示集装箱的外部尺寸。第一位用数字或字母表示箱长,第二位用数字或字母表示箱宽和箱高。

2. 箱型代码

集装箱箱型代码用两位字符表示箱型及其特征信息。第一位用字母表示箱型,第二位用数字表示箱型特征。

常用箱长、箱高及箱型代码如表1-3、表1-4所示。

表1-3 常用箱长、箱高代码

箱长代码				
箱长				代码
2 991 mm	10 ft			1
6 058 mm	20 ft			2
9 125 mm	30 ft			3
12 192 mm	40 ft			4
13 716 mm	45 ft			L
箱高代码				
箱高		箱宽		代码
2 438 mm	8 ft	2 438 mm	8 ft	0
2 591 mm	8 ft 6 in	2 438 mm	8 ft	2
2 743 mm	9 ft	2 438 mm	8 ft	4
2 896 mm	9 ft 6 in	2 438 mm	8 ft	5

表 1-4 常用箱型代码

箱型代码					
代码	箱型	组代码	主要特征	细代码
G	通用集装箱（无通风装置）	GP	一端或两端有箱门	G0
G	通用集装箱（无通风装置）	GP	货物的上方有透气罩	G1
V	通用集装箱带通风设备	VH	无机械通风系统，货物上部和底部空间设有通风口	V0
V	通用集装箱带通风设备	VH	箱内设有机械式通风系统	V2
B	干散货集装箱无压，箱式	BU	封闭式	B0
B	干散货集装箱无压，箱式	BU	气密式	B1
R	保温集装箱——冷藏	RE	机械制冷	R0
R	保温集装箱——冷藏和加热	RT	机械制冷/加热	R1
U	敞顶式集装箱	UT	一端或两端开口	U0
U	敞顶式集装箱	UT	一端或两端开口并有活动的上端梁	U1
P	平台式集装箱	PL	平台式集装箱	P0
P	上部结构完整	PS	顶部和端部敞开（骨架式）	P5
K	有压罐式集装箱（液体和气体）	KL	非危险品液体罐箱	K0
K	有压罐式集装箱（液体和气体）	KL	危险性液体罐箱，压力不大于 2.65 bar	K3

例如，图 1-4 方框中第一个"2"表示箱长 20 ft，第二个"2"表示箱高 8 ft6 in，且箱宽 8 ft，"G1"表示货物上方有透气罩的通用集装箱。

图 1-4 集装箱尺寸箱型标记

知识点八：集装箱作业标记

集装箱作业标记标打在箱体上，以提供某些信息或视觉警示。

（一）必备作业标记

1. 最大总质量和空箱质量

最大总质量和空箱质量两项标记在集装箱右侧箱门上同时以千克和磅标示。"最大总质量"应与国际集装箱安全公约（CSC）所列标牌完全一致。

如图 1-5 所示，该集装箱额定质量为 30 480 kg，即 67 200 lb；空箱自重为 4 800 kg，即 10 580 lb。

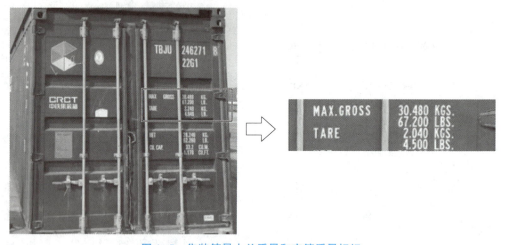

图 1-5　集装箱最大总质量和空箱质量标记

2. 空陆水联运集装箱标记

空陆水联运集装箱是指可以在飞机、船舶、卡车、火车之间联运的集装箱，装有顶角件和底角件。为了适用于空运，这种集装箱自重较轻、结构较弱，只能堆码两层。空陆水联运集装箱标记如图 1-6 所示。

该标记表示：第一，陆上运输时，集装箱上仅能堆码两层；第二，海上运输时，不能在甲板堆码，舱内堆码时，只能在集装箱上堆装一层。

3. 箱顶防电击警示标记

凡装有登箱顶梯子的集装箱，应设箱顶防电击警示标记。登箱顶触电警告标记如图 1-7 所示。

图 1-6　空陆水联运集装箱标记

图 1-7　登箱顶触电警告标记

4. 集装箱超高标记

凡超过 2.6 m（8 ft6 in）的集装箱均应标打超高标记，包括在集装箱两侧标打集装箱高度标记，在箱体每端和每侧角件间的顶梁及上侧梁标打黑黄斜条的条形标记。

图 1-8 所示集装箱超高标记表示该箱高 9 ft6 in，合 2.9 m。

图 1-8　集装箱超高标记

（二）可选作业标记

根据 GB/T 1836—2017 的规定，最大净货载数据为可选性作业标记。集装箱净货载标记如图 1-9 所示。

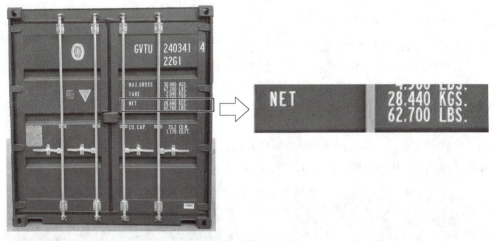

图 1-9　集装箱净货载标记

📖 知识点九：其他集装箱箱体标识

1. 国际铁路联盟标记

国际铁路联盟为了保证集装箱铁路运输的安全，制定了《国际铁路联盟条例》，对集装箱的相关技术条件做了一系列规定，并按规定对集装箱进行检验，验收合格后可获取"国际铁路联盟标记"。中国标记为 IC33，其表示方法如图 1-10 所示。

图 1-10　国际铁路联盟标记表示方法

2. 通行标记

集装箱通行标记是指集装箱上必须拥有的允许其在各国间通行的牌照，包括 CSC 安全合格牌照、CCC 通关合格牌照、TCT 认可牌照、船级社认证牌照等。集装箱在国际运输时，如果不具备通行标记，卸船后将被扣押在码头，经过必要的相关检验，确认符合有关规定后，才会被放行。集装箱铭牌如图 1-11 所示。

图 1-11　集装箱铭牌

📖 知识点十：多式联运运载单元

JT/T 1092—2016《货物多式联运术语》中对多式联运运载单元的解释是，可以在不同运输方式之间实现便捷转换的标准化出运容器，包括但不限于集装箱、交换箱和厢式半挂车。

（1）集装箱，包括 ISO 标准集装箱和仅用于内陆运输的非 ISO 标准集装箱。

（2）交换箱，配备了可折叠支腿，可实现与载货汽车脱离，以支腿为支撑独立放置于地面的标准化货箱。

（3）厢式半挂车，一种在封闭载货空间内载运货物的半挂车。

交换箱和厢式半挂车分别如图 1-12、图 1-13 所示。

图 1-12　交换箱

图 1-13　厢式半挂车

任务训练

项目一	集装箱与多式联运认知	任务二	集装箱多式联运标准化
任务描述			
各组根据给定任务，查找资料，完成任务目标			
任务实施			

	集装箱按所有权人进行分类			
1				

	按用途识别下列集装箱，并说明其特点和适箱货物			
2	图片	箱型	特点	适箱货物
2-1				
2-2				
2-3				
2-4				

续表

2	图片	箱型	特点	适箱货物
2-5				
2-6				
2-7				
2-8				
2-9				
2-10				
2-11				

续表

3	根据集装箱方位，补充图中信息 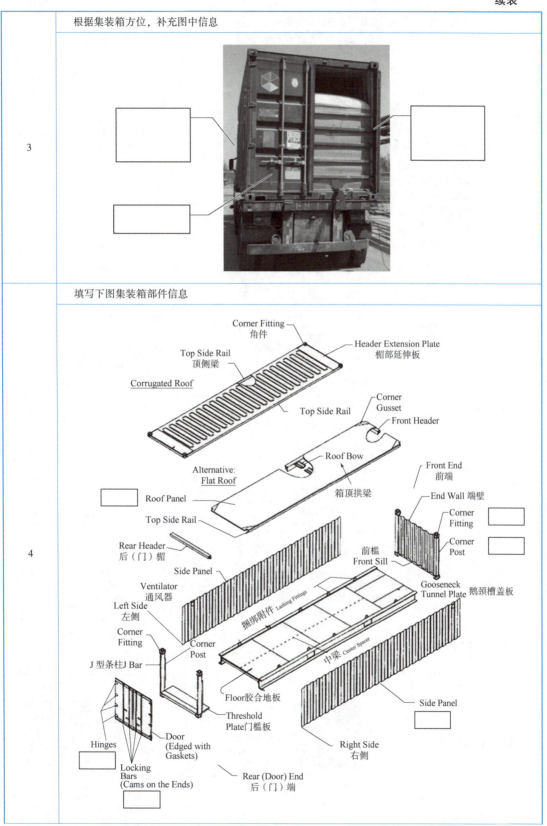
4	填写下图集装箱部件信息

续表

5	请使用箱主代码表，指出下表所示集装箱箱主					
	箱主代码	代码	箱主	代码	箱主
		MSKU		APLU	
		NYKU		CMAU	
		COSU		EVGU	
		CLHU		MOLU	

6	单据上载明集装箱号为 NYKU561343 1，请扫码应用小程序验证该集装箱号

7	请使用箱型尺寸代码表，指出下表所示集装箱箱型					
	代码	尺寸	箱型及特征	代码	尺寸	箱型及特征
	45G1			L5B0		
	22G0			L5R1		
	42G1			42T0		

任务评价		
评价类型	评价指标	评价得分
自我评价	完成情况（40%）	
	主动学习（40%）	
	学习收获（20%）	
小组评价	完成情况（40%）	
	成果贡献（40%）	
	协作意识（20%）	
教师评价	完成情况（40%）	
	解决问题（40%）	
	线上参与（20%）	
总体评价	校内（100%）	
	企业（100%）（该项目有企业参与时）	

拓展任务

资源	二维码	资源	二维码
图文1-4：集装箱校验码的计算方法		图文1-5：GB/T 35201—2017《系列2 集装箱分类、尺寸和额定质量》	
拓展任务学习笔记			

任务三 集装箱运输工具认知

学习导图

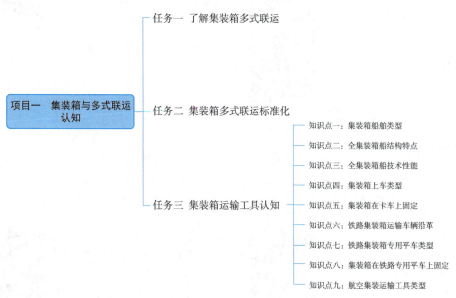

物流故事

物流故事	二维码	谈谈体会
物流故事1-3：智慧物流助力冬奥		

导学任务

集装箱运输是一个系统工程，在运输过程中，需要多个相关方相互配合，接力协作完成运输任务。部门主管张经理要求小王作为业务人员，对本次"儿童三轮车"集装箱运输任务可能涉及的各种运输方式以及各类运输工具深入了解，以便在工作中顺利地做好运输衔接。

导学问题

- 专门用于集装箱运输的运输工具有哪些？
- 各类集装箱专用运输工具的装载量是多少？
- 能运输集装箱的航空器有什么特点？
- 集装箱在这些专门的运输工具上如何装载加固？

导学资源

资源	二维码	资源	二维码
🖥 微课1-5： 集装箱专用运输工具——集装箱船舶		🖥 微课1-7： 集装箱专业运输工具——公路集装箱卡车	
🖥 微课1-6： 集装箱专业运输工具——铁路集装箱平车			

知识链接

请扫码学习以下内容，完成任务训练，并准备课堂汇报。

资源	二维码	资源	二维码
🖥 翻转课堂项目1-1： 集装箱水路运输工具		🖥 翻转课堂项目1-3： 集装箱铁路运输工具	
🖥 翻转课堂项目1-2： 集装箱公路运输工具		🖥 翻转课堂项目1-4： 航空集装箱运输设备	

任务训练

项目一		集装箱与多式联运认知		任务三		集装箱运输工具认知
任务描述							
各组根据给定任务，查找资料，完成任务目标						
任务实施							
1	请列举某一集装箱专用船舶，说明其货舱容积、船型尺寸等相关信息					
2	收集集装箱船舶箱格结构有关资料，以小组为单位绘制或制作箱格结构模型					
3	请收集图片等资料，对比集装箱卡车和厢式货车					
4	请查阅资料，说明我国铁路货运车辆的类型及特点					

续表

5	请说明航空集装容器有哪些类型 列举其中一种型号的航空集装容器，对其技术参数进行具体分析	
6	请各组选择一种集装箱运输设备或容器，分析其结构和技术特点，了解其发展和使用现状等，并对其发展和应用提出建议。请各组制作PPT，向大家汇报展示研学成果	

任务评价		
评价类型	评价指标	评价得分
自我评价	完成情况（40%）	
	主动学习（40%）	
	学习收获（20%）	
小组评价	完成情况（40%）	
	成果贡献（40%）	
	协作意识（20%）	
教师评价	完成情况（40%）	
	解决问题（40%）	
	线上参与（20%）	
总体评价	校内（100%）	
	企业（100%）（该项目有企业参与时）	

拓展任务

资源	二维码	资源	二维码
图文1-6： 子母船新技术		图文1-8： 集装箱半挂车分类	
图文1-7： 集装箱船舶箱格结构		图文1-9： 铁路集装箱运输车辆	
拓展任务学习笔记			

项目二　集装箱与多式联运货方业务

学习目标

目标项目	目标要求	完成情况的自我评价
知识目标	掌握集装箱货运代理业务流程 掌握集装箱货物托运的主要途径 掌握托运单证的主要内容和填制要求 掌握集装箱提箱、验箱程序及标准 掌握集装箱配载及货物装箱方法 了解集装箱及集装箱货物出入境关检要求 掌握集装箱货物交接的方式 掌握装箱单、设备交接单等相关单证的主要内容和填制要求	
技能目标	能绘制集装箱货运代理业务流程图 能办理集装箱箱体查验，填制相关单证 能合理制定装箱方案，实施装箱操作 能办理集装箱货物交接手续 能根据货物特点整理通关所需单证 能根据要求填制装箱单、场站收据等集装箱运输相关单证	
素质目标	理解我国贸易业和航运业快速发展及所占的举足轻重的地位，坚定"四个自信"，增强民族自豪感 弘扬自力更生、严谨认真、精益求精的新时代"工匠精神"	

任务一　集装箱货物托运

学习导图

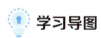

项目二 集装箱与多式联运货方业务
- 任务一 集装箱货物托运
  - 知识点一：集装箱运输代理人
  - 知识点二：托运业务办理流程
  - 知识点三：填制托运单证
- 任务二 集装箱提箱装货
- 任务三 集装箱货物进出境通关
- 任务四 集装箱货物交接

物流故事

物流故事	二维码	谈谈体会
📖物流故事2-1：干大事就从解决一件件小事做起		

导学任务

南京ABC进出口公司与德国汉堡OPQ公司签订合同，出口一批"儿童三轮车"，销售合同号为21SSG-017，数量为730辆，每辆装一个纸箱（620 mm×170 mm×400 mm），毛重7 154 kg，净重为6 570 kg，总金额27 010美元。起运地为中国南京，目的地为德国汉堡，采用集装箱运输方式。

南京ABC进出口公司坐落在中国南京铁元路20号，主要从事儿童玩具进出口业务，与世界各国及港澳地区有多年的业务联系。其电话为86-25-12345678，传真为86-25-12345678。

NT集装箱公司货运代理业务部收到ABC进出口公司的委托后，张经理要求实习员工小王跟进项目，熟悉货运业务流程，配合完成这批"儿童三轮车"的货运业务。集装箱整箱运输货方业务流程如图2-1所示。

图2-1 集装箱整箱运输货方业务流程

导学问题

- 托运业务的主要相关方有哪些？
- 如何办理货物托运？
- 托运业务涉及的单证有哪些？
- 场站收据有哪些功能？

导学资源

资源	二维码	资源	二维码
微课 2-1：集装箱货物托运		微课 2-2：填制场站收据	

知识链接

知识点一：集装箱运输代理人

代理制度是随着社会经济的发展而逐步形成和发展起来的。由于人们社会经济活动规模、范围的不断扩大，参加各种活动的各方当事人很难再对所从事的活动有全面的了解，因此需要精通某些业务并与这些业务所涉及的方方面面有着广泛联系的人，代为处理一些具体业务。代理行业、代理制度以及货运代理、船舶代理等各类代理人随之建立并发展起来。

集装箱货运代理是国际货运代理的主要业务之一。集装箱货运代理人是从事集装箱货运代理业务的国际货运代理人，他依据货主的指示，代为安排运输，完成货物的仓储、报关、检验、交付等事宜，并向货主收取相应报酬。集装箱货运代理人在代理权限内以被代理人的名义与第三人实施民事法律行为，而由被代理人对代理人的代理行为承担民事责任。因此集装箱货运代理人在实施代理行为前必须与被代理人签订委托代理合同并取得代理权，代理人的代理行为必须在代理权限范围内以被代理人的名义进行，并符合被代理人的利益。

在实践中，国际货运代理行业在近几十年的发展中发生了很大的变化。许多货运代理人拥有自己的运输工具，签发提单，开展各种物流业务，具有了承运人的特点。还有一些货运代理人，他们把来自货主手中的小批量货物整合成大批量装载，然后利用公共承运人进行运输；在目的地，他们再把大批量装载进行拆分，向收货人交付。货运代理人对所承揽货物的运输承担全部责任。在这种情况下，货运代理人已经成为运输经营人或无船承运人。

经过长期的发展，货运代理人已经成为交通运输业中不可缺少的重要角色。国际货运代理协会联合会（International Federation of Freight Forwarders Associations，FIATA）于 1926 年 5 月在奥地利维也纳成立。FIATA 致力于促进和统一国际货运代理标准交易条件、改进和提高服务质量、协助货运代理职业训练等，世界范围内的全国性或地区性的货运代理组织及相关组织以会员形式加入 FIATA。中国国际货运代理协会（China International Freight Forwarders Association，CIFA）成立于 2000 年 9 月。CIFA 作为政府和会员间联系的纽带，为加强我国货运代理行业管理、维护货运代理经营秩序、推动横向交流与合作、促进对外贸易和国际货运代理行业发展做出了重要贡献。

知识点二：托运业务办理流程

据估计，有 70%~80% 的集装箱货物运输通过国际货运代理（以下简称"货代"）完成。集装箱货物托运业务流程如下。

（1）建立货代关系。货物托运前，发货人首先需要通过网络或向其他同行询问，了解货物运价，比较货代公司的业务能力，选定货代公司。选定货代公司后，接着就要与其建立业务联系，签订货运委托书，向货代公司授权。

(2)申请订舱。货代公司接受委托后,根据货主提供的有关贸易合同或信用证条款规定,在货物出运前的一定时间内,向承运人或其代理人办理申请订舱。

(3)订舱审核及确认。承运人或其代理人接到托运申请后,综合考虑运输要求、运输时间等条件,如果各方面条件能够满足客户需求,则向客户发送回执,货主或货代按照要求填制订舱单据。经承运人确认后,托运手续完成。

货运委托书如图2-2所示。

货运委托书

						委托日期	年 月 日
	委托单位名称						
提单 B/L 项目要求	发货人: Shipper:						
	收货人: Consignee:						
	通知人: Notify Party:						
海洋运费(√) Sea Freight	预付 Prepaid	或 or	到付 Collect	提单份数		提单寄送地址	
起运港			目的港		可否转船	可否分批	
集装箱预配数	20′×		40′×		装运期限	有效期限	
标记唛码	件数及包装样式	中英文货号 Description of Goods (In Chinese & English)		毛重(公斤)	尺码(立方米)	成交条件(总价)	
				特种货物 □冷藏品 □危险品	重件: 大件: (长×宽×高)	每件重量	
				特种集装箱			
内装箱(CFS)地址				货物报关报检(√)	自理 或 委托		
门对门装箱点	地址			货物备妥日期			
	电话			货物进栈(√)	自送 或 委托派车		
随附单证份	出口货物报关单		商业发票		委托方		
	出口收汇核销单		装箱清单		委托人		
	进来料加工手册		出口许可证		电话		
	原产地说明书		出口配额证		传真		
	危险货物说明书		商检证		地址		
	危险货物包装证		动植物检疫证		委托单位盖章		
	危险货物装箱声明书						
声明事项							

图2-2 货运委托书

知识点三：填制托运单证

在国际集装箱海运中，填写的订舱单据是"场站收据"十联单；在国际集装箱铁路运输中，填制的订舱单据是"国际铁路联运运单"；在航空集装运输中，填制的订舱单据是"航空运单"；在公路集装箱运输中，填制的订舱单据是"道路货物运单"。

下面以"场站收据"为例，介绍托运单证的填写要求。

1. 场站收据的功能

场站收据是集装箱运输重要的出口单证。与件杂货运输使用的单据相比，场站收据是一份综合性单证，它将货物托运单、装货单、大副收据、配舱回单等单证汇成一份，大大提高了集装箱货物托运及流转效率。场站收据的功能，通常情况下可以概括为以下几点。

（1）船公司或船代确认订舱并在场站收据上加盖有报关资格的单证章后，将场站收据交给托运人或货代，意味着运输合同开始执行。

（2）是出口货物报关的凭证之一。

（3）是承运人已收到货运货物并对货物开始负有责任的证明。

（4）是换取提单的凭证。

（5）是船公司、港口组织装卸、理货、配载的资料。

（6）是运费结算的依据。

（7）如信用证中有规定，还可作为向银行结汇的单证。

2. 场站收据的样式

场站收据的组成格式及使用有所不同，这里以其中一种为例说明其组成：第一联，集装箱货物托运单——货主留底；第二联，集装箱货物托运单——船代留底；第三联，运费通知（1）；第四联，运费通知（2）；第五联，场站收据副本——装货单（关单联）；第六联，场站收据副本——大副联；第七联，场站收据（正本联）；第八联，货代留底；第九联，配舱回单（1）；第十联，配舱回单（2）。

在办理托运业务时，货主/货代填写完成后，留下第一联（货主留底），将其余九联送船公司或船代办理正式订舱。船公司或船代接受第二~十联，留存第二联（船代留底）、第三联、第四联（运费通知），并在第五联（装货单）上盖章表示确认订舱，然后将第五~十联退还货主/货代。

集装箱货物托运单第一联如图2-3所示。

3. 场站收据——集装箱货物托运单填写要求

场站收据由托运人/货代填制，要求信息清晰、正确、完整，尤其是以下栏目内容。

（1）货物装卸港、交接地；

（2）运输条款、运输方式、运输要求；

（3）货物详细情况，如种类、唛头、性质、包装、标志等；

（4）装船期，能否分批出运；

（5）所需箱子规格、种类、数量等。

此外，单据中的收货方式和交货方式应根据运输条款如实填写，同一单内不得出现两种收货方式或交货方式；冷藏货出运应正确填报冷藏温度；危险品出运应正确填报类别、性能、《国际海运危险货物规则》（以下简称《国际危规》）页数和联合国编号（UN No.），如《国际危规》规定主标以外还有副标，在性能项目栏用"主标/副标"方式填报。托运人对单据内容变更必须及时通知变更时已办好手续的各有关方，并在24小时内出具书面通知，办理变更手续。

集装箱托运单

Shipper（发货人）

D/R No.（编号）

Consignee（收货人）

第一联

Notify Party（通知人）

集装箱货物托运单
货主留底

Pre-Carriage By（前程运输）　　Place of Receipt（收货地点）

Ocean Vessel（船名）　Voy. No.（航次）　Port of Loading（装货港）

Port of Discharge（卸货港）　　Place of Delivery（交货地点）　　Final Destination for the Merchant's Reference（目的地）

Container No.（集装箱号）	Seal No.（箱封号）Marks & Nos.（标记与号码）	No. of Containers or P'kgs（箱数或件数）	Kind of Packages; Description of Goods（包装种类与货名）	Gross Weight 毛重（公斤）	Measurement 尺码（立方米）

Particulars Furnished by Merchants（托运人提供详细情况）

Total Number of Containers or Packages (in Words) 集装箱数或件数合计（大写）

Freight & Charges（运费与附加费）	Revenue Tons（运费吨）	Rate（运费率）Per（每）	Prepaid（运费预付）	Collect（到付）

Ex Rate（兑换率）　Prepaid at（预付地点）　　Payable at（到付地点）　　Place of Issue（签发地点）

Total Prepaid（预付总额）　　No. of Original B(s)/L（正本提单份数）

Service Type on Receiving　□-CY, □-CFS, □-DOOR
Service Type on Delivery　□-CY, □-CFS, □-DOOR
Reefer Temperature Required（冷藏温度）　°F　°C

| TYPE OF GOODS（种类） | □ Ordinary（普通） | □ Reefer（冷藏） | □ Dangerous（危险品） | □ Auto（裸装车辆） | 危险品 | Class Property IMDG Code Page UN NO |
| | □ Liquid（液体） | □ Live Animal（活动物） | □ Bulk（散货） | □ | | |

可否转船：　　可否分批：
装　期：　　效　期：
金　额：
制单日期：

图 2-3　集装箱货物托运单第一联

任务训练

项目二	集装箱与多式联运货方业务	任务一	集装箱货物托运
任务描述			
各组根据给定任务，查找资料，完成任务目标			
任务实施			
1	你知道有哪些集装箱货运代理人吗？请列举3个，并了解集装箱货运代理人的主要业务范围		
2	请登录相关网络（例如，锦程物流网 http://www.jctrans.com/indext.htm；中国航贸网 http://www.snet.com.cn；中国铁路 95306 网 http://www.95306.cn/；等等），了解网络托运方式。例举 5 项查询到的航线信息、班列信息等		
3	以水路运输或铁路运输为背景，总结归纳集装箱拼箱货物托运流程，绘制流程图，并说明托运过程中需要的单据		

续表

4	根据背景资料填制集装箱运输托运单

集装箱托运单

第一联 集装箱货物托运单 货主留底

Shipper（发货人）

D/R No.（编号）

Consignee（收货人）

Notify Party（通知人）

Pre-Carriage By（前程运输）　　Place of Receipt（收货地点）

Ocean Vessel（船名）　Voy. No.（航次）　Port of Loading（装货港）

Port of Discharge（卸货港）　　Place of Delivery（交货地点）　　Final Destination for the Merchant's Reference（目的地）

Particulars Furnished by Merchants（托运人提供详细情况）

Container No.（集装箱号）	Seal No.（箱封号）Marks & Nos.（标记与号码）	No. of containers or P'kgs（箱数或件数）	Kind of Packages; Description of Goods（包装种类与货名）	Gross Weight 毛重（公斤）	Measurement 尺码（立方米）

Total Number of Containers or Packages (in Words)
集装箱数或件数合计（大写）

Freight & Charges（运费与附加费）	Revenue Tons（运费吨）	Rate （运费率）Per （每）	Prepaid（运费预付）	Collect（到付）

Ex Rate（兑换率）	Prepaid at（预付地点）	Payable at（到付地点）	Place of Issue（签发地点）
	Total Prepaid（预付总额）	No. of Original B(s)/L（正本提单份数）	

Service Type on Receiving　□-CY, □-CFS, □-DOOR
Service Type on Delivery　□-CY, □-CFS, □-DOOR
Reefer Temperature Requited（冷藏温度）　°F　°C

TYPE OF GOODS（种类）	□ Ordinary（普通）	□ Reefer（冷藏）	□ Dangerous（危险品）	□ Auto（裸装车辆）	危险品	Class Property IMDG Code Page UN NO
	□ Liquid（液体）	□ Live Animal（活动物）	□ Bulk（散货）			

可否转船：　　　可否分批：
装　期：　　　效　期：
金额：
制单日期：

续表

任务评价		
评价类型	评价指标	评价得分
自我评价	完成情况（40%）	
	主动学习（40%）	
	学习收获（20%）	
小组评价	完成情况（40%）	
	成果贡献（40%）	
	协作意识（20%）	
教师评价	完成情况（40%）	
	解决问题（40%）	
	线上参与（20%）	
总体评价	校内（100%）	
	企业（100%）（该项目有企业参与时）	

拓展任务

资源	二维码	资源	二维码
图文 2-1：国际货运代理行业发展		图文 2-2：GB/T 30349—2013《集装箱货运代理服务规范》	
拓展任务学习笔记			

任务二　集装箱提箱装货

学习导图

物流故事

物流故事	二维码	谈谈体会
物流故事2-2：不惜力不算账的抗疫物流人		

子任务一　办理提空箱业务

导学任务

NT集装箱公司货运代理业务部接受南京ABC进出口公司的货运委托。订XYZ船公司"亚洲/欧洲"航线，船名：FEIDA，航次：5368W，起运地：南京，目的地：汉堡，集装箱号：

ABCU 1234560，提单号：SHYSO10382，箱封号：C14937000。委托 DY 集卡公司提箱，运载工具牌号：苏 A23000。确认订舱后，实习业务员小王负责联系集卡到指定堆场办理集装箱空箱提箱业务。

导学问题

- 在哪里提空箱？
- 如何办理提空箱？
- 设备交接单的主要用途有哪些？
- 设备交接单的样式如何，主要栏目有哪些？
- 设备交接单的主要栏目如何填报？

导学资源

资源	二维码	资源	二维码
微课 2-3：提空箱业务		微课 2-4：集装箱交接查验	

知识链接

知识点一：提空箱地点

集装箱空箱提箱是集装箱发放与交接的业务之一，主要在集装箱场站完成。集装箱场站是集装箱重箱或空箱交接、保管、装卸、转运的重要场所。按照其服务的主要运输方式分为：水路集装箱运输的码头堆场，铁路集装箱运输的中心站、专办站、办理站，以及集装箱货运站。

1. 集装箱堆场（Container Yard，CY）

码头集装箱堆场是出口箱集港装船和进口箱卸船交付的必经之处，分为前方堆场、后方堆场、空箱堆场等。前方堆场是集装箱码头靠近水域一侧暂时堆放集装箱的场地，合理利用前方堆场可以加速船舶装卸作业。后方堆场是集装箱码头靠陆域一侧堆放集装箱的场地，也是集装箱重箱或空箱进行交接、保管和堆存的主要场所。空箱堆场是专门办理空箱收集、保管、堆存或交接的场地，集装箱空箱提箱业务主要在空箱堆场办理。

铁路集装箱堆场是在铁路站点进行集装箱承运、交付、装卸、堆存的主要场所，分为主堆场和辅助堆场。主堆场位于装卸线上，主要堆存从货主处承接准备装车运输的集装箱，以及卸车后准备交付给货主的集装箱。辅助堆场位于装卸线两侧，主要用于堆存空箱及一些需要特殊管理的集装箱。空箱的提箱和还箱业务主要在辅助堆场办理。

2. 集装箱货运站（Container Freight Station，CFS）

集装箱货运站，是为拼箱货装箱和拆箱的承、托双方办理交接的场所。出口拼箱货在货运站装箱后，由货运站送往集装箱堆场，准备装运；进口拼箱货卸船后，由货运站提重箱，拆箱理货后分拨给收货人。

一般来说，集装箱提空箱业务主要在空箱堆场办理。整箱货物由货主自行提箱装货，拼箱货物由货运站提空箱后组织货主装货。

📖 知识点二：提空箱业务流程

集装箱空箱的发放与交接，应依据托运单等相关单据中列明的集装箱交付条款，实施"集装箱设备交接单"制度。以水运为例，其业务程序可以概括为以下方面。

（1）货方订舱取得提单号，凭提单号到船方指定地点领取设备交接单（两份），同时还会发给箱封，装货完毕，加封在集装箱门上。

（2）联系集卡公司，将设备交接单交集卡司机，安排提箱。

（3）集卡司机按时到指定堆场，将其中一份设备交接单（提箱用）交到检查口。

（4）检查口业务员核对信息无误后，通知堆场操作员，安排提箱场位和集装箱号。

（5）集卡司机空车进闸，到指定地点向堆场操作员提取空箱后返回检查口。

（6）集卡司机与检查口业务员办理集装箱查验、缮制设备交接单等设备交接手续。

（7）检查口业务员核对集装箱信息，双方在设备交接单上签字确认。

（8）集卡司机提空箱出闸，到指定装货地点准备装货。

📖 知识点三：集装箱检查

发货人、承运人、收货人以及其他集装箱运输关系人在相互交接时，必须要对集装箱进行查验，并缮制设备交接单，这是各方划分运输责任、办理理赔索赔的依据。同时集装箱在载货之前也必须经过严格的检验。有缺陷的集装箱在装卸和运输过程中可能导致货损，甚至造成箱毁人亡的事故。

根据GB/T 11601—2000《集装箱进出港站检查交接要求》集装箱查验一般分为箱体外部检查、箱体内部检查、其他集装箱检查。

1. 箱体外部检查

外部检查是对箱子的外侧四柱、六面、八角进行查看，具体包括：箱体表面，检查箱体各面有无凹坑、锈蚀及孔洞；角柱，检查有无弯曲、裂缝及变形；端梁和侧梁，检查有无弯曲、断裂及锈蚀；角件，检查有无裂缝、磨损及锈蚀；底结构，检查底梁及附件有无弯曲、变形或断裂，与下侧梁及底板有无隔离；叉槽，检查有无变形、凹坑或锈蚀；箱门，检查门板有无锈蚀、裂缝及孔洞；附件，检查各附件是否齐全，有无扭曲变形及断裂，箱门密封是否完好；标志，检查有无标志脱落、模糊不清或失效。

如果是重箱，还需要检查：箱封有无损坏或脱落，封号是否相符；清洁状况，有无严重污秽或溢出物。

2. 箱体内部检查

内部检查是对箱子的内侧六个面进行查看。集装箱在装箱前或拆箱后，有关人员要对箱体内部进行检查，具体包括：侧板、前端板，有无弓形；内壁衬板，有无孔洞、断裂、撕裂、裂纹、破损；箱角护板、楣部延伸板，有无弯曲、弓形、凹坑；地板，有无孔洞、缝隙透光、曲翘、脏污、凿痕；地板缝隙，是否存有发出持久不散异味的有机残留物；侧板波纹内，是否有霉菌类污垢、菌虫类污染；漆表面，是否漆膜受损使金属外露；箱体内，关严箱门在箱内目测是否有漏光。

3. 其他集装箱检查

其他形式的集装箱还要对其特殊结构及特殊的使用方式进行相应的检查。检查主要内容包括：封闭式通风集装箱，检查与外界大气进行气流交换的装置是否完好；敞顶集装箱，检查折叠式或可拆卸式顶梁有无变形、损坏，零、附件是否齐全，有无完好的顶篷；台架式集装箱，检查结构是否完好，台架有无弯曲、变形或裂缝；罐式集装箱，检查箱体框架和罐体有无变形、锈蚀或裂缝，装卸货装置是否完好；保温集装箱，记录进入港、站时的箱内温度，对于有加热或冷却设备的保温集装箱进入堆场需接通电源后，再进行有关检查。

📖 知识点四：填制提箱单证

根据 GB/T 11601—2000《集装箱进出港站检查交接要求》，从场站提取集装箱时应按要求进行提箱交接并填制相关单证。

提箱时，如发现残损或异常现象须按"集装箱设备交接单"的记录核查。对在场站产生的集装箱新残损，须由交箱方在有关文件上签字。集装箱设备交接的格式和填写要求应符合 GB/T16561—2023《集装箱设备交接单》的要求。

1. 设备交接单的构成

设备交接单（Equipment Interchange Receipt，E/R 或 EIR），是箱管单位、用箱人/运箱人、码头（场、站）经营人相互之间集装箱设备交接的凭证，记载箱体及其附属设备交接时的状态。

设备交接单由箱管单位提供，分为出场设备交接单（OUT）和进场设备交接单（IN）两种各三联，采用不同颜色以示区分。三联分别为：第一联，箱主或箱管代理留底联；第二联，码头或堆场联；第三联，用箱人或运箱人联。

2. 设备交接单的内容及填制要求

集装箱设备交接单主要栏目包括：用箱人/运箱人、提箱地点、发往地点、来自地点、返回/收箱地点、船名/航次、集装箱号等。

（1）用箱人/运箱人栏。此栏由船舶代理人填写，列明责任方或委托方。

"责任方"是指对集装箱使用过程中的灭失、损坏负有赔偿责任并负责支付集装箱超期使用费用的一方，或与海上承运人或其代理人签订集装箱使用合同的一方。他们可以是货方或其代理人或受其委托的内陆（水路、公路、铁路）承运人，或根据委托关系向海上承运人或其代理人提供集装箱检验、修理、清洗、租赁、堆存等服务的单位。

"委托方"系指委托"责任方"进行内陆运输的一方。他们可以是货方或货方代理人，也可以是内陆（水路、公路、铁路）承运人。"责任方"可要求船方或其代理人将"委托方"列明于本栏内。

（2）提箱地点栏。此栏填报待提集装箱所在堆场名称。进口拆箱由船舶代理人填写，出口装箱由港区、场/站填写，因检验、修理、清洗、租赁、堆存、转运出口而提离有关港区、场/站的空箱由船舶代理人填写。

（3）发往地点栏。此栏进口拆箱由船舶代理人填写，出口装箱由运箱人填写。该栏是实施集装箱动态管理的重要栏目。船舶代理人通过对该栏目信息的计算机统计分析，能随时掌握口岸集装箱的分布情况，为生产和管理提供决策依据。

（4）来自地点栏。此栏进口拆箱由船舶代理人填写，出口装箱由运箱人填写。

（5）返回/收箱地点栏。此栏进出口全部由船舶代理人填写。用箱人/运箱人或港区、场/站必须严格按设备交接单规定的地点还箱、收箱。收箱地点必须符合口岸国际集装箱场/站的管理规定，向用箱人/运箱人提供服务。

（6）船名/航次栏。此栏进出口全部由船舶代理人填写。

（7）集装箱箱号栏。此栏进口拆箱由船舶代理人填写，出口装箱除指定箱号外，由港区、场/站填写。

（8）尺寸/类型栏。此栏进出口全部由船舶代理人填写。

（9）营运人栏。此栏进出口全部由船舶代理人填写。营运人栏是港区、场/站对集装箱进行管理的主要依据。凡设备交接单签发后，营运人发生变更的，必须由船舶代理人及时通知港区、场站。

（10）提单号栏。此栏进口拆箱由船舶代理人填写，出口装箱由运箱人要求装箱点填写。凡货运站交付或拼箱交货的进出口集装箱，只需在该栏内列明一票提单号码。

（11）箱封号栏。进口拆箱由船舶代理人填写，出口装箱由运箱人要求装箱点填写。

（12）免费使用期栏。此栏进出口全部由船舶代理人填写。

（13）运载工具牌号栏。此栏进出口全部由运箱人填写，必须列明内陆承运人单位简称及承运车辆牌号。

（14）出场目的/状态栏、进场目的/状态栏。此栏由船舶代理人填写。

（15）出场日期栏、进场日期栏。此栏由港区、场/站道口填写，填写时必须按24小时写法。

（16）出场检查记录栏。此栏由运箱人与港区、场/站道口工作人员联合检查，如有异状，由港区、场/站道口工作人员注明程度及尺寸。

（17）进场检查记录栏。此栏由运箱人与港区、场/站道口工作人员联合检查，如有异状，由港区、场/站道口工作人员注明程度及尺寸。集装箱进出场责任划分，交接前由交方承担，交接后由接方承担。

（18）用箱人/运箱人签署栏。此栏由运箱人签署。姓名应写全名。

（19）码头/堆场值班员签字栏。此栏由港区、场/站道口工作人员签署。

集装箱设备交接单如图2-4和图2-5所示。

📖 知识点五：使用提箱单证

设备交接单主要有三方当事人：箱管人或箱主单位（对集装箱进行管理）、堆场（对集装箱进行交接）、用箱人（对集装箱进行使用）。不管是集装箱提箱出场还是还箱进场，设备交接单的使用及流转过程如下。

（1）用箱人向箱主或其代理人提出用（还）箱申请。

（2）箱主或其代理人填制签发设备交接单（三联，每箱一份），并交用箱人。

（3）由用箱人或运箱人据此单证（三联）到码头或内陆堆场办理提（还）箱手续。

（4）在堆场经办人（作为箱主的代理人）核单，双方查验箱体签字后，用箱人或运箱人提（还）集装箱及设备，堆场经办人同时将第三联（用箱人联）退还运箱人。

（5）堆场经办人自留第二联（码头堆场联），并将第一联（箱主联）退还箱主单位。

集装箱设备交接单是划分箱体责任的唯一单证，因此在提走（或还回）集装箱时，交接双方应按单上条款及时查验损坏情况，分清责任。

在审核设备交接单的过程中，由于其三方当事人所代表的利益不同，因此审单的侧重点也有所区别。对箱主单位或箱管代理来说，其审核的主要内容有：用箱人、箱子来自地点、返回或收回地点、船名和航次、箱型和箱类、集装箱经营人、提单号、费用和期限、进出场目的或状态。对堆场来说，其审核的主要内容有：集装箱进出场时间、进出场集装箱外表状况、拖箱人是谁、拖车号是否与单证记载一致、提箱单是否有效等。对用箱人（运箱人）来说，其审核的主要内容有：拖车牌号、运箱人拖箱时间和地点、拖箱时箱子外表状况、所拖集装箱种类和规格是否与单证记载一致。

设备交接单一经正式签收，任何一方不得随意涂改，如需要更改，应办理更正手续，并由箱主单位或箱管代理在设备交接单上加盖更改章。

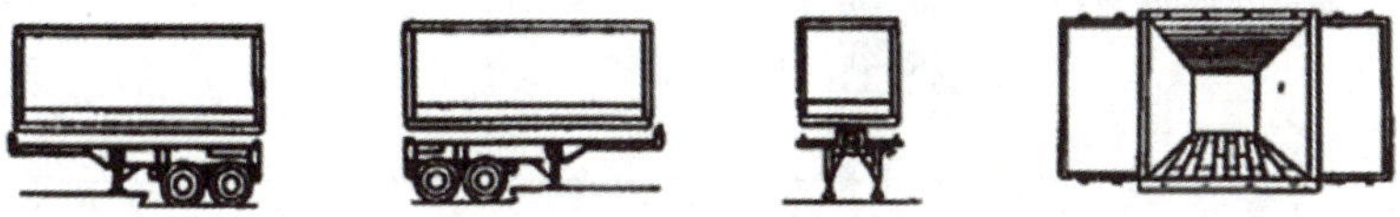

图 2-4　集装箱设备交接单——出场

中国******外轮代理有限公司
CHINA OCEAN SHIPPING AGENCY******
集装箱设备交接单
EQUIPMENT INTERCHANGE RECEIPT

IN 进场

编号(NO.)

用箱人/运箱人（CONTAINER USER/HAULIER）	提箱地点（PLACE OF DELIVERY）
来自地点（WHRER FROM）	返回/收箱地点（PLACE OF RETURN）

船名/航次（VESSEL/VOYAGE NO.）	集装箱号（CONTAINER NO.）	尺寸/类型（SEZE/TYPE）	运营人（CNTR.OPTR.）

提单号（B/L NO.）	危险类别（IMCOCLASS）	箱封号（SEAL NO.）	免费期限（FREE TIME PERIOD）	运载工具牌号（TRUCK.WAGON.BARGE NO.）

货重（CARGO W.）	出场目的/状态(PPS OF GATE-OUT/STATUS)	进场目的/状态(PPS OF GATE-IN STATUS)	出场日期（TIME-OUT）月 日 时

出场检查记录（INSPECTION AT THE TIME OF INTERCHANGE.）

普通集装箱（GP CONTAINER）	冷藏集装箱（RF CONTAINER）	特种集装箱（SPECIAL CONTAINER）	发电机（GEN SET）
□正常（SOUND）	□正常（SOUND）	□正常（SOUND）	□正常（SOUND）
□异常（DEFECTIVE）	□异常（DEFECTIVE）	□异常（DEFECTIVE）	□异常（DEFECTIVE）

损坏记录及代号（DAMAGE & CODE）
- **BR** 破损（BROKEN）
- **D** 凹损（DENT）
- **M** 丢失（MISSING）
- **DR** 污箱（DIRTY）
- **DL** 危标（DG LABEL）

左侧（LEFT SIDE）　右侧（RIGHE SIDE）　前部（FRONT）　集装箱内部（CONTAINER INSIDE）

顶部（TOP）　底部（FLOOR BASE）　箱门（REAR）　如有异状，请注明程度及尺寸（REMARK）

除列明者外，集装箱及集装箱设备交接时完好无损，铅封完整无误
THE CONTAINER/ASSOCIATED EQUIPMENT INTERCHANGED IN SOUND CONDITION AND SEAL INTACE UNLESS OTHERWISE STATED

用箱人/运箱人签署　　　　　　　　　　码头/堆场值班员签署
(CONTAINER USER'S SIGNATURE)　　　(TERMINAL/DEPOT CLERK'S SIGNATURE)

图 2-5　集装箱设备交接单——进场

任务训练

项目二	集装箱与多式联运货方业务	任务二	集装箱提箱装货	子任务一	办理提空箱业务
任务描述					
请根据背景资料为南京 ABC 进出口公司办理提空箱业务					
任务实施					
1	分析提空箱出场的业务流程，完成流程图				
2	查找资料（GB/T 11601—2000 等），熟悉集装箱检查的要求，并举例说明在集装箱检查过程中常见的"非容许损伤"问题				
3	完善集装箱设备交接单的使用流程图				

续表

4 根据背景资料，填制集装箱出场设备交接单

中国 ****** 外轮代理有限公司
CHINA OCEAN SHIPPING AGENCY ******

集 装 箱 设 备 交 接 单　　　　OUT 出场
EQUIPMENT　INTERCHANGE　RECEIPT

编号（NO.）

用箱人/运箱人（CONTAINER USER/HAULIER）				提箱地点（PLACE OF DELIVERY）	
发往地点（WHRER TO）			返回/收箱地点（PLACE OF RETURN）		
船名/航次（VESSEL/VOYAGE NO.）		集装箱号（CONTAINER NO.）	尺寸/类型（SEZE/TYPE）		运营人（CNTR.OPTR）
提单号（B/L NO.）	危险类别（IMCOCLASS）	箱封号（SEAL NO.）	免费期限（FREE TIME PERIOD）		运载工具牌号（TRUCK.WAGON.BARGE NO.）
货重（CARGO W.）	出场目的/状态(PPS OF GATE-OUT/STATUS)		进场目的/状态(PPS OF GATE-IN STATUS)		进场日期（TIME-IN） 月　日　时

进场检查记录（INSPECTION AT THE TIME OF INTERCHANGE.）

普通集装箱（GP CONTAINER）	冷藏集装箱（RF CONTAINER）	特种集装箱（SPECIAL CONTAINER）	发电机（GEN SET）
□正常（SOUND） □异常（DEFECTIVE）	□正常（SOUND） □异常（DEFECTIVE）	□正常（SOUND） □异常（DEFECTIVE）	□正常（SOUND） □异常（DEFECTIVE）

损坏记录及代号（DAMAGE & CODE）　BR 破损（BROKEN）　D 凹损（DENT）　M 丢失（MISSING）　DR 污箱（DIRTY）　DL 危标（DG LABEL）

左侧（LEFT SIDE）　右侧（RIGHE SIDE）　前部（FRONT）　集装箱内部（CONTAINER INSIDE）

顶部（TOP）　底部（FLOOR BASE）　箱门（REAR）　如有异状，请注明程度及尺寸（REMARK）

除列明者外，集装箱及集装箱设备交接时完好无损，铅封完整无误
THE CONTAINER/ASSOCIATED EQUIPMENT INTERCHANGED IN SOUND CONDITION AND SEAL INTACE UNLESS OTHERWISE STATED

用箱人/运箱人签署　　　　　　　码头/堆场值班员签署
（CONTAINER USER'S SIGNATURE）　　（TERMINAL/DEPOT CLERK'S SIGNATURE）

任务评价		
评价类型	评价指标	评价得分
自我评价	完成情况（40%）	
	主动学习（40%）	
	学习收获（20%）	
小组评价	完成情况（40%）	
	成果贡献（40%）	
	协作意识（20%）	

续表

评价类型	评价指标	评价得分
教师评价	完成情况（40%）	
	解决问题（40%）	
	线上参与（20%）	
总体评价	校内（100%）	
	企业（100%）（该项目有企业参与时）	

 拓展任务

资源	二维码	资源	二维码
图文 2-3：GB/T 11601—2000《集装箱进出港站检查交接要求》		图文 2-4：GB/T 16561—2023《集装箱设备交接单》	
拓展任务学习笔记			

子任务二　集装箱货物装箱

导学任务

南京ABC进出口公司这批出口"儿童三轮车",数量为730辆,每辆装一个纸箱,纸箱规格为:620 mm×170 mm×400 mm,毛重7 154 kg,净重为6 570 kg。师傅要求实习业务员小王为该批货物选择合适的集装箱,并设计装箱方案。

导学问题

- 如何选择与货物匹配的集装箱?
- 什么是集装箱相容利用率?
- 如何确定集装箱需求量?
- 不同类型货物的装箱要求是什么?
- 装箱单证的内容和填制要求是什么?

导学资源

资源	二维码
微课2-5: 集装箱装箱方案设计与实施	

知识链接

知识点一:集装箱容重

所谓集装箱容重,是指集装箱单位容积的重量,是集装箱的最大载重与集装箱的容积之比。其计算式为:

$$集装箱容重 = \frac{该集装箱最大载重限制}{该集装箱的容积}$$

在实际装箱时,货物与货物之间、货物与集装箱内衬板之间、货物与集装箱顶板之间都会产生无法利用的空隙,通常把这种空隙称为弃位容积。在计算集装箱容重时,应该把弃位容积考虑在内。据此,其计算式可以修正为:

$$集装箱容重 = \frac{该集装箱最大载重限制}{该集装箱的容积 - 弃位容积} = \frac{该集装箱最大载重限制}{该集装箱的容积 \times 箱容利用率}$$

知识点二:选择合适的集装箱

决定集装箱需求量的主要因素是待运货物的数量和重量。然而,由于集装箱本身的容积和最大载重有一定的限制,因此集装箱的载货能力往往不能充分利用。如果货物密度过大,为了控制箱货总重在限制范围内，就不能装满一整个集装箱，造成容积利用率低。反之，如果货物过轻，即便装满一整个集装箱，其重量也远低于最大载重限制，集装箱的载货能力同样不能充分利用。

为了充分利用集装箱载货能力，在装货时要考虑货物密度和集装箱容重，选择两者比较接近的集装箱。

货物密度可以表示为：

$$货物密度 = \frac{该批货物的单位重量}{该批货物的单位体积}$$

在装箱时，应考虑选用这两者较为接近的集装箱。

📖 知识点三：确定集装箱需求量

对于单位体积相同的货物，可以通过计算，大体测算单位集装箱载货量和集装箱需求量。而对于将单位体积、形状不同的货物装在一个集装箱里，则需要综合运用公式计算、图纸规划以及工作经验，加以测算。

针对单位体积相同的货物，集装箱需求量按以下方法确定。

1. 参数定义

参数定义如表 2-1 所示。

表 2-1 参数定义

序号	参数	含义	序号	参数	含义
1	N	集装箱需求量	6	W_T	装箱货物总重
2	P_C	集装箱单箱装载件数	7	W_{max}	集装箱最大载重限制
3	W_C	集装箱单箱载货重量	8	V_C	集装箱容积
4	W_U	单位货物重量	9	R_C	箱容利用率
5	V_U	单位货物体积			

2. 计算单箱装载量

集装箱单箱装载件数表述为：

$$P_C = \frac{V_C \cdot R_C}{V_U}$$

集装箱单箱载货重量表述为：

$$W_C = P_C \cdot W_U$$

考虑集装箱单箱载货重量不能超过集装箱最大载重限制，W_C 取值如下：

当 $W_C \leq W_{max}$ 时，$W_C = P_C \cdot W_U$；

当 $W_C > W_{max}$ 时，$W_C = W_{max}$。

3. 计算集装箱需求量

根据以上计算，当集装箱单箱载货重量不大于该集装箱最大载重限制时，则按单位集装箱载货重量核算集装箱需求量；当集装箱单箱载货重量大于该集装箱最大载重限制时，则按集装箱最大载重限制核算集装箱需求量。其计算式表达如下：

$$\begin{cases} N = \dfrac{W_T}{W_C}, & W_C \leq W_{max} \\ N = \dfrac{W_T}{W_{max}}, & W_C > W_{max} \end{cases}$$

知识点四：确定集装箱需求量二

当待装箱货物采用硬质运输包装，且包装形状固定时，例如纸箱包装、木箱包装等，货物装箱时不仅要考虑容积限制、最大载重限制，还要考虑货物在集装箱长、宽、高三个维度上放置时尺寸不超限。

例如，在一个内部尺寸为长×宽×高 = 5 867 mm×2 330 mm×2 350 mm 的 20 ft 集装箱内，装载外包装尺寸为长×宽×高 = 600 mm×400 mm×300 mm 的纸箱，如果对纸箱的摆放方向没有特殊要求，可以实施表 2-2 分类讨论的集装箱货物装箱方案。

表 2-2　集装箱与货物摆放方向的对应关系

方案	集装箱长边对应	集装箱宽边对应	集装箱高边对应
方案 1	货物长边	货物宽边	货物高边
方案 2	货物长边	货物高边	货物宽边
方案 3	货物宽边	货物长边	货物高边
方案 4	货物宽边	货物高边	货物长边
方案 5	货物高边	货物长边	货物宽边
方案 6	货物高边	货物宽边	货物长边

分别计算六种方案的装载情况，在确保单箱载货重量不超过集装箱最大载重限制的情况下，选择单箱装载量最大的方案，进而确定集装箱需求量。

知识点五：集装箱货物装载要求

集装箱货物的装箱通常有三种方法：①全部用人力装箱；②先用叉式装卸车搬进箱内，再用人力堆装；③全部用机械装箱，如托盘货即可用叉式装卸车在箱内堆装。不论用哪种方法，装货时一定要堆装稳定，以免发生事故。装箱的一般要求可以归纳如下。

（1）箱内所装货物的重量不能超过集装箱的最大载重限制。

（2）要考虑集装箱的容重，判断货物是重货还是轻货，重货以其重量计算单箱载货量，轻货以集装箱容积计算单箱载货量。

（3）装载时要尽量使箱底负荷平衡，防止重心偏在箱体一端或一侧，尤其要禁止重心偏在一端的情况。

（4）避免产生集中载荷，装载机械设备等重货时箱底应铺木板等衬垫材料，分散负荷。集装箱单位底面积安全负荷一般为：20 ft，1 330×9.8 N/m^2；40 ft，980×9.8 N/m^2。

（5）装载托盘货时，要确切掌握集装箱的内部尺寸和货物的外部尺寸，计算好最佳的装载件数，尽量减少弃位容积。

（6）要正确使用装货工具，捆包货禁止使用手钩，箱内所装的货物要装载整齐、紧密堆装。容易散捆和包装脆弱的货物，要使用衬垫或在货物间插入胶合板，防止货物在箱内移动。

（7）用人力装货时要注意外包装上的指示性包装标识，如"不可倒置""竖放"等。

（8）用叉式装卸车装箱时，将受到机械的自由提升高度和门架高度的限制，上下应注意留有一定的间隙。

（9）拼装货物混装时还应注意：轻货要放在重货上面；包装强度弱的货物要放在包装强度强的货物上面；同形状、不同包装的货物尽可能不装在一起；液体货要尽量放在其他货物下面；

包装中会渗漏出灰尘、液体、潮气、臭气等的货物不要与其他货混装在一起，不得不混的要用帆布、塑料薄膜或其他衬垫材料隔开；有尖角或突出部件的货物，要把尖角或突出部件保护起来，以免损坏其他货物；冷藏货和危险货物的装载必须严格按照要求规范操作，完善程序，并做好详细的记录。

📖 知识点六：主要类型货物装箱方法

1. 箱装货的装载

普通木箱、框架木箱、钢丝板条箱装箱时，如无其他特殊要求，外包装无破损，则可从下往上堆装。体积小的木箱可以装入密闭式集装箱内；体积大的受装载作业面的限制，可装入敞顶集装箱。

除对装载有特殊要求的货物或包装脆弱的木箱外，一般在货物之间无须插入衬垫。以木箱为例，此类货物装箱方法如下。

（1）对于较重的小型木箱，可采用骑缝装载法，使上面的木箱压在下面两个木箱的缝隙上，利用上层木箱的重量限制下层木箱的移动，最上层木箱必须加固牢靠。

（2）装载完毕后，若箱门处尚有较大空隙，须用木板和木条将木箱总体撑牢，防止其在运输过程中对箱门的冲击。

（3）对于重量较大、体积较小的木箱货，如果装载后其四周均有空隙时，须从四周进行支撑固定。

（4）对于重心高的木箱，除对其底部加以固定外，还须在其上面用木条撑住空隙。

2. 纸箱货的装载

纸箱是集装箱货中较为常见的一种包装，常用来包装较为精细的货物。纸箱的尺寸大小不一，如果集装箱内装的纸箱货尺寸较小，且规格统一，则可进行无空隙堆装，这种堆装方式的箱容利用率较高，而且不需要进行固定，是一种经济理想的装载方式。如果集装箱内装的是尺寸相同的大型纸箱，则会产生空隙。如果是横向空隙，且在 10 cm 左右，一般无须对货物进行固定，实际装载时这样大小的空隙可人为分散开。但如果空隙较大，货物则需根据具体情况加以固定。如果是不同尺寸的纸箱进行混装，可利用其大小变化搭配堆装，先将箱底堆满，再向上堆装。

此类货物装箱方法如下：

（1）装箱顺序是先从箱里向外装，或从两侧向中间装。

（2）对小于 300 mm 的装箱空隙，在装载时可以利用上层货物重量相互压紧，不必进行特别处理，只需在最上层用填塞的方式来消除空隙。

（3）为了下层纸箱不受压变形，需要在集装箱的中间进行衬垫。衬垫材料最好用波纹纸板，其重量轻、价格便宜、防滑效果明显。

（4）装载小型纸箱货时，为防止倒塌，可采用纵横交错的堆装方法。

（5）波纹纸板箱的大部分压力是由箱的周边支撑，因此堆装时要把箱角对齐，按砌砖墙或交错的方式码垛，以增强货物相互间的拉力。

3. 捆包货的装载

捆包货根据货物种类不同，其包装形态有较大区别。因其重量与体积较大，在装箱时一般采用机械作业。

捆包货装载时，为了防止箱底潮湿对货物的不利影响，同时也为了方便机械作业，一般要用木板对货物进行衬垫。

对鼓腹型的捆包货,为了避免运输过程中因摇摆而造成塌垛堵挤箱门的现象,应在箱门处用方木条做成栅栏,以保护箱门。

4. 袋装货的装载

袋装货主要指的是纸袋装的水泥、麻袋装的粮谷、布袋装的粉货,等等。在装载这些货物时,应在集装箱内事先铺设聚氯乙烯薄膜或帆布,防止发生破袋后,漏出的货物污损集装箱。

为了防止袋装货因箱顶漏水而受潮,应在货物上面进行必要的防水遮盖。为了防止袋装货堆装后倒塌和滑动,可以在货与货之间插入衬垫板和防滑粗纸。堆装采用砌墙堆放法或交错堆放法。

5. 鼓桶类货物的装载

鼓桶类货物装箱容易产生空隙,且固定时要进行一定的技术处理。装载时要将盖朝上进行堆装,并要加入衬垫,以保证负荷均匀和鼓桶稳定。最上层的鼓桶,要用绳索等将其捆绑在一起,防止其发生滚动。

6. 滚筒货和卷盘货的装载

滚筒货一般有塑料薄膜、柏油纸、钢瓶等。滚筒货通常要竖装,在侧壁和端壁上要铺设胶合板,以增强其受力能力。装载时,从箱端开始要堆装紧密,并用柔软的衬垫填塞货物间的空隙。

滚筒货一般不便于横装,如有特殊原因必须横装,要用楔子或相应材料使之离开箱体四壁,并对每一层都用楔子固定。

卷盘货一般有卷纸、卷钢、钢丝绳、电缆等。卷盘货在水平装载时要铺满整个箱底。为防止运输中因摇摆而对箱体四壁产生冲撞,必须用若干个坚固的空心木座插在货物和端壁之间,牢固地靠在侧壁上,并采取必要措施,充分保护好箱门。

7. 长件货的装载

长件货在长度方向上容易滑动,因而对端壁和箱门要特别注意防护,在集装箱两端要加衬垫,货物与集装箱有空隙的必须支撑、塞紧。

例如钢管类货物,此类货物容易移动,装箱后,应用钢丝绳或钢带把货物扎紧,防止运输途中散捆,破坏箱壁。另外,还需要在侧壁内插上几根立柱(可使用方形木条),再把各个立柱之间用水平木条连接起来,以保护侧壁。钢管类货物装箱后还应用塑料薄膜或防水帆布加以覆盖,防止其受潮。

8. 托盘货的装载

托盘货主要是指纤维板、薄钢板、胶合板、玻璃板、木质或钢制门框等,这些货物的包装形式一般是木箱或亮格木箱。考虑到装卸的便利性和安全性,对于这类货物的装载,一般用钢带、布带或收缩性塑料等将货物固定在托盘上,再选用开顶式集装箱装载。

9. 散件货物的装载

将尺寸和重量较大且必须要有几个平台集装箱拼起来装载的货物称为散件货物。这类货物装载的尺寸和重量受到船舶结构的限制,如果舱内不能达到所需空间,则要直接放在甲板的舱口盖上。

装载散件货物时要考虑以下问题:从装载地运到船边或离开船边所采用的运输方法;能否使用岸上的集装箱装卸桥;不能使用装卸桥时,要考虑所使用浮吊的跨距和高度是否足够;是否可以直接靠岸卸货或者需要过驳;根据货物的形状确定安装吊索的位置;确定货物的固定方法,考虑分散负荷的方法等。

10. 散货的装载

装载散货用的集装箱有专用的散货集装箱、敞顶集装箱等,在选择集装箱时应考虑其装卸的方法、货物的性质、集装箱的强度和有关的法规等。

由于在运输中散货的移动可能会损坏集装箱的侧壁,因此要判定货物的密度、静止角和集装箱侧壁的强度。

(1) 用敞顶集装箱装散货时需注意可能其侧部强度不够,因此一般限于装载干草块等比较轻的散货。

(2) 散货集装箱箱顶上通常有2~3个装货口,箱门的下部设有卸货口。装货时由箱顶用漏斗使货物滑入箱内;卸货时利用倾斜底盘车把集装箱倾斜抬起,使货物自动滑出,也可以在箱顶插入吸管用真空吸出。

(3) 如果装箱货物是化学制品,则要从法规上考虑该品种是否属于危险货物;如果装箱货物是食品、饲料等动植物制品,则要根据有关国家动植物检疫规则所规定的运输、储藏、检查、熏蒸的方法来处理。

11. 液体货物的装载

液体货物大多是通过专用船来运输,也可采用罐式集装箱装载。使用集装箱装载时要注意以下几点:箱内的涂料能否满足货物的运输要求,如果不适合,有时可使用内衬袋;当货物比重较大,货物只装半罐时,不能采取罐式集装箱装载;半罐装会出现"打水锤现象",使罐体结构受到巨大的损伤,给货物的装卸和运输造成危险;查明是否有必需的设备,这些设备是否适用于集装箱的阀门,检查安全阀门是否有效;运输和装卸过程中应根据货物特性考虑是否需要加温,了解装卸地是否具有蒸汽源和电源。

除此以外,对一些冷冻食品、药品、水果、蔬菜、危险化学品、药品、需要检疫的动植物及其产品等特殊货物,在使用集装箱装载时有不同的特殊要求,必须根据货物的特性制定装箱方案,并要满足相关法律法规的规定。

📖 知识点七:填制装箱单证

1. 装箱单的作用

装箱单(Container Load Plan,CLP),是详细记载每一个集装箱内所装货物的名称、数量及箱内货物积载情况的单证。每个载货集装箱都要制作这样的单证,它是根据已装进箱内的货物情况制作的,是集装箱运输的辅助货物舱单。装箱单是详细记载箱内所载货物情况的唯一单证,因此在国际集装箱运输中,是一张极为重要的单证。

装箱单的作用主要体现在以下几个方面:是向承运人、收货人提供箱内货物明细的清单;是集装箱货物向海关申报的主要单证之一;是货方、港方、船方之间货、箱交接的凭证;是船方编制船舶积载计划的依据,单证上所记载的货箱重量是计算船舶积载性能的基本数据;是办理集装箱货物保税运输、安排拆箱作业的资料;是集装箱运输货物商务索赔的依据。

2. 装箱单的内容和填制要求

集装箱装箱单的主要内容包括:船名、航次、装卸港、发货地、交货地、集装箱箱号、集装箱规格、箱封号、场站收据或提单号、发货人、收货人、通知人及货物名称、件数、包装、标志、重量、尺码等。对特殊货物还需加以特殊说明,例如,保温或冷藏货物对箱内温度的要求、检疫物是否检疫,等等。其格式内容如图2-6所示。

集装箱装箱单以箱为单位制作,由装箱人填制并经装箱人签署后生效。装箱单一般一式数份,分别由货主、货运站、装箱人留存和交船代、海关、港方、理货公司使用,另外还需准备足够份数交船方随船带往卸货港以便交接货物、报关、拆箱等用。

制作装箱单时,装箱人负有装箱单内容与箱内货物一致的责任。如需理货公司对整箱货物理货时,装箱人应会同理货人员共同制作装箱单。

装 箱 单
CONTAINER LOAD PLAN

船 名 Ocean Vessel	航 次 Voy. No.		收货地点 Place of Receipt □-场 □-站 □-门 □-CY □-CFS □-Door	装货港 Port of Loading	集装箱号 Container No.		
箱 主 Owner	提单号码 B/L No.		1. 发货人 2. 收货人 3. 通知人 Shipper Consignee Notify	卸货港 Port of Discharging	箱封号 Seal No.		
					集装箱规格 Type of Container: 20 40 冷藏温度 F ℃ Reefer. Temp. Required 交货地点 Place of Delivery □-场 □-站 □-门 □-CY □-CFS □-Door		
			标志和号码 Marks & Numbers	件数及包装种类 No. & Kind of Pkgs.	货 名 Description of Goods	重量（公斤） Weight kg.	尺码（立方米） Measurement Cu. M.
			◇底 Front ◇门 Door				
					总 件 数 Total Number of Packages 重量及尺码总计 Total Weight & Measurement		
危险品要注明 危险品标志分 类及闪点 In case of dangerous goods, please enter the label classification and flash point of the goods.	重新箱封号 New Seal No.		开封原因 Reason for Breaking Seat	装箱日期 Date of vanning: …… 装箱地点 at: …… （地点及国名 Place & Country）			
	出 口 Export		驾驶员签收 Received by Drayman	堆场签收 Received by CY	装箱人 Packed by: 发货人 货运站 （Shipper/CFS）	皮 重 Tare Weight	
	进 口 Import		驾驶员签收 Received by Drayman	货运站签收 Received by CFS	…… （签署）Signed	总 毛 重 Gross Weight	
					发货人或货运站留存 1. Shipper/CFS （1）一式十份 此栏每份不同		

图 2-6 装箱单格式内容

任务训练

项目二	集装箱与多式联运货方业务	任务二	集装箱提箱装货	子任务二	集装箱货物装箱
任务描述					
根据给定任务，查找资料，完成任务目标					
任务实施					
1	按要求核算下列货物的集装箱需求量。 一批袋装粉状货物，共 1 000 袋，每袋货物 50 kg，单位货物体积约为 0.1 m³，箱容利用率 98%。要求： （1）计算集装箱容重和货物密度，为该批货物选择适合的集装箱； （2）计算该集装箱对该货物的最大单箱装载量； （3）测算该批货物所需的集装箱数量				
2	按要求核算下列货物的集装箱需求量。 一批规格相同的冰柜，用波纹纸板箱包装，共 1 000 箱。单位货物体积为 1 m³（2 m×1 m×0.5 m）。单箱重量 98 kg。要求： （1）计算集装箱容重和货物密度，选择合适的集装箱； （2）计算集装箱对该货物的最大单箱装载量； （3）测算该批货物所需的集装箱数量				
3	分析下列货物特性和装箱要求，选择合适的集装箱，制定合理的装箱方案并说明该类型货物装箱时的注意事项（各组任选其一，完成任务）。 （1）多乐士木器漆（直径 500 mm，高 750 mm，重 1 250 kg/桶）； （2）飞利浦吸顶灯（350 mm×350 mm×220 mm，重 0.3 kg/个，10 个装一纸箱，355 mm×710 mm×1 110 mm）； （3）电线（直径 600 mm，高 250 mm，重 150 kg/盘）； （4）显示器，木质托盘装（1 000 mm×1 200 mm×800 mm），总重 200 kg/托盘； （5）大米，塑料编织袋装（400 mm×250 mm×1 000 mm，重 100 kg/袋）； （6）不锈钢管，捆装，16 根/捆（直径 30 mm/根，长 300 mm/根，重 1.7 kg/根）				

续表

根据南京ABC进出口公司出口"儿童三轮车"的背景资料，为该批货物选择合适的集装箱，说明该类货物装箱注意事项，并填制装箱单

装 箱 单 CONTAINER LOAD PLAN

船 名 Ocean Vessel		航 次 Voy. No.		集装箱号 Container No.	集装箱规格 Type of Container: 20 □ 40 □
箱 主 Owner		提单号码 B/L No.		箱封号 Seal No.	冷藏温度 Reefer. Temp. Required ℉ □ ℃ □
		重新箱封号 New Seal No.		卸货港 Port of Discharging	交货地点 Place of Delivery □ 场 □ 站 □ 门 □-CY □-CFS □-Door
		出 口 Export	装货港 Port of Loading		收货地点 Place of Receipt □ 场 □ 站 □ 门 □-CY □-CFS □-Door
		进 口 Import			1. 发货人 2. 收货人 3. 通知人 Shipper Consignee Notify
标志和号码 Marks & Numbers	件数及包装种类 No. & Kind of Pkgs.	货 名 Description of Goods	重量（公斤） Weight kg.	尺码（立方米） Measurement Cu. M.
				皮 重 Tare Weight
				总 毛 重 Gross Weight
		总 件 数 Total Number of Packages 重量及尺码总计 Total Weight & Measurement		

底 Front / 门 Door

开封原因 Reason for Breaking Seat	装箱日期 Date of vanning: at: 装箱地点（地点及国名 Place & Country）	装箱人 Packed by: 发货人 (Shipper/CFS)
堆场签收 Received by CY	驾驶员签收 Received by Drayman	发货人或发货运站留存 1. Shipper/CFS (1)一式十份 此栏每份不同
货运站签收 Received by CFS	驾驶员签收 Received by Drayman	（签署）Signed

危险品要注明危险品标志分类及闪点
In case of dangerous goods, please enter the label classification and flash point of the goods.

4

续表

评价类型	评价指标	评价得分
任务评价		
自我评价	完成情况（40%）	
	主动学习（40%）	
	学习收获（20%）	
小组评价	完成情况（40%）	
	成果贡献（40%）	
	协作意识（20%）	
教师评价	完成情况（40%）	
	解决问题（40%）	
	线上参与（20%）	
总体评价	校内（100%）	
	企业（100%）（该项目有企业参与时）	

拓展任务

资源	二维码	资源	二维码
图文2-5：集装箱装箱技巧		视频2-2：集装箱装箱——桶装货	
视频2-1：集装箱装卸——散货		视频2-3：集装箱装箱——汽车	
拓展任务学习笔记			

任务三　集装箱货物进出境通关

学习导图

物流故事

物流故事	二维码	谈谈体会
物流故事2-3： 海外仓，助力"中国造"畅销全球		

子任务一　了解进出境通关基本知识

导学任务

南京ABC进出口公司出口的730辆"儿童三轮车"，已备货完成，实习业务员小王按照师傅的要求，配合办理这批货物出口通关手续。师傅要求小王先回顾梳理进出境通关的基本知识。

导学问题

- 什么是进出境？
- 进出境通关作业的意义和主要内容是什么？
- 主要的进出境海关监管制度有哪些？
- 进出境通关规范有哪些？

- 进出境通关的主要作业流程是什么？

导学资源

资源	二维码
图文2-6：中华人民共和国海关总署	

知识链接

知识点一：认识海关和关境

海关，是国家的进出关境监督管理机关，实行垂直管理体制。海关总署负责统一管理全国海关，组织推动口岸"大通关"建设、海关监管、进出口关税及其他税费征收管理、出入境卫生检疫和出入境动植物及其产品检验检疫、进出口商品法定检验、海关风险管理、国家进出口货物贸易等海关统计、全国打击走私综合治理等工作。

关境，实施同一海关法规和关税制度的境域称为关境。关境与国境可能一般情况下是一致的，也有不一致的情况。

进出境通关，即通常所说的"报关"，是进出口货物的收发货人或其代理人在货物实际进出境时，向海关办理申报、配合查验、缴纳税费等手续，以使货物获得海关放行及办结通关手续的过程。进出境货物、物品只有在履行各项义务，办结海关手续后，才能放行，货主或申报人才能提货。对于载运进出口货物的各种运输工具，在进出境或转运时也应向海关申报，办理海关手续，得到海关许可。货物在办理通关业务期间，均应处于海关监管之下，不得自由流通。

知识点二：进出境货物类型

进出境货物通关中，海关将货物的经济用途作为确认进出境属性的标准，进而选择某一种适用的海关制度来办理进出境手续。

大致可以将进出境货物划分为四类：实际进出口货物、临时进出口货物、通过关境货物、特殊进出境货物。

(1) 实际进出口货物，是商品成交后由境外输入境内或由境内输往境外，其流向呈单向状态。海关办理进出口货物通关手续时，按货物征税情况的不同，采取一般进出口海关制度，或者特定减免税进口海关制度。

(2) 临时进出口货物，大多是以复出口或复进口为最终去向，包括暂时进出口加工货物、暂时进出口储存货物、暂时进出口使用货物。海关办理进出口货物通关手续时，适用相应的暂准进出口海关制度。

(3) 通过关境货物，是因为地理位置或航线原因，必须经过我国关境才能运达境外目的地的货物，包括过境、通运、转运三种具体货物。海关对这类货物实施严密监管，并采用相对独特的监管制度。

(4) 特殊进出境货物，即溢卸、误卸、退运、无代价抵偿及服务贸易项下进出境的货物。这些货物采用各自独特的海关监管制度。

这些独特的海关制度合并划归为其他进出境海关监管制度。

📖 知识点三：海关监管制度

海关对进出境货物分类实施监督管理，对于不同属性的货物制定不同的监管制度。其主要包括：一般进出口货物监管制度，保税进出口货物监管制度，暂时进出境货物监管制度，特定减免税货物监管制度，过境、转运、通运等其他进出境货物监管制度。

1. 一般进出口货物监管制度

一般进出口货物监管制度是指货物应该在实际进出境阶段如实申报、交验单证、接受海关检查、完纳进出口税费，经海关放行，进口货物可以在境内自行处置，出口货物运离关境，可以自由流通的监管规程或准则。

根据一般进出口货物监管制度，此类货物应该在进出境时缴纳进出口税费，进出口时提交相关的许可证件，接受检验检疫。

适用一般进出口货物监管制度办理进出境手续的货物可称为"一般进出口货物"。

2. 保税进出口货物监管制度

保税是指纳税义务人进口应税货物，在符合海关特定条件下，经申请主管海关同意，海关暂缓征收进口关税和进口环节税，同时保留征收税款的权利，而纳税义务人得以暂缓履行缴纳相关税款的义务，货物处于海关监管之下的一种状态。保税进出口的货物经海关批准，进境时未办理纳税手续，在境内按规定储存或加工后复出境，或办理进口报关纳税手续后经核销办结海关手续。

海关保税监管是海关依据法律、行政法规及部门规章，对享受保税政策的进出口货物、物品在保税状态下进行实际监管的行政执法行为。保税监管业务分为：保税加工、保税物流、保税服务。保税监管制度主要包括：备案核销制度、保税核查制度、保税担保制度、内销征税制度及风险监控制度。

3. 暂时进出境货物监管制度

暂时进出境是指经海关批准，货物为特定使用目的进出口，在预定时间内，按原状复出口或复进口，因而可暂予免纳进出口各税的海关监管制度。

暂时进出境货物主要有：在展览会、交易会及类似活动中展示或者使用的货物；文化体育交流活动中使用的表演或比赛用品；进行新闻报道或者摄制电影、电视节目使用的仪器、设备及用品；开展科研、教学、医疗活动使用的仪器、设备和用品；以上活动中所使用的交通工具及特种车辆；货样；慈善活动使用的仪器、设备及用品；专业设备，供安装、调试、检测、修理设备时使用的仪器及工具；盛装货物的包装材料；旅游用自驾交通工具及其用品；测试用产品、设备、车辆等。

4. 特定减免税货物监管制度

特定减免税货物监管制度，是指货物在进口时减或免进口各税，进口后必须在特定的条件和规定的范围内使用，直至监管时限到期经核销后解除监管。

特定减免税货物主要是依据海关法的规定适用减免税范围的货物，主要针对特定地区、特定企业、特定用途执行，例如科教用品、残疾人专用品等。

5. 其他进出境货物监管制度

除了以上监管制度以外，还有针对过境、转运、通运货物，市场采购货物，租赁货物，无代价抵偿货物，进出境修理物品，退运货物，直接退运货物，进出境快件，跨境贸易电子商务零售进出口货物等的监管制度。

📖 知识点四：进出境通关作业规范

1. 通关的时间规范

对于进口货物，其收货人、受委托的报关企业应当自运输工具申报进境 14 日内向海关申报。对于出口货物，其发货人、受委托的报关企业应当在货物运抵海关监管场所后、装货的 24 小时前向海关申报。

2. 通关的地点规范

全国海关通关作业一体化模式启动以后，消除了申报关区的限制，除一些特殊情况外，进出口企业可以在任一海关进行报关，即企业可以选择在货物进出境口岸海关或企业属地海关进行申报并办理相应手续。

📖 知识点五：进出境通关作业流程

2018 年开始实施"关检合一"。进出口企业通过"单一窗口"实现报关报检一次申报，对进出口货物实施一次查验，凭海关放行指令一次放行，检验检疫作业的全面融入，大大提高了通关效率。进出口货物通关作业程序如下。

1. 通关作业准备

在此阶段主要有以下工作：准确识别货物的进出境属性，确定进出口货物的税收状况；借助"关税中心"派生海关制度的规律，确定适用的海关程序性管理制度；准确判断通关货物涉及贸易管制状况，办妥贸易管制许可证件申领手续；准确判断通关货物涉及检验检疫的状况，为通关作业准备必要的报检单证；准确填报进出口报关单核心栏目；进出口应缴税费的要素核定与税款核算。

2. 前置通关作业

在此阶段，由口岸海关实施登临检查。无布控或检查无异常的，准许卸货。卸货过程中，海关顺势实施预防性检疫处理、辐射探测、先期机检等监管或处置。经海关同意，进口货物收货人及其代理人可查看货物或提取货样，可以就通关过程中的海关事务申请担保。

3. 现场通关作业

现场通关环节的主要作业有：自报自缴、海关通关现场进行风险排查和处置、海关综合实务处理。

（1）自报自缴，是进出口货物收发货人及其代理人向海关申报报关单及随附单证，自行核对及确认申报系统显示的税费电子数据，并自行缴纳税费。

（2）海关通关现场进行风险排查和处置，主要是海关对存在禁限管制、侵权、品名规格数量伪瞒报等风险，以及情报反映存在走私违规嫌疑的货物依法进行准入查验；海关对存在归类、价格、原产地等税收风险的货物依法进行验估查验；实施海关检验检疫，即口岸查验+口岸鉴定室鉴定+货物放行/检疫处理。

（3）海关综合事务处理，包括海关取样、存证、留像；海关修撤单、退补税。

4. 放行后通关作业

放行后通关作业主要有：海关批量复核、海关单证验核与事后验估、完成单证检查或目的地检查、完成对企业自行运输和存放的监管；海关在货物放行后报关单的修改或撤销；对通关税收风险的稽/核查。

知识点六:"两步申报"通关模式

中国海关为适应国际贸易特点和安全便利需求,在深化通关一体化改革及实施"一次申报,分段处置"的通关模式基础上,改革了"两步申报"通关作业流程。第一步为概要申报,即进口货物概要申报—海关风险甄别排查处置—海关监管证件比对—海关通关现场检查—口岸提离。第二步为完整申报,即进口货物完整申报—海关风险甄别排查处置—海关监管证件比对—缴纳税费—海关通关现场处置—获得报关单放行。实施"两步申报"通关模式,企业可先凭提单进行概要申报,货物符合安全准入条件即可快速提离,在规定时间内再进行完整申报。

任务训练

项目二	集装箱与多式联运货方业务	任务三	集装箱货物进出境通关	子任务一	了解进出境通关基本知识
任务描述					
根据给定任务，查找资料，完成任务目标					
任务实施					
1	请举例说明关境和国境的关系				
2	请查阅资料，说明海关对集装箱进出境执行哪种监管制度				
3	查阅资料，说明南京 ABC 进出口公司出口的这批"儿童三轮车"适用哪种类型的海关监管				
4	请分析和梳理进出境通关作业流程，并绘制流程图				

续表

任务评价		
评价类型	评价指标	评价得分
自我评价	完成情况（40%）	
	主动学习（40%）	
	学习收获（20%）	
小组评价	完成情况（40%）	
	成果贡献（40%）	
	协作意识（20%）	
教师评价	完成情况（40%）	
	解决问题（40%）	
	线上参与（20%）	
总体评价	校内（100%）	
	企业（100%）（该项目有企业参与时）	

拓展任务

资源	二维码	资源	二维码
图文2-7：海关总署关于开展"两步申报"改革试点的公告		图文2-8：关检合一	
拓展任务学习笔记			

项目二　集装箱与多式联运货方业务

子任务二　办理集装箱及货物通关

导学任务

实习业务员小王已经熟悉了通关工作的基本内容，按照师傅的要求，配合并跟进南京ABC进出口公司"儿童三轮车"出口通关手续的办理，了解出口货物通关的主要业务流程，以及出口货物报关单的主要内容。

导学问题

- 如何识别货物的进出境属性？
- 怎样确定适用的海关程序性管理制度？
- 怎样判断通关货物涉及的贸易管制状况？
- 怎样判断通关货物涉及的检验检疫状况？
- 如何填制报关单？

导学资源

资源	二维码
微课2-6：集装箱货物通关	

知识链接

知识点一：集装箱所载货物通关

通关是进出境货物、物品和运输工具能够出境、进境以及在境内销售或使用的必经环节。对于出境的集装箱货物，只有向海关进行了申报，办理了相关手续之后，才能装箱出运。对于进口集装箱货物，只有向海关进行了申报，办理了相关手续之后，才能提箱拆箱。下面以一般进出口货物为例，说明其通关流程。

1. 前期作业

前期作业分为进口前期作业和出口前期作业。进口前期作业有：准备与申报货物相关的信息资料；检查报关随附单证；做好单证交接；换取提货凭证；审核单证一致性；填制进口报关单草单并复核。随附单证包括：进口贸易单证、运输管理单证、海关特殊单证等。出口前期作业有：特殊事项报备、申请；货物准备；订舱作业；全套单证准备。

申报前可以实施的通关作业还包括：出口申报前检验检疫监管；舱单信息输入；办理海关担保；申报前看取货样；配合海关登临检查。

2. 申报作业

申报作业包括：电子数据申报；进口法定检验检疫；缴纳税款与自报自缴申报；配合海关

查验；海关放行与提取、装运货物；进出口结关。

3. 后续作业

后续作业包括：申请签发报关单证明联；申请签发货物进口证明书；货物放行后报关单修改或撤销；办理海关事务担保销案；配合海关放行后稽（核）查；配合海关单证核查和事后验估；配合海关放行后立案调查；企业主动披露；报关单证归档；财务结算。

📖 知识点二：集装箱所载货物的检验检疫管理

对进出境货物、物品等实施检验检疫，是防止有害生物入侵，保护我国人民健康和生态环境的重要手段，同时也是体现国家职能，促进对外贸易发展的保障。

对进出境货物的检验检疫主要包括以下内容：对列入法检目录的商品，依法实施检验；对进出境动植物、动植物产品和其他检疫物，实施动植物检疫；对装载进出境动植物、动植物产品和其他检疫物的容器、包装物、铺垫材料，实施动植物检疫；对来自动植物疫区的运输工具、进境拆解的废旧船舶，实施动植物检疫；对出入境人员、交通工具、集装箱、行李物品、邮递物品等，实施医学检查和卫生检疫；对进口废物原料、旧机电产品实施装运前检验；对强制性认证产品实施商品认证管理；对机电、轻工、玩具、医疗器械等实施出口商品质量许可管理；对出口危险货物运输包装实施性能鉴定和使用鉴定；等等。

📖 知识点三：集装箱箱体通关

集装箱箱体既是一种运输设备，又是一种货物。当用集装箱载货进出口时，集装箱箱体就作为一种运输设备；当某个企业购买进口或销售出口集装箱时，它就是普通的进出口货物。

集装箱箱体作为货物进出口是一次性的，而通常情况下，是作为运输设备暂时进出境的。作为运输设备进出口的集装箱，按暂准进出境程序办理通关业务。具体有以下两种情况。

境内生产的集装箱及我国营运人购买进口的集装箱。此类集装箱在投入国际运输前，集装箱营运人应当向其所在地海关办理登记手续。海关准予登记并符合规定的此类集装箱箱体，无论是否装载货物，海关准予暂时进境和异地出境。集装箱营运人或其代理人无须对箱体单独向海关办理通关手续，进出境时也不受规定的期限限制。

境外集装箱。境外集装箱暂准进境，无论是否装载货物，承运人或其代理人应当对集装箱箱体单独向海关申报，并应当于入境之日起6个月内复运出境。如因特殊情况不能按期复运出境的，应当向海关提出延期申请，延长期限最长不得超过3个月，逾期应按规定向海关办理进口报关纳税手续。

📖 知识点四：对进出境集装箱的检验检疫管理

根据《进出境集装箱检验检疫管理办法》，依法对进境、出境、过境的重箱和空箱实施检验检疫。海关总署主管全国进出境集装箱的检验检疫管理工作，主管海关负责所辖地区进出境集装箱的检验检疫和监督管理工作。

1. 对进境集装箱的管辖

进境集装箱报检人应当向进境口岸海关报检。进境集装箱及其装载的应检货物经检验检疫合格的，准予放行；经检验检疫不合格的，按有关规定处理；未经海关许可，不得提运或拆箱。

在进境口岸结关的以及国家有关法律法规规定必须在进境口岸查验的集装箱，在进境口岸实施检验检疫或做卫生除害处理。

指运地结关的集装箱，进境口岸海关受理报检后，检查集装箱外表（必要时进行卫生除害处理），办理调离和签封手续，并通知指运地海关，到指运地进行检验检疫。

装运经国家批准进口的废物原料的集装箱，应当由进境口岸海关实施检验检疫。经检验检疫符合国家环保标准的，签发检验检疫情况通知单；不符合国家环保标准的，出具检验检疫证书，并移交环保部门处理。

进境集装箱应按有关规定实施下列检验检疫：

（1）所有进境集装箱应实施卫生检疫。

（2）来自动植物疫区的，装载动植物、动植物产品和其他检验检疫物的，以及箱内带有植物性包装物或铺垫材料的集装箱，应实施动植物检疫。

（3）法律、行政法规、国际条约规定或者贸易合同约定的其他应当实施检验检疫的集装箱，按有关规定、约定实施检验检疫。

2. 出境集装箱管辖

出境集装箱应在装货前向所在地海关报检，未经海关许可，不准装运。装载出境货物的集装箱，出境口岸海关凭起运地海关出具的检验检疫单证验证放行。法律法规另有规定的除外。在出境口岸装载拼装货物的集装箱，由出境口岸海关实施检验检疫。

出境集装箱应按有关规定实施下列检验检疫：

（1）所有出境集装箱应实施卫生检疫。

（2）装载动植物、动植物产品和其他检验检疫物的集装箱应实施动植物检疫。

（3）装运出口易腐烂变质食品、冷冻品的集装箱应实施适载检验。

（4）输入国要求实施检验检疫的集装箱，按要求实施检验检疫。

（5）法律、行政法规、国际条约规定或贸易合同约定的其他应当实施检验检疫的集装箱按有关规定、约定实施检验检疫。

3. 对过境集装箱的管辖

过境应检集装箱，由进境口岸海关实施查验，离境口岸海关不再检验检疫。

过境集装箱经查验发现有可能中途撒漏造成污染的，报检人应按进境口岸海关的要求，采取密封措施；无法采取密封措施的，不准过境。发现被污染或危险性病虫害的，应做卫生除害处理或不准过境。

任务训练

项目二	集装箱与多式联运货方业务	任务三	集装箱货物进出境通关	子任务二	办理集装箱及货物通关
任务描述					
根据给定任务，查找资料，完成任务目标					
任务实施					
1	根据业务背景查找资料，完成该批出口"儿童三轮车"的通关准备； 确定该批货物出境适用的海关制度； 确定该批货物出口的纳税要求； 确定该批货物出口涉及的贸易管制措施，分析需要的许可证件； 确定该批货物出口通关涉及的检验检疫要求，分析需要的检验检疫单证				
2	请查阅资料，了解海关申报系统。 列举系统功能； 了解进出口货物报关单格式和填报规范； 列举报关单表头内容； 对比进出口货物报关单表头栏目内容的区别				

续表

根据业务背景查找资料，完成该批出口"儿童三轮车"的报关单填制

中华人民共和国海关出口货物报关单

预录入编号：　　　　　　海关编号：

境内发货人		出境关别		出口日期		申报日期		页码/页数：
境外收货人		运输方式		运输工具名称及航次号		提运单号		备案号
生产销售单位		监管方式		征免性质		许可证号		
合同协议号		贸易国(地区)		运抵国(地区)		指运港		离境口岸
包装种类		件数		毛重(千克)		净重(千克)		成交方式		运费		保费		杂费
随附单证及编号								
标记唛码及备注								

项号	商品编号	商品名称及规格型号	数量及单位	单价/总价/币制	原产国(地区)	最终目的国(地区)	境内货源地	征免

兹申明以上内容承担如实申报、依法纳税之法律责任　　　　申报单位(签章)

报关人员		电话		报关人员证号		海关批注及签章
申报单位						

JG02

续表

任务评价		
评价类型	评价指标	评价得分
自我评价	完成情况（40%）	
	主动学习（40%）	
	学习收获（20%）	
小组评价	完成情况（40%）	
	成果贡献（40%）	
	协作意识（20%）	
教师评价	完成情况（40%）	
	解决问题（40%）	
	线上参与（20%）	
总体评价	校内（100%）	
	企业（100%）（该项目有企业参与时）	

拓展任务

资源	二维码	资源	二维码
图文 2-9： GB/T 39919—2021《出境集装箱植物检疫规程》		图文 2-11： 进出境集装箱检验检疫管理办法	
图文 2-10： GB/T 39921—2021《进境集装箱植物检疫规程》		图文 2-12： 中华人民共和国海关进出境运输工具舱单管理办法	
拓展任务学习笔记			

任务四　集装箱货物交接

学习导图

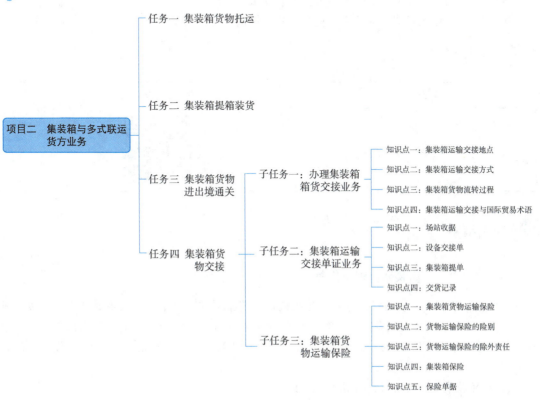

物流故事

物流故事	二维码	谈谈体会
物流故事2-4： 十年如一日坚守初心，全国物流行业劳动模范的奋斗故事		

子任务一　办理集装箱箱货交接业务

导学任务

南京 ABC 进出口公司出口的"儿童三轮车"装箱完成，DY 集卡公司车牌号为苏 A23000 的运载工具，将箱号为 ABCU 1234560，提单号为 SHYSO10382，箱封号为 C14937000 的重箱送上海港集港待运。师傅要求实习业务员小王负责跟踪该批货物进港情况。

导学问题

- 集装箱货物运输交接地点应如何选择？
- 集装箱货物运输交接方式有哪些？
- 集装箱货物运输交接业务的主要内容是什么？
- 国际贸易中买卖双方如何交接商品、转移物权？

导学资源

资源	二维码
微课2-7：集装箱货物交接	

知识链接

知识点一：集装箱运输交接地点

集装箱运输交接一般是指托运人在起运地将集装箱货物交付给承运人或其代理人，以及承运人或其代理人在目的地将集装箱货物交付给收货人的行为。集装箱运输交接意味着承运人承运责任开始或结束。集装箱运输交接的主要场所有集装箱堆场、集装箱货运站、收/发货人工厂或仓库。

1. 集装箱堆场（Container Yard，CY）

在集装箱堆场交接的货物一般都是整箱交接。在堆场交接的情况下，由发货人自行装箱，并负责把集装箱运送到指定堆场；或者由收货人到指定堆场收货，将集装箱货物运送到目的地，并自行拆箱。

2. 集装箱货运站（Container Freight Station，CFS）

集装箱货运站实际上起到了货物的集中或疏散的作用。在集装箱货运站交接的货物大多是拼箱货。在货运站交接的情况下，发货人自行负责将货物送到集装箱货运站，由货运站工作人员组织装箱；或者由卸货地货运站工作人员拆箱并将货物交付给收货人后，由收货人自行将货物运送到最终目的地。

3. 发货人或收货人的工厂/仓库（Door，D）

发货人或收货人的工厂/仓库，也就是通常所说的"门"。工厂/仓库交接的大多数货物是整箱货，由发货人自行装箱并将重箱交付给承运人或其代理人；或者由承运人负责将集装箱运送到收货人工厂/仓库，交付给收货人，再由收货人自行拆箱。

知识点二：集装箱运输交接方式

根据《集装箱运输术语》的解释，集装箱运输交接方式是承运人与托运人商定的集装箱运输责任划分方式。根据交接地点的不同，集装箱货物的交接方式可以分为九种。

1. 门到门交接方式（Door to Door）

此种方式一般用于货物批量较大，能装满一整箱的货物。发货人把空箱拉到自己的工厂或仓库装箱后，由海关在工厂或仓库内加封验收；运输经营人在发货人工厂或仓库整箱接货，然后把重箱运到集装箱堆场，等待装运；在目的地，由运输经营人负责把货物运到收货人的工厂或仓库整箱交货。

门到门的运输一般为整箱货运输，运输经营人负责全程运输。

2. 门到场交接方式（Door to CY）

发货人负责装箱并在其工厂或仓库整箱交货；运输经营人在发货人工厂或仓库整箱接货，并负责运抵卸货地，在集装箱堆场整箱交货；收货人负责在卸货地集装箱堆场整箱提货。这种交接方式表示承运人不负责目的地的内陆运输。在这种交接方式下，货物也都是整箱交接。

3. 门到站交接方式（Door to CFS）

发货人负责装箱并在其工厂或仓库整箱交货；运输经营人在发货人工厂或仓库整箱接货，并负责运抵卸货地集装箱货运站，经拆箱后按件向各收货人交付。在这种交接方式下，运输经营人一般是以整箱形态接收货物，并以拼箱形态交付货物。

4. 场到门交接方式（CY to Door）

发货人负责装箱并运至起运地集装箱堆场整箱交货；运输经营人在起运地集装箱堆场整箱接货，并负责运抵收货人工厂或仓库整箱交货；收货人在其工厂或仓库整箱接货。在这种交接方式下，货物都是整箱交接。

5. 场到场交接方式（CY to CY）

发货人负责装箱并运至起运地集装箱堆场整箱交货；运输经营人在起运地集装箱堆场整箱接货，并负责运抵卸货地集装箱堆场整箱交货；收货人负责在卸货地集装箱堆场整箱提货。在这种交接方式下，货物的交接形态一般都是整箱交接，运输经营人不负责内陆运输。

6. 场到站交接方式（CY to CFS）

发货人负责装箱并运至起运地集装箱堆场整箱交货；运输经营人在装货港集装箱堆场整箱接货，并负责运抵卸货地集装箱货运站，经拆箱后按件交货；收货人负责在卸货地集装箱货运站按件提取货物。在这种交接方式下，运输经营人一般是以整箱形态接收货物，以拼箱形态交付货物。

7. 站到站交接方式（CFS to CFS）

发货人负责将货物运至集装箱货运站按件交货；运输经营人在集装箱货运站按件接收货物并装箱，负责运抵卸货港集装箱货运站拆箱后按件交货；收货人负责在卸货港集装箱货运站按件提取货物。在这种交接方式下，货物的交接形态一般都是拼箱交接。

8. 站到场交接方式（CFS to CY）

发货人负责将货物运至集装箱货运站按件交货；运输经营人在集装箱货运站按件接收货物并装箱，运抵卸货地集装箱堆场整箱交货；收货人负责在卸货地集装箱堆场整箱提货。在这种交接方式下运输经营人一般是以拼箱形态接收货物，以整箱形态交付货物。

9. 站到门交接方式（CFS to Door）

发货人负责将货物运至集装箱货运站按件交货；运输经营人在起运地集装箱货运站按件接收货物并装箱，负责运抵收货人工厂或仓库整箱交货；收货人在其工厂或仓库整箱接货。在这种交接方式下，运输经营人一般是以拼箱形态接收货物，以整箱形态交付货物。

📖 知识点三：集装箱货物流转过程

在集装箱货物的流通过程中，货物的集散方式有两种：整箱货和拼箱货。整箱货一般在堆场或收发货人所在地进行交接，拼箱货一般在货运站进行交接。在集装箱运输的全过程中，都以箱为单元进行装卸、搬运，运输效率和运输安全大大提高。对于批量较小的货物，也可由托运人事先将货物送到指定货运站，多个托运人的小批量货物集中装箱后再组织装运。

以 CY to CY 交接方式为例，整箱货的交接流转过程如下：

(1) 发货人在自己工厂或仓库装箱地点配箱、装箱。
(2) 通过内陆运输或内河运输将集装箱货物运至起运地集装箱堆场。
(3) 在起运地集装箱堆场办理交接，查验集装箱和相关单据，无误后在单据上签章确认。
(4) 货物按计划在堆场暂存待装。
(5) 货物装运。
(6) 到达目的地卸货。
(7) 按计划在堆场暂存，等待提取。
(8) 收货人或其代理人到堆场提箱，查验集装箱和相关单据，无误后在提货单据上签章确认。
(9) 收货人自行将集装箱货物运至收货人工厂或仓库。
(10) 收货人在自己的工厂或仓库拆箱卸货。
(11) 集装箱空箱回运至指定堆场。

知识点四：集装箱运输交接与国际贸易术语

国际贸易术语（Trade Terms of International Trade），又称贸易条件、价格术语。在国际贸易中，买卖双方所承担的义务，会影响到商品的价格。在长期的国际贸易实践中，逐渐形成了把一些和价格密切相关的贸易条件与价格直接联系在一起，构成相应报价的模式。贸易合同中用来概括说明这些模式的三个子母的缩写，称为贸易术语。国际商会制定的《国际贸易术语解释通则》（以下简称《通则》）2020 版本中列出了 11 个术语，每一种术语都规定了买卖双方在某些贸易条件中所承担的义务。

以 CPT 术语为例。CPT（Carriage Paid to）运费付至，指卖方应该将货物在双方约定的地点交给指定承运人或其代理人，并需要支付货物运至指定目的地的运费。自货物被交由承运人保管时起，货物的物权由卖方转移至买方，自此货物灭失或损坏的风险，以及由于在货物交给承运人后发生的事件而引起的额外费用，也从卖方转移至买方。

在选择集装箱运输交接方式和交接地点时，应考虑与该笔贸易所选用的贸易术语相适应。如果选用 CPT 术语，并约定交接地点出口国 A 港，运费付至进口国 B 港，则集装箱运输的交接方式应采用 CY to CY，交接地点为 A 港堆场和 B 港堆场；如果选用 CPT 术语，并约定交接地点出口商仓库，运费付至进口国 B 港，则集装箱运输的交接方式应采用 Door to CY，交接地点为出口商仓库和 B 港堆场，等等。

集装箱运输合同是根据贸易合同中对运输有关的要求订立的。运输合同条款应避免与贸易合同内容相冲突，便于贸易合同的履行。

任务训练

项目二	集装箱与多式联运货方业务	任务四	集装箱货物交接	子任务一	办理集装箱箱货交接业务
任务描述					
根据给定任务，查找资料，完成任务目标					
任务实施					
1	查阅资料，选择一种适用于集装箱多式联运的贸易术语，对其约定的各方责任进行说明				
2	请按所给情境为下列集装箱货物运输选择适当的交接方式 情境1：我国汽车制造厂从某国进口组装零部件。该批零部件分别由该地区A、B、C三家企业提供，同批装运 ☐Door to Door　　☐Door to CY　　☐Door to CFS ☐CY to Door　　　☐CY to CY　　　☐CY to CFS ☐CFS to CFS　　　☐CFS to CY　　　☐CFS to Door 情境2：我国某企业向国外出口一批小家电产品。收货人分别为该地区的A、B、C三家公司。货物同批出运 ☐Door to Door　　☐Door to CY　　☐Door to CFS ☐CY to Door　　　☐CY to CY　　　☐CY to CFS ☐CFS to CFS　　　☐CFS to CY　　　☐CFS to Door 情境3：我国某企业向国外出口一批陶瓷制工艺品。采用一个20 ft集装箱装运 ☐Door to Door　　☐Door to CY　　☐Door to CFS ☐CY to Door　　　☐CY to CY　　　☐CY to CFS ☐CFS to CFS　　　☐CFS to CY　　　☐CFS to Door				
3	请根据集装箱运输整箱货CY to CY交接流程程序，自行整理集装箱运输拼箱货CFS to CFS交接流程程序				
4	根据背景资料，分析南京ABC进出口公司出口"儿童三轮车"业务，应选择何种交接方式，交接地点如何确定				

续表

任务评价		
评价类型	评价指标	评价得分
自我评价	完成情况（40%）	
	主动学习（40%）	
	学习收获（20%）	
小组评价	完成情况（40%）	
	成果贡献（40%）	
	协作意识（20%）	
教师评价	完成情况（40%）	
	解决问题（40%）	
	线上参与（20%）	
总体评价	校内（100%）	
	企业（100%）（该项目有企业参与时）	

拓展任务

资源	二维码
图文 2-13：适用于集装箱运输的国际贸易术语	
拓展任务学习笔记	

子任务二 集装箱运输交接单证业务

导学任务

南京 ABC 进出口公司出口的"儿童三轮车"装箱完成，DY 集卡公司车牌号为苏 A23000 的运载工具，将箱号为 ABCU 1234560，提单号为 SHYSO10382，箱封号为 C14937000 的重箱送上海港集港待运。师傅要求实习业务员小王负责跟踪该批货物进港情况，完成交接手续。

导学问题

- 集装箱运输交接业务流程是怎样的？
- 集装箱运输交接过程中划分箱损、货损责任的凭据是什么？
- 集装箱运输及交接过程中确认承运人责任开始和结束的依据是什么？

导学资源

资源	二维码	资源	二维码
微课 2-8：集装箱运输提单		微课 2-9：交货记录的填制	

知识链接

知识点一：场站收据

场站收据（Dock Receipt，D/R），是国际集装箱运输专用出口货运单证，它是由承运人签发的证明已收到托运货物并对货物开始负有责任的凭证。场站收据一般在托运人订舱，与船公司或其代理人达成运输协议，船代确认订舱后，由船代交托运人或其代理人填制。场站收据通常一式十联，正本联在承运人委托的堆场或货运站收到整箱货或拼箱货后，签发生效。托运人或其代理人可凭场站收据正本向船代换取提单。

在集装箱货物出口托运过程中，场站收据要在多个机构和部门之间流转。在流转过程中涉及的相关方有：托运人、货代、船代、海关、堆场、理货公司、船长或大副等。现以场站收据十联中正本联为例说明场站收据的填制要求及流转过程。

1. 场站收据的样式及填制要求

场站收据（正本）如图 2-7 所示，填制要求如下。

（1）场站收据各栏目由托运人用电脑或打字机填制，以求清晰。托运人应正确完整地填写和核对场站收据的各项目，尤其是下列栏目的内容：货物装卸港、交接地；运输条款、运输方式、运输要求；货物详细情况，如种类、唛头、性质、包装、标志等；装船期，能否分批出运；所需箱子规格、种类、数量等。

场站收据（正本）

Shipper（发货人）	D/R No.（编号）	联合远洋
Consignee（收货人）	场站收据 DOCK RECEIPT	
Notify Party（通知人）	Receive by the Carrier the Total number of containers or other packages or units stated below to be transported subject to the terms end conditions of the Carrier's regular form of Bill of Lading (for Combined Transport or Port to Shipment) which shall be deemed to be incorporated herein. Date（日期）	第七联
Pre-Carriage By（前程运输）	Place of Receipt（收货地点）	
Ocean Vessel（船名） Voy. No.（航次） Port of Loading（装货港）	场站章	
Port of Discharge（卸货港） Place of Delivery（交货地点）	Final Destination for the Merchant's Reference（目的地）	

Container No.（集装箱号）	Seal No.（箱封号） Marks & Nos.（标记与号码）	No. of containers or P'kgs（箱数或件数）	Kind of Packages; Description of Goods（包装种类与货名）	Gross Weight 毛重（公斤）	Measurement 尺码（立方米）

Particulars Furnished by Merchants（托运人提供详细情况）

Total Number of Containers or Packages (in Words)（集装箱数或件数合计（大写））					
Freight & Charges（运费与附加费）	Revenue Tons（运费吨）	Rate（运费率） Per（每）	Prepaid（运费预付）	Collect（到付）	
Ex Rate（兑换率）	Prepaid at（预付地点）	Payable at（到付地点）	Place of issue（签发地点）		
	Total Prepaid（预付总额）	No. of Original B(s)/L（正本提单份数）			

Service Type on Receiving □-CY, □-CFS, □-DOOR	Service Type on Delivery □-CY, □-CFS, □-DOOR	Reefer Temperature Requited（冷藏温度）	°F	°C
Type of Goods（种类）	□ Ordinary（普通） □ Reefer（冷藏） □ Dangerous（危险品） □ Auto（裸装车辆） □ Liquid（液体） □ Live Animal（活动物） □ Bulk（散货） □	危险品 Class Property IMDG Code Page UN NO		

可否转船：	可否分批：	金额：		制单日期：
装　　期：	效　　期：			

图 2-7　场站收据（正本）

（2）场站收据的收货方式和交货方式应根据运输条款如实填写，同一单内不得出现两种收货方式或交货方式。

（3）冷藏货出运应正确填报冷藏温度。

（4）危险品出运应正确填报类别、性能、《国际危规》页数和联合国编号（UN No.）。如果《国际危规》规定主标以外还有副标，在性能项目栏用"主标/副标"方式填报。

（5）第二、三、四联和第八、九、十联右下角空白栏供托运人备注用。

(6) 托运人对场站收据内容变更必须及时通知变更时已办好手续的各有关方，并在 24 小时内出具书面通知，办理变更手续。

2. 场站收据的使用

(1) 发货人或货代填制场站收据一式十联，留下第一联（发货人留底联），将其余九联送船代订舱。

(2) 船代接收场站收据第二~十联，编号后自留第二联（船代留底联）、第三联［运费计收联（1）］、第四联［运费计收联（2）］，并在第五联（关单联）上盖章确认订舱，然后退回发货人或货代第五~十联。

船代在第五联盖章签单时应仔细核对托运人所填项目是否完整，如有问题应及时联系托运人或货代。应注意的栏目主要有：是否指定船公司、船名；是否规定货物运抵日期或期限；有无特殊运输要求；对发货人提出的运输要求能否做到；是否应收订舱押金。

(3) 发货人或货代将第五~十联送海关报关，海关核对无误后在第五联（关单联）上盖章放行。

出口货物一般要求在装箱前 24 小时内向海关申报，海关在场站收据上盖放行章后方可装箱。如在海关盖放行章前装箱或先进入堆场的集装箱，必须经海关同意，并在装船前 24 小时内将海关盖章的场站收据送交收货的场站业务员。未经海关放行的货物不能装箱出运，一旦发现以走私货论处。

(4) 海关在第五联盖章放行后，自留第九联，将其余联（第五~八联、第十联）退回发货人或货代。

(5) 发货人或货代负责将箱号、箱封号、件数等填入第五~七联，并将货物连同第五~八联、第十联在规定时间一并送堆场或货运站。

场站收据中出口重箱的箱号允许装箱后由货代或装箱单位填写，海关验放时允许无箱号，但进场完毕时必须填写所有箱号、箱封号、箱数。

(6) 堆场或货运站在接收货物时进行单、货核对。如果无误，在第七联［场站收据（正本）］上填入实收箱数、进场完毕日期，并加盖公章签收，然后退回给发货人。堆场或货运站自留第五联（关单联）。

各承运人委托场站签发场站收据的，必须有书面协议，各场站与承运人签订委托协议后签发的场站收据可以向船代换取提单。已签出场站收据的集装箱货物在装船前的风险和责任由船公司承担。如采用 CY 交接条款，货主对箱内货物的准确性负责；如采用 CFS 交接条款，装箱单位对货物负责。

堆场或货运站签发场站收据第七联时应注意：第五联（关单联）上有否海关放行章。没有海关放行章，不得签发"场站收据"，并不得安排集装箱装船；进堆场或货运站的货物与单证记载内容是否相符；进堆场的箱号、箱封号是否与单证记载相符；一起送交的单证，其内容是否单单相符；货款未进堆场或货运站不能签收；船公司是否已给舱位；堆场内一旦发生倒箱，新箱号是否报海关；一批货物分批进场的，最后一箱进场完毕后签收场站收据；拼箱货物以箱为单位，一票一单签发场站收据。

(7) 发货人凭场站收据正本向船代换取待装船提单，并在装船后获取已装船证明。

凭场站收据正本，船代应立即签发待装船提单，在船舶开航后 24 小时内，船代应核对并签发已装船提单。船代在货箱装船后，应核对单据与集装箱装船的情况是否一致。如果不一致，应迅速与港方和理货方联系，避免出现差错。

(8) 堆场将场站收据第六、八、十联送外理。外理于货物实际装船后，在第八联（外理联）上签收并自留；等货箱全部装上船舶，将第六联（大副联）和第十联交船方留存。

堆场业务员必须在装船 24 小时前将场站收据第六联（大副联）分批送外轮理货人员，最后一批不得迟于开装前 4 小时。外轮理货在港区的理货人员收齐港区场站业务员送来的场站收据大副联后，在装船时将装船集装箱与单据核对无误后交大副。外轮理货人员应根据交接条款在承运人指定的场站和船边理箱，并在有关单证上加批注，提供理货报告和理箱单。如有变更应及时更正场站收据，并在船开航后 24 小时内通知船代。船舶开航后 24 小时内外轮理货人员将装船集装箱理箱单交船代。港区场站业务员在船舶开航后立即将已签场站收据而未装上船的出口箱信息通知船代，并在 24 小时内开出工作联系单。港区场站受船公司委托签发场站收据，应对由于其工作中的过失而造成的后果负责。

知识点二：设备交接单

在集装箱运输过程中，集装箱进出场站的交接有四种情况：第一，起运地提空箱出场交接；第二，起运地交重箱进场交接；第三，目的地提重箱出场交接；第四，目的地还空箱进场交接。其中，起运地提空箱出场和目的地提重箱出场，使用出场设备交接单（OUT）；起运地交重箱进场和目的地还空箱进场，使用进场设备交接单（IN）。

知识点三：集装箱提单

集装箱提单是集装箱货物运输下的主要货运单据，是负责集装箱运输的经营人或其代理人在收到集装箱货物后签发给托运人，证明货物已经收到，并保证在目的地凭以交付货物的书面凭证。适用于集装箱运输的提单有两类：一类是港—港海运提单；另一类是内陆—内陆的多式联运提单。两类提单的法律效力和作用与传统提单相同。

（一）集装箱提单正面内容

与一般海运提单一样，集装箱提单正面和背面都印有提单条款，而且有相当多的内容和格式与一般海运提单相同，只是为了适应集装箱运输的实际需要，对某些条款的内容做了修改，增加了一些新的条款。集装箱提单的正面条款与一般提单的主要区别在于确认条款，即表明承运人在箱子外表状况良好、箱封号码完整下交接货物，并说明该提单是收货待运提单。

从内容来讲，集装箱提单正面内容较传统海运提单增加了收货地点、交货地点、交接方式、集装箱号、箱封号等内容。由于集装箱货物的交接一般都不在船边，因此，集装箱提单一般是待装船提单。为了与信用证要求的"已装船提单"一致，集装箱提单一般增加装船备忘录栏，以便必要时加上"已装船"批注，而使之转化为已装船提单。集装箱提单正面样式如图 2-8 所示。

各种类型的集装箱运输承运人大都有自己的集装箱提单，其种类内容与格式允许有区别，但大同小异，也有几个国家、几家船公司共用一种提单或同一条船使用不同格式提单的情况。

（二）集装箱提单背面条款

集装箱提单与海运提单背面条款主要区别有以下几点。

1. 承运人的责任期限

在集装箱运输下，承运人接货、交货可以在货主仓库、内陆场站和码头堆场，这与传统运输货物交接在船边或港口进行有很大差别。普通提单对承运人规定的责任期限（"钩到钩""舷到舷"或"港到港"）已不再适用。因此，集装箱提单将承运人的责任期限规定为，从接收货物开始到交付货物为止，或采用前后条款形式表述为承运人对收货前、交货后的货物不负责任。

2. 舱面货选择权条款

根据海上运输法规规定，只有在根据航海习惯可装在甲板上运输或事先征得货主同意并在

图2-8 集装箱提单正面样式

提单上加注"装载甲板运输"字样两种情况下,承运人可将货物装在甲板上运输,否则将构成违反合同行为,各种法规、合同中给予承运人的一切抗辩理由、责任限制、免责事项等均无效,承运人必须承担由此造成的一切损失的赔偿责任。

在集装箱运输中,各类集装箱船舶在实际运输集装箱时,出于船舶构造的特殊性及经济性等要求，一般有相当一部分集装箱要装载在甲板上（舱面）运输（全集装箱船满载时约有 30% 货箱装载在甲板上）。而且各集装箱在船舶上装载的具体位置，一般是根据船舶配积载的需要和装卸船的先后次序等确定的，承运人在签发提单时无法确定哪些箱会装在舱内或甲板上，因此集装箱提单中规定了舱面（甲板）货选择权条款。

尽管各公司提单中表述方式不同，但该条款包含的内容是，承运人有权将集装箱货物装载在甲板下（舱内）或甲板上（舱面）运输，而无须征得货方同意和通知货方。货物不论装载在甲板上或甲板下，对包括共同海损在内的所有情况，都视作甲板下装载。

3. 承运人的赔偿责任限制

承运人的赔偿责任限制一般是指承运人对每一件或每一货损单位负责赔偿的最高限额。在不同运输方式中，由于承运人运输中对货物承担的风险在程度上有所区别，不同方式的国际与国内运输法规对最高赔偿限额的规定有较大差别。与普通提单一样，各公司的集装箱提单赔偿责任限制条款都明确规定了海上运输的最高赔偿限额，当运输全程中涉及陆上运输（联运提单）时，一般以包括海运（水运）与不包括海运（水运）两种情况规定限额。由于各公司的限额是根据不同的国际法或国内法规定的，其限额可能有差别。

针对集装箱运输整箱交接货物时承运人只能从有关单证上得知箱内货物的种类、数量的特点，集装箱提单的相应条款一般根据《维斯比规则》对集装箱、托盘或类似的装运工具或包装做如下规定：如在提单中已载明这种工具内的货物件数或单位数，则按载明的件数或单位数赔偿，如这种工具为货主所有，赔偿时也作为一件。

4. 制约托运人的责任条款

（1）发货人装箱、计数条款（或不知条款）。

在整箱交接情况下，承运人接收的是外表状况良好、箱封完整的集装箱，对箱内所装货物数量、标志等只能根据装箱单得知，即使对其有适当理由怀疑也无适当方法进行检验。根据《海牙规则》规定，在这种情况下承运人可以拒绝在提单上载明箱内货物的详细情况，这种做法势必会影响提单的流通性。但如果默认了货主提供的箱内货物件数，发生货损有可能对承运人赔偿方面带来不利。为了便于提单的流通和最大限度地达到免责目的，集装箱提单中在如实记载箱内货物详情的同时，背面条款中又保留了发货人装箱、计数条款或称为不知条款。

该条款的内容一般为：如本公司承运的集装箱是由发货人或其代理人装箱并加封的，则本提单正面所列有关货物的重量、尺码、件数、标志、数量等内容本公司均不知悉。

（2）箱封完整交货条款。

集装箱提单中这一规定是指承运人在集装箱外表状况良好、箱封完整的情况下收货和交货，就可以认为承运人已经完成货物运输并解除其所有责任。

该条款与发货人装箱计数条款有一定联系，也是限于整箱交接。

（3）货物检查权条款。

该条款是指承运人有权但没有义务在掌管货物期间的任何时候，将集装箱开箱检验、核对，如发现货物全部或部分不适于运输，承运人有权对该货物放弃运输，或由托运人支付附加费用后继续完成运输，或存放在岸上或水上遮蔽或露天场所，而且这种存放可视为按提单交货，承运人责任终止。

该条款使承运人对箱内货物有所怀疑或发现积载不正常时有启封检查的权利而不必征得托运人同意。但在实际操作中，对货主自装的集装箱启封检查时一般需征求货主同意并由货主支付费用。

（4）海关启封检查条款。

《国际集装箱海关公约》规定，海关有权对集装箱货物开箱检查。因此集装箱提单中一般都规定：如海关当局因检查箱内货物对集装箱启封检查并重新加封，由此而造成或引起的任何货物灭失、损害及其他后果，承运人概不负责。在实际操作中承运人对这种情况应做详细记录并保留证据以免除责任。

(5) 发货人对货物内容正确性负责条款。

集装箱提单中记载的货物内容，一般由发货人填写或由发货人代理根据发货人提供的托运文件填写。提单一般规定承运人接收货物即可视为发货人已向承运人保证其在集装箱提单中提供的货物种类、标志、件数、重量、数量等内容准确无误。如属于危险货物，还应说明其危险性。如发货人提供内容不准确或不当造成货损或其他损害，发货人应对承运人负责，即使已发生提单转让也不例外。

5. 承运人的运价本

由于篇幅限制，集装箱提单上无法将有关集装箱运输的术语、交接办法、计费方法、费率、禁运规定等内容全部列出。各公司一般以承运人运价本形式将这些条款装订成册对外提供。在集装箱提单条款中规定，有关的承运人运价本是提单的组成部分，运价本与提单内容发生矛盾时，以提单为准。

（三）提单的缮制与交接

集装箱提单制作填写时，应注意在箱数或件数栏内，既要填写集装箱数，又要填写箱内所装货物件数，否则发生灭失、损害时只能以箱作为一个理赔单位。对于拼箱货物的件数表示方法与传统提单相同，但应填写交接方式（CFS to CY、CY to CFS 或 CFS to CFS 等），使同一箱内的所有货物记载在同一箱号及箱封号下。

集装箱提单签发的地点与集装箱运输中货物交接地点、交接方式是一致的，即发货人工厂和仓库（Door）、码头或内陆堆场（CY）及集装箱货运站（CFS）。一般是托运人在上述地点与集装箱运输承运人或其委托的堆场、货运站的业务人员交接货物后，用场站收据向承运人换取提单。承运人在货方出示场站收据后应立即签发待装船提单，集装箱装上船并在开船后 24 小时内签发已装船提单。

知识点四：交货记录

根据《集装箱运输术语》的解释，交货记录（Delivery Record，D/R）是收货人凭正本提单向承运人或其代理人换取的可向港口或场站提取集装箱货物并记录交付货物情况的凭证。

交货记录是国际集装箱进口货运业务中的主要单证。在实际应用中，交货记录所起的作用及其对不同当事人的责任划分不尽相同。对承运人来说，交货记录一经签发即已表明同意交货，尽管事实上并没有交付货物。对收货人来说，只要拿到交货记录即已表明具备提货条件，尽管实际上并没有提货。因此，交货记录可以作为承运人、收货人之间责任转移的证明，即交货记录签发等于承运人责任终止。

1. 交货记录的构成

交货记录通常一套五联：第一联，到货通知书；第二联，提货单；第三联，费用账单（1）；第四联，费用账单（2）；第五联，交货记录。

其中第三联提货单样式如图 2-9 所示，第五联交货记录样式如图 2-10 所示。

2. 交货记录的使用

（1）船舶抵达卸货港前，船公司或其代理人根据装船港船代传送的舱单或提单副本制作交货记录，一式五联，并向收货人或其代理人发出到货通知书。

船代在发出到货通知书前，首先应查清收货人是谁。在实际进口业务中，提取货物的人有时并非收货人自己，一般有以下几种情况：

**********公司
*******COMPANY
提货单
DELIVERY ORDER

NO.0043605

致：_____港区、场、站

收货人：_____

下列货物已办妥手续，运费结清，准予交付收货人。

船名		航次		起运港		目的地	
提单号		交付条款				到付海运费	
卸货地点		到达日期		进库场日期		第一程运输	
标记与集装箱号		货名	集装箱数	件数	重量(KGS)	体积（m³）	

请核对放货。

**********公司

年　月　日

凡属法定检验、检疫的进口商品，必须向有关监督机构申报。

收货人章	海关章		
1	2	3	4
5	6	7	8

图 2-9　第三联提货单样式

交货记录

收货人	名称			收货人开户银行与账号		
	地址					
船名		航次		起运港		目的地
卸货地点		到达日期		进库场日期		第一程运输

标记集装箱	货名	集装箱数	件数	重量（KGS）	体积（m³）

交货记录

日期	货名与集装箱号	出库数量			操作过程	件数		签名	
		件数	包装	重量				发货员	取货人
备注							收货人章		储区场站章

图 2-10　第五联交货记录样式

①同一票货既有船公司签发提单，又有无船承运人签发提单时，到货通知书中的收货人通常是无船承运人或其代理人。

②同一票货在由中间商做买卖时，中间商既是第一买方，又是第二卖方，这时中间商是收货人。

③如收货人委托货运代理人做进口业务时，货运代理人即是收货人。

（2）收货人或其代理人在收到到货通知书后，凭正本提单和到货通知书到船代处换第二联（提货单）、第四联（费用账单）和第五联（交货记录）。

（3）船代在第二联（提货单）上盖章签发，自留第一联（到货通知书）和第三联（费用账单），并把第二联（提货单）、第四联（费用账单）、第五联（交货记录）退交收货人或其代理人。

货代在收回正本提单、签发提货单时应注意以下问题：收货人是否在提单记载之目的港/地提货；在到付运费情况下，收货人是否已付清全部运费；承运货物的船舶是否属自己代理的船公司的船舶；是凭 HOUSE B/L，还是 SEA B/L 换取提货单；如收货人没有交出正本提单，又要求签发提货单时，承运人是否已认可，或承运人对此有什么指示；如收货人要求凭副本提单换提货单时，承运人是否在副本提单上盖章，是否提供经承运人认可的担保；正本提单一共有多少份，变更提货地必须收回全套提单；记名 B/L 转让放货必须由记名收货人出具书面的交货通知书；指示 B/L 背书转让是否具有连续性；正本提单上对货物、箱子有无批注，对箱号、箱封号有无说明。

（4）收货人或其代理人凭提货单、费用账单、交货记录（共三联），随同进口货物报关单一起到海关报关。

（5）海关核准后在提货单上盖放行章，并将提货单、费用账单、交货记录（共三联）退回收货人或其代理人。

（6）收货人或其代理人凭承运人、代理人、海关盖章的提货单和交货记录去堆场或货运站提货，凭费用账单结清场站费用。

堆场或货运站在凭提货单交货之前应查核：船代、海关是否已盖章同意放行；单单是否相符，单货是否相符；箱号、箱封号与记载是否相符；因堆场或货运站办理交付而引起的费用（如滞期费等），收货人是否已支付。

（7）堆场或货运站核对货代提货单是否有效及有关放行章后，如无异议，将第二联（提货单）、第四联（费用账单）留下，作为放货、结算及收取费用的依据，在第五联（交货记录）上盖章以示确认手续完备，受理作业申请，安排提货作业计划，并同意放货。

（8）堆场或货运站验单放货。在提货完毕后，会同收货人或其代理人共同签收第五联（交货记录），以示确认提取的货物无误，并把经双方签署的第五联（交货记录）送至船代处，留存第一联（提货单）、第四联（费用账单）归档备查。

提货时若有货损，做货损交货记录并经双方签署确认。凡交货时发生货物、集装箱状况与提货单据不一致的情况按理赔程序处理。

任务训练

项目二	集装箱与多式联运货方业务	任务四	集装箱货物交接	子任务二	集装箱运输交接单证业务
任务描述					
根据给定任务，查找资料，完成任务目标						
任务实施					
1	根据场站收据的流转过程完成下列流程图 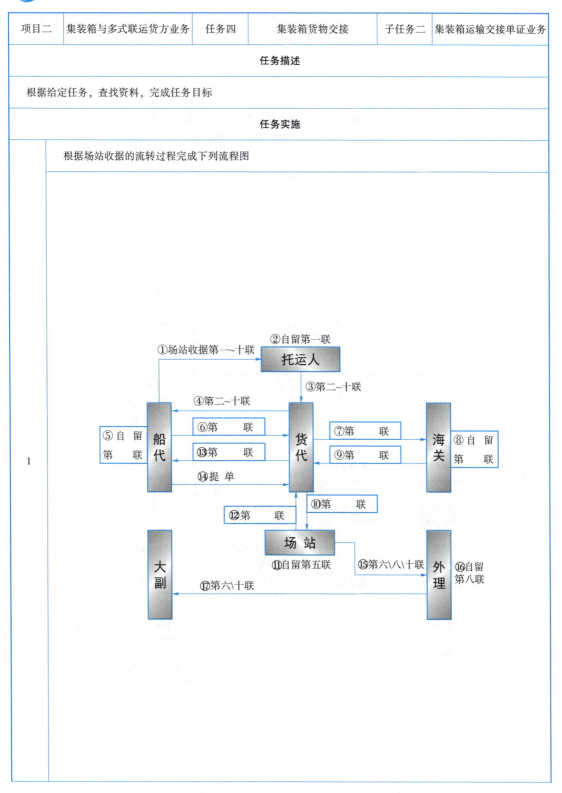				

续表

2	请根据背景资料，填制"儿童三轮车"重箱进场设备交接单

中国******外轮代理有限公司
CHINA OCEAN SHIPPING AGENCY ******
集装箱设备交接单
EQUIPMENT INTERCHANGE RECEIPT

IN 进场

编号(NO.)

用箱人/运箱人（CONTAINER USER/HAULIER）	提箱地点（PLACE OF DELIVERY）
来自地点（WHRER FROM）	返回/收箱地点（PLACE OF RETURN）

船名/航次（VESSEL/VOYAGE NO.）	集装箱号（CONTAINER NO.）	尺寸/类型（SEZE/TYPE）	运营人（CNTR.OPTR）

提单号（B/L NO.）	危险类别（IMCOCLASS）	箱封号（SEAL NO.）	免费期限（FREE TIME PERIOD）	运载工具牌号（TRUCK.WAGON.BARGE NO.）

货重（CARGO W.）	出场目的/状态（PPS OF GATE-OUT/STATUS）	进场目的/状态（PPS OF GATE-IN STATUS）	出场日期（TIME-OUT）月　日　时

出场检查记录（INSPECTION AT THE TIME OF INTERCHANGE.）

普通集装箱（GP CONTAINER）	冷藏集装箱（RF CONTAINER）	特种集装箱（SPECIAL CONTAINER）	发电机（GEN SET）
□正常（SOUND） □异常（DEFECTIVE）	□正常（SOUND） □异常（DEFECTIVE）	□正常（SOUND） □异常（DEFECTIVE）	□正常（SOUND） □异常（DEFECTIVE）

损坏记录及代号（DAMAGE & CODE）

BR 破损（BROKEN）	D 凹损（DENT）	M 丢失（MISSING）	DR 污箱（DIRTY）	DL 危标（DG LABEL）

左侧（LEFT SIDE）　右侧（RIGHE SIDE）　前部（FRONT）　集装箱内部（CONTAINER INSIDE）

顶部（TOP）　底部（FLOOR BASE）　箱门（REAR）　如有异状，请注明程度及尺寸（REMARK）

除列明者外，集装箱及集装箱设备交接时完好无损，铅封完整无误
THE CONTAINER/ASSOCIATED EQUIPMENT INTERCHANGED IN SOUND CONDITION AND SEAL INTACE UNLESS OTHERWISE STATED

用箱人/运箱人签署　　　　　　　　　　码头/堆场值班员签署
（CONTAINER USER'S SIGNATURE）　　　（TERMINAL/DEPOT CLERK'S SIGNATURE） |

项目二 集装箱与多式联运货方业务

续表

请根据背景资料，填制"儿童三轮车"集装箱提单

① Shipper			⑩ B/L No.	
② Consignee			**BILL OF LADING** RECEIVED by the Carrier from the Shipper in apparent good order and condition unless otherwise indicated herein, the Goods, or the container(s) or package(s) said to contain the cargo herein mentioned, to be carried subject to all the terms and conditions provided for on the face and back of this Bill of Lading by the vessel named herein or any substitute at the Carrier's option and/or other means of transport, from the place of receipt or the port of loading to the port of discharge or the place of delivery shown herein and there to be delivered unto order or assigns. It required by the Carrier, this Bill of Lading duly endorsed must be surrendered in excange for the Goods or delivery order. In accepting this Bill of Lading, the Merchant agrees to be bound by all the stipulations, exceptions, terms and conditions on the face and back hereof, whether written, typed, stamped or printed, as fully as if signed by the Merchant, any local custom or privilege to the contrary notwithstanding, and agrees that all agreements or freight engagements for and in connection with carriage of the Goods are superseded by this Bill of Lading. In witness whereof, the undersigned, on behalf of Korea Marine Transport Co., Ltd, the Master and the owner of the Vessel, has signed the number of Bill(s) of Lading stated under, all of this tenor and date, one of which being accomplished, the others to stand void. (Terms continued on back here of)		
③ Notify Party				
④ Pre-carriage By	⑦ Place of Receipt			
⑤ Ocean Vessel	⑧ Voyage No.	⑪ Flag	⑬ Place of Delivery	
⑥ Port of Loading	⑨ Port of Discharge	⑫ Final Destination		
⑭ Container No.	⑮ Seal No.; Marks & Nos.	⑯ No. of Containers or Pkgs.	⑰ Description of Goods	⑱ Gross Weight	⑲ Measurement

⑳ Total Number of Containers or Packages (in Words)

ORIGINAL

㉑ Freight & Charges	㉒ Revenue Tons	㉓ Rate	㉔ Per	㉕ Prepaid	㉖ Collect

㉗ Freight Prepaid at	㉙ Freight Payable at	㉛ Place of Issue
㉘ Total Prepaid in	㉚ No. of Original B/L	㉜ Date of Issue

Laden on Board the Vessel

㉝ Date
㉞ By

㉟ _____ Co., Ltd.
By _____
As Carrier

续表

4 | 请根据背景资料，填制"儿童三轮车"交货记录

交货记录

收货人	名称			收货人开户银行与账号	
	地址				

船名		航次		起运港		目的地	
卸货地点		到达日期		进库场日期		第一程运输	

标记集装箱	货名	集装箱数	件数	重量（KGS）	体积（m^3）

交货记录

日期	货名与集装箱号	出库数量			操作过程	件数	签名	
		件数	包装	重量			发货员	取货人
备注							收货人章	储区场站章

续表

5	根据交货记录的流转过程完成下列流程图 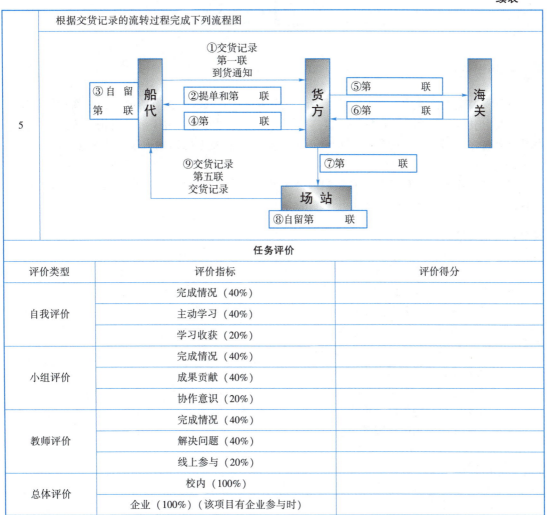		
任务评价			
评价类型	评价指标		评价得分
自我评价	完成情况（40%）		
	主动学习（40%）		
	学习收获（20%）		
小组评价	完成情况（40%）		
	成果贡献（40%）		
	协作意识（20%）		
教师评价	完成情况（40%）		
	解决问题（40%）		
	线上参与（20%）		
总体评价	校内（100%）		
	企业（100%）（该项目有企业参与时）		

拓展任务

资源	二维码	资源	二维码
图文 2-14：海运提单的分类		图文 2-15：GB/T 18156—202X《海上国际集装箱货物交付单证》	
拓展任务学习笔记			

子任务三 集装箱货物运输保险

🎯 导学任务

在国际集装箱运输中,由于收发货人双方相距遥远,双方惯例有所差异,货物运输风险和国内运输相比要大得多。一旦货损发生,就有可能使货物所有人遭受沉重打击。因此,一般国际货物运输中均需为运输标的办理货物运输保险,将不确定的运输风险以保险费的形式予以确定。

师傅要求小王,根据南京 ABC 进出口公司出口"儿童三轮车"的背景资料,分析该笔业务的保险要求,并协助办理相关保险手续。

🌀 导学问题

- 集装箱货物运输风险分摊的途径是什么?
- 集装箱货物运输保险的作用是什么?
- 海上运输货物保险的险别有哪些?
- 陆上运输货物保险的险别有哪些?
- 航空运输货物保险的险别有哪些?
- 货物运输保险的责任起讫如何规定?
- 货物运输保险的保单类型有哪些?
- 货物运输保险费如何计算?
- 集装箱保险的承保范围是什么?

🔄 导学资源

资源	二维码
💻微课 2-10:集装箱货物运输保险	(二维码)

🔔 知识链接

 知识点一:**集装箱货物运输保险**

集装箱货物运输保险承保的是运输货物从一国(地区)到另一国(地区)之间的"位移"风险。对于集装箱运输过程中发生的货损,货物所有人投保后,可以获得保险公司的赔偿,再由保险公司站在被保险人的地位,向对损失负有责任的一方进行追偿。

集装箱货物运输保险属于货物运输保险的范畴。根据货物运输工具的种类,可以分为海上运输货物保险、陆上运输货物保险、航空运输货物保险、邮包保险。当一批货物的运输全过程使用了两种或两种以上的运输工具时,通常以货物运输全过程中主要的运输工具来确定投保何种运输保险种类。海洋运输货物保险的起源最早，历史最久。陆上运输、航空运输等货物保险，都是在海洋运输货物保险的基础上发展起来的。

与传统的运输方式相比，集装箱多式联运使货物在运输过程中的许多风险得以减少。例如：装卸过程中的货损事故；货物偷窃行为；货物水湿、雨淋事故；污染事故；货物数量溢短现象等。然而，随着集装箱多式联运的开展也出现了一些新的风险，例如，由于货物使用集装箱运输，货物包装从简，因而货物在箱内易造成损坏；由于货物在箱内堆装不当、加固不牢造成损坏；在发生货物灭失或损坏时，责任人对每一件或每一货损单位的赔偿限额大为增加；装运舱面集装箱货物的风险增大等。

知识点二：货物运输保险的险别

1. 海上运输货物保险险别

海上运输货物保险分为基本险和附加险。基本险又称为主险，按其承保范围分为平安险、水渍险、一切险。附加险是基本险的补充，承保由于外来原因所造成的损失，分为一般附加险和特殊附加险。

2. 陆上运输货物保险险别

陆上运输货物保险条款以火车和汽车为限，其主要险别分为陆运险和陆运一切险。陆上运输货物战争险是陆上运输货物保险的附加险。

3. 航空运输货物保险险别

航空运输货物保险是以航空运输过程中的各类货物为保险标的，分为航空运输险和航空运输一切险。

4. 邮包保险险别

以邮包方式将贸易物货运达目的地的保险均属邮包保险。邮包保险按其保险责任分为邮包险和邮包一切险。

知识点三：货物运输保险的除外责任

一般各种运输方式的货物保险都会约定除外责任，保险人对除外责任所列损失不负赔偿责任。

除外责任主要包括：被保险人的故意行为或过失所造成的损失；属于发货人责任所引起的损失；在保险责任开始前，被保险货物已存在的品质不良或数量短差所造成的损失；被保险货物的自然损耗、本质缺陷、特性以及市价跌落、运输延迟所引起的损失或费用；战争险条款和货物运输罢工险条款规定的责任范围和除外责任。

知识点四：集装箱保险

集装箱运输过程中，不仅货物所有人要为托运的货物办理保险手续，集装箱所有人或租借人也会为所经营的集装箱及其所载货物办理保险手续，即集装箱保险。

集装箱保险包括集装箱箱体保险、集装箱责任保险以及集装箱货物保险。

集装箱箱体保险，是指集装箱所有人或租借人对因在集装箱运输管理中的各种风险而产生的集装箱箱体的灭失、损坏等进行的保险。

集装箱责任保险，是当集装箱运输事故对第三人造成损害时，因集装箱所有人或租借人负有法律上的责任而预先对此赔偿责任进行的保险。

集装箱货物保险，是由于集装箱运输中的事故也可能使装在集装箱内部的货物发生损害，而此时集装箱的运输管理者也负有法律上以及运输合同上的赔偿责任，所以运输管理者也必须把对货主的损害赔偿责任风险用保险的形式加以分摊。

集装箱保险是综合保险。因集装箱运输引起的风险和责任，可以以单独的保险单承保，也可以使用同一份保险单综合承保。集装箱保险一般是定期保险，约定赔偿限额，保险单一般不转让。

知识点五：保险单据

保险单据，简称"保单"，是保险人与被保险人之间订立保险合同的书面证明，主要载明保险合同双方当事人的权利、义务及责任。保险单据按照内容详细程度可以分为保险单、保险凭证，预约保单。

保险单据的主要内容包括：①声明事项，即将保险人提供的重要资料列载于保险合同之内，作为保险人承保危险的依据，如保险金额、保险期限、已缴保费数额等；②保险事项，即保险人应承担的保险责任；③除外事项，即将保险人的责任加以适当的修改和限制，保险人对除外不保的危险所引起的损失不负赔偿责任；④条件事项，即合同双方当事人为享受权利所需履行的义务，如申请索赔的时效，代位求偿权的行使等；⑤其他事项等。

任务训练

项目二	集装箱与多式联运货方业务	任务四	集装箱货物交接	子任务三	集装箱货物运输保险
任务描述					
查阅资料完成下列任务					
任务实施					
1	请查阅资料，了解保险单据的类型以及主要内容。 具体了解一种类型的保险单据，将其照片粘贴在下方，并说明其各项内容				
2	某公司按 CIP 条件向中东某国出口一批货物，投保了水渍险附加偷窃提货不着险。但在海运途中，因战争船被扣押。而后进口商因提货不着便向保险公司索赔，遭到保险公司拒绝。 请判断保险公司拒赔是否合理，并说明理由				
3	某货轮在运输途中货舱起火，大火蔓延到机舱，船长为了船货的共同安全，决定采取紧急措施，往舱中灌水灭火。火扑灭后发现主机受损，船舶无法继续航行，于是船长找来拖船拖往中途港口修理后驶至目的地。事后调查发现有以下损失发生： 100 个集装箱货物被大火烧毁； 主机因灌水灭火而受损； 中途港口修理所增加的燃料费用和船员工资； 拖船费用。 请判断以上哪些属于共同海损，哪些属于单独海损				

续表

4	某出口公司按 CIP 价格出售一批食品，装 1 个 40 ft 集装箱。根据交易双方约定成交金额为 10 000 美元，保险费率为 1.5‰，按 CIP 价格加成 10% 投保一切险，试计算保险金额和保险费	
5	分析集装箱货物运输过程中潜在的索赔依据	

任务评价

评价类型	评价指标	评价得分
自我评价	完成情况（40%）	
	主动学习（40%）	
	学习收获（20%）	
小组评价	完成情况（40%）	
	成果贡献（40%）	
	协作意识（20%）	
教师评价	完成情况（40%）	
	解决问题（40%）	
	线上参与（20%）	
总体评价	校内（100%）	
	企业（100%）（该项目有企业参与时）	

拓展任务

资源	二维码	资源	二维码
微课 2-11： 集装箱保险		图文 2-17： 货物运输保险承保范围	
图文 2-16： 集装箱货物保险责任的认定		图文 2-18： 货物运输保险费的确定	
拓展任务学习笔记			

项目三　集装箱与多式联运场站业务

学习目标

目标项目	目标要求	完成情况的自我评价
知识目标	了解集装箱场站的组成与布局原则 了解集装箱场站箱区划分规则 掌握集装箱场站堆存要求与限制条件 掌握集装箱场站箱务管理的作业内容和要求 掌握集装箱场站收发箱业务流程 熟悉集装箱场站装卸设备类型 了解集装箱场站装卸工艺与优化方式	
技能目标	能分析集装箱场站的布局特点 能根据场箱位号找出对应的集装箱 能测算集装箱场站堆存能力 能绘制集装箱场站收发箱业务程序 能分析集装箱场站装卸工艺并进行优化	
素质目标	具备独立思考、自主学习的意识 培养团队协助、团队互助的意识 具备分析与优化的科学精神和态度	

任务一　了解集装箱场站

学习导图

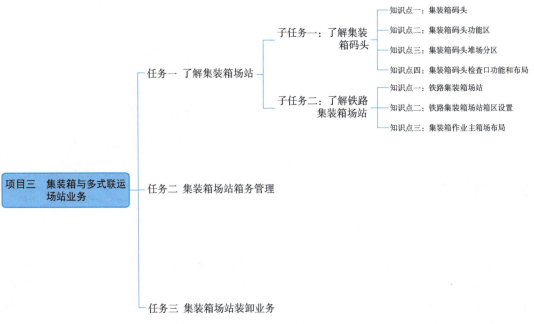

物流故事

物流故事	二维码	谈谈体会
物流故事3-1：上海洋山港四期的建设故事		

子任务一　了解集装箱码头

导学任务

集装箱场站是集装箱运输系统的重要组成部分，是处于运输过程中的集装箱货物进行集结、疏运、中转的缓存场所，也是集装箱运输各方当事人进行箱、货交接的节点之一。

小米是 NY 集装箱货场的实习员工，接到任务，与师傅一起对接南京 ABC 进出口公司"儿童三轮车"出口运输项目。师傅要求小米首先熟悉集装箱场站的基本功能和工作内容，为后续工作做好准备。

集装箱与多式联运

导学问题

- 集装箱码头的主要功能有哪些？
- 集装箱码头堆场如何分区？
- 集装箱码头检查口的主要作业内容是什么？

导学资源

资源	二维码
视频3-1：洋山港集装箱码头	（二维码）

知识链接

知识点一：集装箱码头

集装箱码头是水陆联运的枢纽站，是集装箱货物在转换运输方式时的缓冲地，是货物的交接点与服务的平台，是港口的重要组成部分。集装箱码头在整个集装箱运输过程中占有重要地位，是物流、信息流、商流汇集的重要场所。做好集装箱码头工作，对于加速车船和集装箱的周转，提高集装箱运输效益和降低运输成本有着十分重要的意义。

集装箱码头应具备以下基本条件。

（1）具有供集装箱船舶安全进出港的水域和方便装卸的泊位。

（2）泊位水深应能满足停靠的最大集装箱船的吃水要求，泊位长度一般为350 m。

（3）具有一定数量技术性能良好的集装箱专用机械设备。

（4）具有宽敞的堆场和必要的堆场设施。

（5）具有必要的装拆箱设备和能力。

（6）具有完善的计算机生产管理系统。

（7）具有通畅的集疏运条件。

（8）具有现代化集装箱运输专业人才。

知识点二：集装箱码头功能区

集装箱码头一般设置：码头泊位、码头前沿、集装箱堆场、集装箱货运站、调度指挥控制中心、检查口、维修车间等。

（1）码头泊位是供集装箱船舶停靠和作业的场所，除要有足够的水深和岸线长度外，还要设系缆桩和碰垫。泊位通常有三种形式：顺岸式、突堤式和栈桥式。顺岸式码头泊位是指在与岸线平行方向布置的码头。码头前沿线与陆域岸线平行，具有陆域宽广、船舶停靠方便、对水流和泥沙的影响较小等优点。突堤式码头泊位是指由陆岸向水域中伸出的码头。突堤两侧和端部均可系靠船舶，具有布置紧凑、管理集中的优点。栈桥式码头泊位，又称"透空式高桩码头泊位",由装卸平台、系船墩、靠船墩等组成,适用于深水线离岸较远的河海港口,由栈桥与岸相连的离岸码头。各类泊位如图 3-1~图 3-3 所示。

图 3-1　顺岸式码头泊位

图 3-2　突堤式码头泊位

(2) 码头前沿是指泊位岸线至堆场的这部分区域,主要用于布置集装箱装卸桥和集装箱牵引车通道。码头前沿装卸桥和牵引车通道如图 3-4 所示。

图 3-3　栈桥式码头泊位

图 3-4　码头前沿装卸桥和牵引车通道

(3) 集装箱堆场是集装箱码头堆放集装箱的场地。为提高码头作业效率,堆场又可分为前方堆场和后方堆场两个部分。集装箱堆场如图 3-5 所示。

(4) 集装箱货运站是拼箱货进行拆箱和装箱,并对这些货物进行储存、防护和收发交接的作业场所。作为集装箱码头的辅助功能单元,集装箱货运站通常设于码头的后方,并配备必要的拆装箱及场地堆码的小型装卸机械。集装箱货运站如图 3-6 所示。

图 3-5　集装箱堆场

图 3-6　集装箱货运站

(5) 调度指挥控制中心又称中心控制室,简称"中控",是集装箱码头各项生产作业的中枢,集组织指挥、监督、协调、控制于一体,是集装箱码头重要的业务部门。上海洋山港无人码头调度指挥控制中心如图 3-7 所示。

图 3-7 上海洋山港无人码头调度指挥控制中心

（6）检查口是码头与拖车进行集装箱交接的场所，设置在码头大门处。集装箱场站检查口如图 3-8 所示。

图 3-8 集装箱场站检查口

（7）维修车间是对集装箱及其专用机械进行检查、修理和保养的场所。

📖 知识点三：集装箱码头堆场分区

集装箱码头堆场按前后位置可以分为前方堆场和后方堆场。前方堆场位于码头前沿和后方堆场之间，通常为集装箱船舶接、卸提供临时的堆存地，主要作用是在集装箱船到港前，有计划、有次序地按照货物的装卸要求将出口集装箱整齐地集中堆放，卸船时将进口集装箱暂时堆放在码头的前方，以加快船舶装卸作业的速度。后方堆场紧靠前方堆场，是重箱或空箱进行交换、保管和堆存的主要场所。

集装箱码头堆场按进出口业务划分为进口箱区、出口箱区、中转箱区。进口箱区是进口重箱堆存和周转场所，主要用于卸船存放和保管交付，并考虑疏港需要，多安排于后方堆场。出口箱区是出口重箱堆存和周转场所，主要用于出口重箱集港和保障装船效率，多安排于前方堆场。中转箱区一般为有条件的码头设立，以便中转箱船—船交接缓冲堆放。因有海关特殊要求，其位置相对固定。

集装箱码头堆场按箱型划分为干货箱区、冷藏箱区、危险品箱区、特种箱区。危险品箱区、冷藏箱区因有特殊设备需求，如冷藏箱区有电源插座，危险品箱区有喷淋装置和隔离栏，所以这些箱区位置是相对固定的。

集装箱码头堆场还可以按箱内是否载货划分为空箱区、重箱区。

📖 知识点四：集装箱码头检查口功能和布局

检查口是码头与拖车进行集装箱交接的场所。进出码头的集装箱必须进行交接，以划分和明确双方的交接责任。无论是空箱还是重箱，无论是进场还是出场，在集装箱交接过程中还须进行必要的单证处理,并记录有关的作业信息。这些交接工作、单证处理和相关作业信息的记录都是由码头检查口承担的。

1. 检查口的主要功能

(1) 办理集装箱接收或交付时的查验,检查集装箱箱号、箱封号、箱体外表状况是否完整、有无破损,并做好记录。

(2) 办理集装箱进/出场交接手续,处理交接单据,签署设备交接单等。

(3) 下达堆场作业指令。拖车在码头交接集装箱,码头会安排不同的场位交箱或提箱。为方便司机在码头内的行动,检查口在办完进闸手续后,必须给予司机书面指示,指示司机在码头内具体的位置交箱或提箱。

(4) 为拖车司机提供咨询服务,与船公司进行联系等。

(5) 编制堆场报告,并将集装箱交接的有关信息输入计算机系统。

(6) 收费。检查口一般是钢结构框架两层通道式建筑:下层设有工作人员工作室和各种车道;上层为通道式走廊,便于工作人员从空中实施箱体检查。

2. 检查口的结构和布局

(1) 进/出闸车道。

进/出闸车道是专供集装箱拖车进/出码头的通道,分空车进/出闸车道和载箱进/出闸车道。车道数量根据码头业务量、作业时间、作业效率而定,通常以交柜车进闸每条道 40 台车/小时,空架拖车进闸 60 台车/小时进行计算。载箱进闸车道上还应装有地衡设备,以便对集装箱实施计量。

(2) 进/出闸验箱区。

进/出闸验箱区通常设立于车道上,并且验箱区上方有验箱桥,以保证验箱员能检验集装箱顶部的情况,验箱桥的净空高度以 4.5~5.5 m 为宜。

(3) 进/出闸业务操作室。

进/出闸业务操作室设置于进/出闸车道上,负责办理集装箱进出场的单据交接和收费等业务,同时负责向堆场发送集装箱放箱或收箱业务指令。

(4) 停车场。

拖车进闸,司机需要等候并办理箱体检查、单据交接等手续,为此目的而设定拖车停车场。

检查口布局示意图如图 3-9 所示。

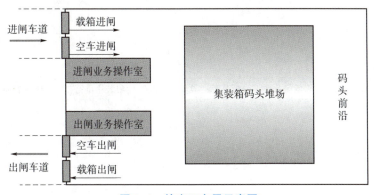

图 3-9 检查口布局示意图

任务训练

项目三	集装箱与多式联运场站业务		任务一		了解集装箱场站	子任务一	了解集装箱码头
				任务描述			
各组根据给定任务，查找资料，完成任务目标							
				任务实施			
1	请搜集并填写排名世界前十的集装箱港口的相关数据						
	世界排名	集装箱港口名称		全年吞吐量		数据年份	所属国家
	1						
	2						
	3						
	4						
	5						
	6						
	7						
	8						
	9						
	10						
2	请在以上港口中任选其一绘制平面布局图，并在图中标注泊位、码头前沿、堆场及其分区、集装箱货运站、调度指挥控制中心、检查口等						
3	请根据集装箱码头检查口的功能，分析装载"儿童三轮车"的集装箱重箱在通过码头检查口时，应办理哪些手续						
4	请根据集装箱码头堆场分区，分析装载"儿童三轮车"的集装箱重箱在进入码头后应堆存在哪里						

续表

5	请根据集装箱码头功能，分析装载"儿童三轮车"的集装箱重箱在进入码头后可能经历的作业轨迹

任务评价		
评价类型	评价指标	评价得分
自我评价	完成情况（40%）	
	主动学习（40%）	
	学习收获（20%）	
小组评价	完成情况（40%）	
	成果贡献（40%）	
	协作意识（20%）	
教师评价	完成情况（40%）	
	解决问题（40%）	
	线上参与（20%）	
总体评价	校内（100%）	
	企业（100%）（该项目有企业参与时）	

拓展任务

资源	二维码
视频3-2：洋山港建设	

拓展任务学习笔记

子任务二　了解铁路集装箱场站

🎯 导学任务

小米是 NY 集装箱货场的实习员工，接到任务，与师傅一起对接南京 ABC 进出口公司"儿童三轮车"出口运输项目。根据师傅的要求，小米已经对集装箱码头有了一定的了解，接下来需要进一步熟悉铁路集装箱场站的布局和基本功能，为后续工作做好准备。

🌀 导学问题

- 铁路集装箱场站的主要类型有哪些？
- 铁路集装箱场站的主要功能有哪些？
- 铁路集装箱堆场如何分区？

🔄 导学资源

资源	二维码
视频 3-3：钦州铁路集装箱中心站	

♟ 知识链接

📖 知识点一：铁路集装箱场站

铁路集装箱场站是办理集装箱业务的铁路货运站。铁路集装箱场站是集装箱发送、到达及中转换装的场所，集装箱的装卸、堆存、集配、承运、交付以及维修等作业都在这里完成。铁路集装箱场站也是铁路与其他运输方式办理集装箱多式联运的交接点。

根据在路网中的作用、办理规模、作业性质及功能定位不同，铁路集装箱场站可以分为集装箱中心站、集装箱专办站、集装箱一般办理站。

（1）集装箱中心站，是特大型的铁路集装箱办理站，专门办理集装箱班列、枢纽内集装箱小运转列车到发和整列集装箱列车装卸的路网性集装箱货运站，主要分布于经济发达、集装箱运输量大的区域经济中心和铁路网重要枢纽。根据中长期铁路网规划，我国已在北京、上海、广州、深圳、天津、哈尔滨、沈阳、青岛、成都、重庆、西安、郑州、武汉、大连、宁波、昆明、乌鲁木齐、兰州等 18 个城市建设铁路集装箱中心站。

（2）集装箱专办站，是专门办理集装箱业务的铁路货运站，一般位于省会城市、大型港口和主要内陆口岸，是中心站的辅助。集装箱专办站主要承担区域内货物的到发、装卸、集散、中转及运输作业功能。

（3）集装箱一般办理站，是小型集装箱作业站，一般位于铁路干支线、中小型港口或内陆城市，办理能力较低，是铁路集装箱中心站和专办站的补充。集装箱一般办理站主要办理集装箱货物列车到发、装卸、多式联运及门到门运输服务,承担区域内货物的集散作业功能。

知识点二：铁路集装箱场站箱区设置

铁路集装箱场站一般设有：列车到发及调车场、集装箱作业场、综合服务区、装卸和运输设备维修区、停车场等。其中集装箱作业场，是办理集装箱到发、装卸、堆存等业务的主要场所，一般设置主箱场和辅助箱场。

主箱场位于装卸线门式起重机吊钩所及范围内，可划分为发送箱区和到达箱区。发送箱区存放本站发送的各型普通箱，同时存放其他站到本站中转卸车落地的集装箱。到达箱区存放到达本站的各型普通箱。

辅助箱场包括海关监管区、冷藏箱区、危险品箱区、专用箱区、空箱区，以及检修箱区、洗消箱区、验货查验箱区等。海关监管区存放本站发送和到达的国际集装箱，按照海关的要求，对该区域实行封闭管理。冷藏箱区需设置专用的电源插座。危险品箱区应根据安全隔离的要求在场内僻静处设置。专用箱区用于存放本站发到的牲畜集装箱等专用箱。空箱区用于存放卸空返回或其他站调运到本站的铁路空集装箱。

知识点三：集装箱作业主箱场布局

铁路集装箱作业场线路与箱区的布局，在满足快装快卸、方便作业的条件下，力求布局紧凑、合理。铁路集装箱作业场主要的布局方式如图3-10所示。

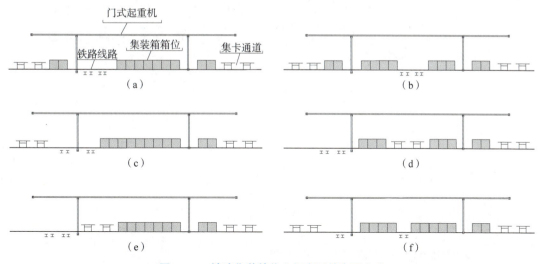

图3-10 铁路集装箱作业场主要的布局方式

图（a）箱区比较集中，便于管理，叉车辅助作业、门到门作业都比较方便，集卡作业互不干扰，起重机小车行程短。

图（b）更便于到发分区，但箱区分散，且叉车辅助作业与装卸作业交叉较多。

图（c）更便于公铁直接换装作业，但箱位相对较少。

图（d）集卡装卸时起重机小车行程较短，便于到发分区，但集卡和起重机作业交叉较多。

图（e）箱区集中，便于叉车辅助作业，但起重机小车行程较远，且箱位较少。

图（f）便于公铁直接换装作业，起重机小车行程较短，便于到发分区，但箱位较少。

任务训练

项目三	集装箱与多式联运场站业务		任务一		了解集装箱场站		子任务二	了解铁路集装箱场站
任务描述									
各组根据给定任务，查找资料，完成任务目标									
任务实施									
1	请利用网络资源收集我国十八个铁路集装箱中心站的信息，并选择其中之一，说明其业务范围和经营状况								
	中心站所在地	建成时间	年到发量	中心站所在地	建成时间	年到发量		
	1			10				
	2			11				
	3			12				
	4			13				
	5			14				
	6			15				
	7			16				
	8			17				
	9			18				
2	请选择我国一个集装箱中心站、专办站或一般办理站，对其进行了解，并描述其集装箱作业场主箱场布局方式（可以绘图）								
3	试分析适合于水铁联运的集装箱场站应具备哪些功能								

续表

评价类型	评价指标	评价得分
自我评价	完成情况（40%）	
	主动学习（40%）	
	学习收获（20%）	
小组评价	完成情况（40%）	
	成果贡献（40%）	
	协作意识（20%）	
教师评价	完成情况（40%）	
	解决问题（40%）	
	线上参与（20%）	
总体评价	校内（100%）	
	企业（100%）（该项目有企业参与时）	

拓展任务

资源	二维码	资源	二维码
图文 3-1：铁路集装箱办理站		图文 3-2：铁路集装箱作业场的平面布置与配置	
拓展任务学习笔记			

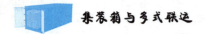

任务二　集装箱场站箱务管理

学习导图

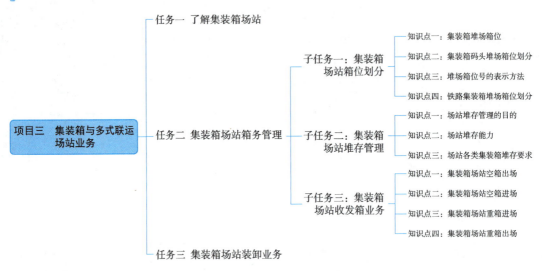

物流故事

物流故事	二维码	谈谈体会
物流故事 3-2：物流人的创业故事		

子任务一　集装箱场站箱位划分

导学任务

小米跟师傅来到集装箱堆场，一眼望不到边的集装箱整齐排列。每天都有数以千计甚至万计的集装箱进出堆场，如何快速又准确地找到货主需要提取的集装箱呢？师傅要求小米掌握集装箱场站的箱区划分和箱位编排规则，为"儿童三轮车"箱货进场做好准备。

导学问题

- 集装箱堆场如何分区？
- 箱位编号包含哪些信息？

导学资源

资源	二维码
微课 3-1：堆场箱位划分	

知识链接

知识点一：集装箱堆场箱位

箱位是指在集装箱堆场上，按照集装箱相应的尺度画成有规则的用以指示堆放集装箱的格状位置。集装箱码头的堆场里，每一个箱子都有一个属于自己的箱位。门式起重机司机等堆场操作人员就是凭借箱位号，在成千上万的箱堆里精准定位某一个箱子，并进行指挥和吊装。集装箱堆场如图 3-11 所示。

图 3-11 集装箱堆场

知识点二：集装箱码头堆场箱位划分

大型集装箱码头堆场面积一般有数百万平方米，可堆放集装箱几十万标准箱。因此集装箱码头堆场一般要分区、分块，再划分箱位。

第一步，整个堆场按"区"划分。一般按照泊位顺序，每个泊位对应一个箱区。箱区的编码有两种方法：一种是用阿拉伯数字表示，另一种是用英文字母表示。例如，一号泊位对应 1 箱区或 A 箱区；二号泊位对应 2 箱区或 B 箱区；三号泊位对应 3 箱区或 C 箱区。

第二步，每个区划分为"块"。一般按照从海侧到陆侧顺序编号，例如 6-1、6-2、6-3……。每块的宽度为 6 列集装箱宽度加一条集卡车道宽度，约 24 米。

集装箱堆场箱区划分示意图如图 3-12 所示。

第三步，划分箱位。箱位由位、排、层三维构成。

位即贝位（BAY），与集装箱船箱位的 BAY 相对应。块在长度方向上划分为若干个贝位，

图 3-12　集装箱堆场箱区划分示意图

其设置的数量与箱区和泊位的长度相关。一般用奇数位表示 20 ft 的集装箱,偶数位表示 40 ft 的集装箱。

　　块在宽度方向上划分为若干排或列。一般每块设置 6 排集装箱,用数字或字母顺序编号,靠近车道的为 1 或 A,依次排列。

　　层一般用数字表示,从底层向上依次编号,具体层数根据机械作业高度而定。例如,堆 5 过 6,表示该堆场可以堆高 5 层。

　　位、排、层的表示方法如图 3-13 所示。

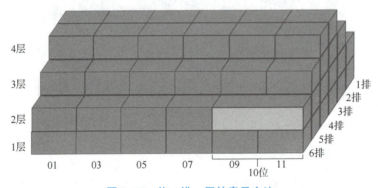

图 3-13　位、排、层的表示方法

知识点三：堆场箱位号的表示方法

一个堆场箱位的表示方法为：区、块、位、排、层,区和块的编号称为场位号,位、排、层的编号称为箱位号。例如,A1 09 6 1,表示的是一个放在 A 箱区、第 1 块、09 位、第 6 排、第 1 层的 20 ft 集装箱；又如,1-2 06 6 1,表示的是一个放在 1 箱区、第 2 块、06 位、第 6 排、第 1 层的 40 ft 集装箱,它占用了 1 箱区、第 2 块、第 6 排、第 1 层中 05 和 07 两个贝位。

　　一般,重箱的堆放和提取按场位号和箱位号操作,而空箱的堆放和提取只需规定场位号,无须指定具体箱位号。

知识点四：铁路集装箱堆场箱位划分

铁路集装箱在堆场上按三维立体空间定位，包括贝位、列位、层。贝位，是堆场中的集装箱按大车行走方向进行排列的顺序标号；列位，是堆场中的集装箱按小车行走方向排列的顺序标号；层，是堆场中的集装箱按照起升高度方向进行排列的顺序标号。

一个贝位为一个 20 ft 集装箱长度，两个纵向相邻的 20 ft 集装箱间隔一端为 0.3 m，另一端为 0.9 m。相邻的两个间隔为 0.3 m 的贝位可以堆放一个 40 ft 集装箱。两个纵向相邻间隔为 0.3 m 的集装箱和与之横向相邻的两个集装箱构成一个箱组。箱组示意图如图 3-14 所示。

图 3-14　箱组示意图

任务训练

项目三	集装箱与多式联运场站业务	任务二	集装箱场站箱务管理	子任务一	集装箱场站箱位划分
任务描述					
各组根据给定任务，查找资料，完成任务目标					
任务实施					
根据箱位号编写的规则，请标注两个黑色的集装箱箱位号，再根据另外箱位号在图中找出对应集装箱					

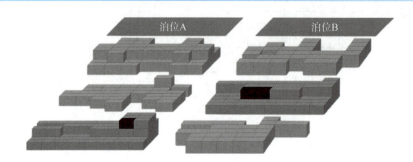

序号	集装箱	箱位号
1	20 ft 黑色集装箱	
2	40 ft 黑色集装箱	
3	请在图中标注"★"	A1 08 4 2
4	请在图中标注"▲"	B3 09 5 1

任务评价		
评价类型	评价指标	评价得分
自我评价	完成情况（40%）	
	主动学习（40%）	
	学习收获（20%）	
小组评价	完成情况（40%）	
	成果贡献（40%）	
	协作意识（20%）	
教师评价	完成情况（40%）	
	解决问题（40%）	
	线上参与（20%）	
总体评价	校内（100%）	
	企业（100%）（该项目有企业参与时）	

拓展任务

资源	二维码
图文 3-3： 港口危险货物集装箱堆场设计规范	
拓展任务学习笔记	

子任务二　集装箱场站堆存管理

导学任务

经过一段时间的认知学习，小米已经对集装箱场站有了基本认识，师傅对小米的实习态度和实习表现表示肯定，并提出了新的要求。他让小米掌握集装箱场站堆存管理的要求，根据"儿童三轮车"项目的情况，为该集装箱进场安排合适的箱位。

导学问题

- 堆场中堆存的集装箱主要有哪些类型？
- 堆场能够堆存集装箱的数量受哪些因素影响？
- 不同类型的集装箱在堆场堆存时如何分类管理？

导学资源

资源	二维码
微课 3-2：堆场堆存能力测算	

知识链接

知识点一：场站堆存管理的目的

集装箱场站是到达或待运集装箱的交接和暂存场所，也是回空集装箱堆存保管的主要场所。堆场面积大，堆存的集装箱数量、种类繁多，包括空箱、重箱、普通箱、特殊箱，同时还要按到达箱、待运箱分类，而且各类集装箱的结构尺寸不尽相同，集装箱运营人也不相同，这些都使堆场的管理变得困难。场站堆存管理的目的就是要克服这些困难，充分利用有限的堆场面积，合理划分区域，给每一个集装箱配置理想的位置，提高堆场利用率和场站生产作业效率。

知识点二：场站堆存能力

场站堆存能力大小与堆场的面积有关，也与堆场中每个箱位的堆存高度有关。堆场的堆存高度受其使用的装卸机械的性能限制。例如，采用叉车作业的场区，可以堆高4~5层；采用跨运车作业的场区，可以堆高2~3层；采用门式起重机作业的场区，可以堆高4~5层。

实际作业时，在同一个位上，不能将所有排都堆到最高层，必须在每个位靠边的1~2排留出足够的空位，以便翻箱之用。一般堆高4层时，需要留出3个翻箱位；堆高5层时，需要留出4个翻箱位。堆高4层与5层时的翻箱位预留示意图如图3-15所示。

因此，以轮胎式门式起重机为例，如果堆高5层，跨度6排，每个位内理论上可以堆放30个集装箱，考虑翻箱位，实际只能堆存26个。

根据集装箱堆场箱区及贝位设置的数量，就可以计算堆场的理论堆存能力，扣除翻箱位数量，即为堆场实际堆存能力。

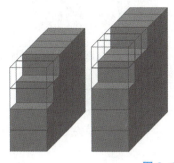
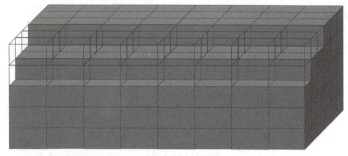

图 3-15　堆高 4 层与 5 层时的翻箱位预留示意图

知识点三：场站各类集装箱堆存要求

1. 集装箱堆存的基本要求

（1）重、空集装箱分开堆放。
（2）不同尺寸，20 ft、40 ft 和 45 ft 集装箱分开堆放。
（3）进口箱/到达箱和出口箱/发送箱分开堆放。
（4）冷藏箱、危险品箱、特种重箱堆放在相应的专用箱区。
（5）中转箱按海关指定的中转箱区堆放。
（6）各类集装箱堆码层高符合场站具体条件和载荷要求。

2. 特殊箱型的堆存要求

（1）危险箱堆存于专设箱区，堆码高度不超过 2 层。
（2）冷藏箱堆存于专设箱区，堆码高度不超过 2 层。
（3）超限箱超宽超过 30 cm，相邻排不得堆放集装箱。
（4）超限箱超长超过 50 cm，相邻位不得堆放集装箱。
（5）超高箱、敞顶箱上面严禁堆放集装箱。

3. 空箱堆存要求

（1）空箱按不同持箱人、不同尺码、不同箱型分开堆放。
（2）污箱、坏箱分开堆放。
（3）待装船的空箱，按船名航次堆放在该航次重箱箱区内或附近。

4. 满足堆场作业机械的工艺要求

（1）按箱位线堆码，箱子不压线、不出线，上下角件部位对齐，四面见线。
（2）堆垛层数不超过机械的最高起吊点的高度。
（3）各箱区间留有适当通道，供设备安全行驶。
（4）相邻排孤立的层高之差不得大于 3 层。

5. 出口箱堆存要求

出口箱一般安排堆放在靠近泊位的出口箱区，尽量减少出口箱装船时在集卡上的水平拖运距离。出口重箱堆存应尽可能减少翻箱，提高装船效率。一般出口箱可以按排或按位堆放同一到港、同一吨级的集装箱。同时考虑装卸作业效率，还应注意"集散有度"，以免造成装卸过程中的拥堵或闲置。

6. 进口箱堆存要求

进口箱一般堆放在后方堆场进口箱区，按提单号和箱型尺寸堆放：同一位中相同的提单号进同一排，一个位结束后，再选另一个位。

任务训练

项目三	集装箱与多式联运场站业务	任务二	集装箱场站箱务管理	子任务二	集装箱场站堆存管理
任务描述					
请根据所给资料完成下列任务					
任务实施					

1

```
   泊位1           泊位2
  ━━━━━━          ━━━━━━

   ┌────┐         ┌────┐
   │ A1 │         │ B1 │
   ├────┤         ├────┤
   │ A2 │         │ B2 │
   ├────┤         ├────┤
   │ A3 │         │ B3 │
   ├────┤         ├────┤
   │ A4 │         │ B4 │
   ├────┤         ├────┤
   │ A5 │         │ B5 │
   ├────┤         ├────┤         ┌────┐
   │ A6 │         │ B6 │         │ K1 │
   ├────┤         ├────┤         ├────┤
   │ A7 │         │ B7 │         │ K2 │
   ├────┤         ├────┤         ├────┤
   │ A8 │         │ B8 │         │ K3 │
   ├────┤         ├────┤         ├────┤
   │ A9 │         │ B9 │         │ K4 │
   ├────┤         ├────┤         ├────┤
   │ A10│         │ B10│         │ K5 │
   └────┘         └────┘         └────┘
```

某堆场布局如上图所示，采用轨道式门式起重机。
A 箱区最大堆高 4 层，每块可容纳 16 个位，每个位可以容纳 6 排集装箱；
B 箱区最大堆高 5 层，每块可容纳 16 个位，每个位可以容纳 6 排集装箱；
空箱区最大堆高 7 层，每块可容纳 30 个位，每个位可以容纳 6 排集装箱。
请计算该堆场的实际堆存能力

2

下表是某船舶到港的卸船集装箱信息，请根据表中信息完成相关问题

卸船信息

箱号	船名/航次	箱型	箱种类	交接方式
TGHU6234653	ESTAR/068	20′	冷藏箱	堆场提箱
COSU3656281	ESTAR/068	40′H	空箱	堆场提箱
TGHU3514652	ESTAR/068	20′	冷藏箱	堆场提箱掏箱后回空
COSU2316283	ESTAR/068	40′H	空箱	调运至本港空箱
HANU1326581	ESTAR/068	40′	重箱	堆场提箱掏箱后回空
HANU1386257	ESTAR/068	20′	重箱	堆场提箱掏箱后回空

续表

2	（1）该批集装箱进港后走向如何？ （2）对这些集装箱应如何分配箱区？ （3）对于箱号 COSU2316283 的集装箱，需要做哪些安排？ （4）对于箱号 TGHU3514652 的集装箱，需要做哪些安排？
3	下图是某集装箱堆场出口箱区划分，以及已存集装箱的分布情况：普通箱区为堆5过6的龙门吊堆场，冷藏箱区和危险品箱区最多堆高2层。箱格里的数字表示目前堆存的高度。 请计算该出口箱区的堆存能力。 请为装载"儿童三轮车"的集装箱安排合适的箱位，列举出3个，说明其箱位号

普通重箱区

2	2	2	2	2
3	3	3	3	3
5	5	5	5	5
5	5	5	5	5
4	4	4	4	4
3	3	3	3	3
01	03	05	07	09

1排 2排 3排 4排 5排 6排

普通空箱区

2	2	2	2	2
3	3	3	3	3
5	5	5	5	5
5	5	5	5	5
4	4	4	4	4
3	3	3	3	3
01	03	05	07	09

冷藏箱区

1	1	1	1	1
2	2	2	2	2
2	2	2	2	2
2	2	2	2	2
2	2	2	2	2
1	1	1	1	1
01	03	05	07	09

1排 2排 3排 4排 5排 6排

危险品箱区

1	1	1	1	1
2	2	2	2	2
2	2	2	2	2
2	2	2	2	2
2	2	2	2	2
2	2	1	1	1
01	03	05	07	09	

续表

任务评价		
评价类型	评价指标	评价得分
自我评价	完成情况（40%）	
	主动学习（40%）	
	学习收获（20%）	
小组评价	完成情况（40%）	
	成果贡献（40%）	
	协作意识（20%）	
教师评价	完成情况（40%）	
	解决问题（40%）	
	线上参与（20%）	
总体评价	校内（100%）	
	企业（100%）（该项目有企业参与时）	

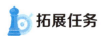 拓展任务

资源	二维码
图文 3-4： GB/T 13145—2018 《冷藏集装箱堆场技术管理要求》	
拓展任务学习笔记	

项目三 集装箱与多式联运场站业务

子任务三　集装箱场站收发箱业务

🎯 导学任务

根据承运人指示，"儿童三轮车"项目需要从本场站提空箱，至指定地点装箱后，重箱返回场站，等待装运出口。上级要求小米跟进项目，掌握集装箱场站收发箱业务类型和业务流程，配合完成该批"儿童三轮车"集装箱货物的进出场交接。

💡 导学问题

- 哪些原因会导致空箱进出场站？
- 哪些原因会导致重箱进出场站？
- 集装箱进出场站有哪些途径？
- 集装箱进出场站需要办理哪些手续？

🔄 导学资源

资源	二维码	资源	二维码
📺动画3-1： 集装箱场站空箱出场		📺动画3-3： 集装箱场站重箱出场	
📺动画3-2： 集装箱场站空箱进场		📺动画3-4： 集装箱场站重箱进场	

📖 知识链接

集装箱的发放和交接，依据订仓单、提货单、场站收据等相关单据列明的交付条款，实行集装箱设备交接单制度，凭借集装箱设备交接单办理集装箱的提箱、交箱、出场、进场手续。铁路集装箱场站依据总公司调度命令，凭铁路箱出站单等办理集装箱出场、进场手续。

📚 知识点一：集装箱场站空箱出场

集装箱场站空箱出场主要有两种方式：空箱装船或装车出场、空箱通过检查口出场。

装船或装车出场的空箱，场站根据船公司提供的出口装船用箱指令、铁总公司或铁路局集团公司下达的集装箱调度命令，安排装运出场。

通过检查口出场的空箱，主要是出口载货用空箱门到门的提运。这类空箱提运至指定地点装箱后，重箱仍需返回场站准备装运。首先由货主向承运人提出门到门用箱申请，受理后场站发放空箱。集装箱码头凭出场集装箱设备交接单与提箱人办理集装箱出场交接，铁路集装箱办理站凭铁路箱出站单与提箱人办理集装箱出场交接。

通过检查口出场的空箱，还有一些是因调运、修理、检验、清洗等原因需要提离场站的情况。这类集装箱，码头凭空箱提运联系单、出场集装箱设备交接单办理空箱出场，铁路集装箱场站凭集装箱调度命令、铁路箱出站单办理空箱出场。

知识点二：集装箱场站空箱进场

集装箱场站空箱进场有两种方式：空箱卸船或卸车进场、空箱通过检查口进场。它一般分为调运空箱进场、进口门到门重箱卸空后还空箱进场、修理或检验作业等完成后空箱返回进场等几种情况。

空箱进场前，集装箱场站应安排空箱堆存计划，根据箱型、尺码、持箱人等信息分开堆存。集装箱码头在空箱进场时与交箱人按进场集装箱设备交接单办理交接手续。铁路集装箱接收站根据集装箱调度命令、特殊货车及运送用具回送清单、铁路箱出站单等办理收箱，并在铁路箱出站单乙联上加盖站名日期戳后留存。

知识点三：集装箱场站重箱进场

集装箱场站重箱进场有两种方式：重箱卸船或卸车进场、重箱通过检查口进场。

通过检查口进场的重箱一般是出口门到门装箱的重箱进场准备装运。集装箱码头根据场站收据、出口集装箱预配清单、进场集装箱设备交接单等收取重箱。铁路场站根据运单、铁路箱出站单乙联等收取重箱。

知识点四：集装箱场站重箱出场

集装箱场站重箱出场有两种方式：重箱装船或装车出场、重箱通过检查口出场。

通过检查口出场的重箱一般是进口门到门货物提重箱出场掏箱。集装箱码头根据提货单、出场集装箱设备交接单等办理重箱交付。铁路场站根据领货凭证或领货密码、铁路箱出站单办理重箱出场。铁路箱出站单（甲联）如图 3-16 所示。

铁路箱出站单

＿＿＿站存查	甲联 No. XXXXXX

出 站 填 记（空 重）				
托运/收货人			调度命令号	
到站/运单号		箱型箱号		接收站	
箱体状况	割伤 C. 擦伤 B. 破洞 H. 凹损 D. 破损 BR. 部件缺失 M. 污箱 DR.			如有异状，请注明程度和尺寸
领箱人			备注	
搬出汽车号		破损记录号	车站经办人	出站日期

进 站 填 记（空 重）				
箱体状况	割伤 C. 擦伤 B. 破洞 H. 凹损 D. 破损 BR. 部件缺失 M. 污箱 DR.			如有异状，请注明程度和尺寸
还箱人			备注	
搬入汽车号		破损记录号	车站经办人	进站日期

门卫验放：（章）

说明：1. 铁路箱空箱出站时，将收货人、运单号抹消；重箱出站时，将托运人、到站抹消。
2. 甲、乙联可用不同颜色印制。
3. 各站可根据管理需要，增加联数。

规格：A5 纸竖印（148mm×210mm）

图 3-16　铁路箱出站单（甲联）

任务训练

项目三	集装箱与多式联运场站业务	任务二	集装箱场站箱务管理	子任务三	集装箱场站收发箱业务
任务描述					
请根据资料完成集装箱进出场站的相关任务					
任务实施					
1	根据背景资料及前期实训成果,说明"儿童三轮车"项目合适的提空箱和交重箱时间,以及如果采用铁路集装箱运输方式,对于集装箱进出场时间的要求				
2	请根据背景资料,归纳总结"儿童三轮车"项目"空箱出场—重箱进场—重箱出场—空箱返场"的业务流程,并说明使用的主要单证				
3	请根据背景资料分别完成"儿童三轮车"项目集装箱空箱出场和重箱进场的单据填写(出场集装箱设备交接单、进场集装箱设备交接单、铁路箱出站单、铁路箱破损记录)				

续表

GB/T 16561-2023

集装箱出场设备交接单

相关单位名称（中文）
　　　　　　　（英文）

集 装 箱 设 备 交 接 单　　　　　**OUT** 出场
EQUIPMENT　INTERCHANGE　RECEIPT

编号(NO.)

用箱人/运箱人（CONTAINER USER/HAULIER）			提箱地点（PLACE OF DELIVERY）	
发往地点（WHRER TO）			返回/收箱地点（PLACE OF RETURN）	
船名/航次（VESSEL/VOYAGE NO.）	集装箱号（CONTAINER NO.）		尺寸/类型（SEZE/TYPE）	运营人（CNTR.OPTR）
提单号（B/L NO.）	危险类别（IMCOCLASS）	箱封号（SEAL NO.）	免费期限（FREE TIME PERIOD）	运载工具牌号（TRUCK.WAGON.BARGE NO.）
货重(CARGO W.)	出场目的/状态(PPS OF GATE-OUT/STATUS)		进场目的/状态(PPS OF GATE-IN STATUS)	进场日期（TIME-IN） 月　日　时

进场检查记录（INSPECTION AT THE TIME OF INTERCHANGE.）

普通集装箱（GP CONTAINER）	冷藏集装箱（RF CONTAINER）	特种集装箱（SPECIAL CONTAINER）	发电机（GEN SET）
□正常（SOUND）	□正常（SOUND）	□正常（SOUND）	□正常（SOUND）
□异常（DEFECTIVE）	□异常（DEFECTIVE）	□异常（DEFECTIVE）	□异常（DEFECTIVE）

损坏记录及代号（DAMAGE & CODE）　　**BR** 破损（BROKEN）　**D** 凹损（DENT）　**M** 丢失（MISSING）　**DR** 污箱（DIRTY）　**DI** 危标（DG LABEL）

左侧（LEFT SIDE）　　右侧（RIGHE SIDE）　　前部（FRONT）　　集装箱内部（CONTAINER INSIDE）

顶部（TOP）　　底部（FLOOR BASE）　　箱门（REAR）　　如有异状，请注明程度及尺寸（REMARK）

除列明者外，集装箱及集装箱设备交接时完好无损，铅封完整无误
THE CONTAINER/ASSOCIATED EQUIPMENT INTERCHANGED IN SOUND CONDITION AND SEAL INTACE UNLESS OTHERWISE STATED

用箱人/运箱人签署　　　　　　　　　　　　　码头/堆场值班员签署
（CONTAINER USER'S SIGNATURE）　　　　　（TERMINAL/DEPOT CLERK'S SIGNATURE）

续表

GB/T 16561-2023

集装箱进场设备交接单

相关单位名称（中文）
　　　　　　（英文）

集 装 箱 设 备 交 接 单　　　　**IN 进场**
EQUIPMENT　INTERCHANGE　RECEIPT

编号（NO.）

用箱人/运箱人（CONTAINER USER/HAULIER）			提箱地点（PLACE OF DELIVERY）	
来自地点（WHRER FROM）		返回/收箱地点（PLACE OF RETURN）		
船名/航次（VESSEL/VOYAGE NO.）	集装箱号（CONTAINER NO.）	尺寸/类型（SEZE/TYPE）	运营人（CNTR.OPTR）	
提单号（B/L NO.）	危险类别（IMCOCLASS）	箱封号（SEAL NO.）	免费期限（FREE TIME PERIOD）	运载工具牌号（TRUCK.WAGON.BARGE NO.）
货重（CARGO W.）	出场目的/状态（PPS OF GATE-OUT/STATUS）		进场目的/状态（PPS OF GATE-IN STATUS）	出场日期（TIME-OUT） 月　日　时

出场检查记录（INSPECTION AT THE TIME OF INTERCHANGE.）

普通集装箱（GP CONTAINER）	冷藏集装箱（RF CONTAINER）	特种集装箱（SPECIAL CONTAINER）	发电机（GEN SET）
□正常（SOUND） □异常（DEFECTIVE）	□正常（SOUND） □异常（DEFECTIVE）	□正常（SOUND） □异常（DEFECTIVE）	□正常（SOUND） □异常（DEFECTIVE）

损坏记录及代号（DAMAGE & CODE）

BR 破损（BROKEN）　　**D** 凹损（DENT）　　**M** 丢失（MISSING）　　**DR** 污箱（DIRTY）　　**DL** 危标（DG LABEL）

左侧（LEFT SIDE）　　右侧（RIGHE SIDE）　　前部（FRONT）　　集装箱内部（CONTAINER INSIDE）

顶部（TOP）　　底部（FLOOR BASE）　　箱门（REAR）　　如有异状，请注明程度及尺寸（REMARK）

除列明者外，集装箱及集装箱设备交接时完好无损，铅封完整无误
THE CONTAINER/ASSOCIATED EQUIPMENT INTERCHANGED IN SOUND CONDITION AND SEAL INTACE UNLESS OTHERWISE STATED

用箱人/运箱人签署　　　　　　　　　　　码头/堆场值班员签署
（CONTAINER USER'S SIGNATURE）　　　　（TERMINAL/DEPOT CLERK'S SIGNATURE）

续表

铁路箱出站单

_____站　随箱联　　　　　　　　　　　　　　　　　　　　　乙联
　　　　　　　　　　　　　　　　　　　　　　　　　　　　　　　No. XXXXXX

出　站　填　记（空　　重）				
托运/收货人			调度命令号	
到站/运单号		箱型箱号	接收站	
箱体状况	割伤 C.　擦伤 B.　破洞 H.　凹损 D. 破损 BR.　部件缺失 M.　污箱 DR.		如有异状，请注明程度和尺寸	
领箱人			备注	
搬出汽车号		破损记录号	车站经办人	出站日期

进　站　填　记（空　　重）				
箱体状况	割伤 C.　擦伤 B.　破洞 H.　凹损 D. 破损 BR.　部件缺失 M.　污箱 DR.		如有异状，请注明程度和尺寸	
还箱人			备注	
搬入汽车号		破损记录号	车站经办人	进站日期

　　　　　　　　　　　　　　　　　　　　　　　　　　　门卫验放：　　（章）

领箱人须知
1. 如本单记载与实际不符，应在出站前要求更正。
2. 应及时将铁路箱送回，超过规定时间需支付铁路箱延期使用费。
3. 保证箱体完好，发生损坏、丢失须赔偿。
4. 本单乙联随箱同行，还箱时将乙联交回。
5. 还箱收据盖戳后，保存 60 日。

还箱收据

本单记载的铁路箱已交回车站，收据请保存 60 日。

备注：

车站经办人：　　　　　车站日期戳记：

A000001

续表

铁路箱破损记录

甲联
No. XXXXXX

箱型_____ 箱号_____

1. 发站_____ 发局_____ 托运人_____
2. 到站_____ 到局_____ 收货人_____
3. 运单号_____ ____年___月___日承运
4. 车种车号_____
5. 发现集装箱损坏地点_____
6. 损坏部位。按下面符号所示内容填在视图上。

门端
左门 右门 地板（面向箱内） 箱底 前端

左侧 右侧

面向箱门左侧 面向箱门右侧 箱顶

状态代号：割伤 C、擦伤 S、破洞 H、凹损 D、破损 BR、部件缺失 M、污箱 DR。

7. 损坏原因和程度_____
8. 责任者（签章）_____
9. 装卸或货运主任（签章）_____
10. 填写单位：_____（章） 填写人：_____
11. ____年___月___日

说明：1. 本记录一式三份，一份编制记录站存查，一份交责任者，一份随箱同行。
　　　2. 本记录留存2年。

规格：A4纸竖印（210mm×297mm）

续表

任务评价		
评价类型	评价指标	评价得分
自我评价	完成情况（40%）	
	主动学习（40%）	
	学习收获（20%）	
小组评价	完成情况（40%）	
	成果贡献（40%）	
	协作意识（20%）	
教师评价	完成情况（40%）	
	解决问题（40%）	
	线上参与（20%）	
总体评价	校内（100%）	
	企业（100%）（该项目有企业参与时）	

拓展任务

资源	二维码
图文 3-5： GB/T 35551—2017《港口集装箱箱区安全作业规程》	

拓展任务学习笔记

任务三　集装箱场站装卸业务

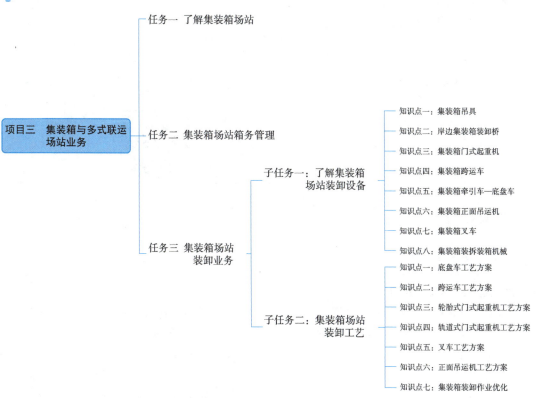

物流故事

物流故事	二维码	谈谈体会
物流故事3-3：桥吊状元		

子任务一　了解集装箱场站装卸设备

导学任务

经过沟通，装载"儿童三轮车"的集装箱已顺利进场，落在A10213箱位等待装运。师傅要求小米继续跟进，协助完成该集装箱装运出口任务。首先小米要了解场站主要使用的集装箱装卸设备，为接下来的工作做好准备。

集装箱与多式联运

导学问题

- 主要用于集装箱水平移动的装卸搬运设备有哪些？
- 主要用于集装箱垂直移动的装卸搬运设备有哪些？
- 码头堆场主要使用哪些集装箱装卸搬运设备？
- 铁路集装箱场站主要使用哪些集装箱装卸搬运设备？
- 公路集装箱货运站主要使用哪些集装箱装卸搬运设备？

导学资源

资源	二维码
微课 3-3：集装箱装卸设备	

知识链接

知识点一：集装箱吊具

1. 固定式集装箱吊具

固定式集装箱吊具只适合一种固定箱型，分为 20 ft 型集装箱专用和 40 ft 型集装箱专用两种，如图 3-17 和图 3-18 所示。固定旋转式集装箱吊具如图 3-19 所示。

图 3-17　专用固定式集装箱吊具（20 ft）

图 3-18　专用固定式集装箱吊具（40 ft）

图 3-19　固定旋转式集装箱吊具

2. 伸缩式集装箱吊具

伸缩式集装箱吊具是专门为集装箱装卸桥而设计的,它利用液压操作使框架能自行伸缩,可用于装卸多种不同尺寸的集装箱。伸缩式集装箱吊具的特点是在变换吊具时所花的时间少,一般在 1 分钟左右,但缺点是自重大,通常为 9~10 t。伸缩式集装箱吊具按照装卸集装箱的个数,可分为标准单箱吊具、双箱吊具和多箱吊具,如图 3-20~图 3-22 所示。

图 3-20　伸缩式集装箱吊具（单箱）

图 3-21　伸缩式集装箱吊具（双箱）

图 3-22　伸缩式集装箱吊具（多箱）

3. 翻转式集装箱吊具

翻转式集装箱吊具可以将集装箱进行翻转,既可应用于普通集装箱,也可应用于专用敞顶集装箱,方便散堆装货物装卸,如图 3-23 和图 3-24 所示。

图 3-23　翻转式集装箱吊具（普通）

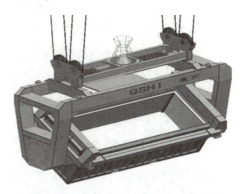

图 3-24　翻转式集装箱吊具（敞顶）

📖 知识点二：岸边集装箱装卸桥

岸边集装箱装卸桥，简称"桥吊"，是集装箱码头前沿装卸集装箱的专用起重设备，按其外形结构主要可以分为 A 形框架式和 H 形框架式等结构。岸边集装箱装卸桥的海侧臂架都可用铰链将悬臂俯仰。岸边集装箱装卸桥进行的装卸作业如图 3-25 所示。

岸边集装箱装卸桥主要由金属结构、起升机构、小车行走机构、大车行走机构、俯仰机构、机房、司机室等组成。岸边集装箱装卸桥的金属结构主要有带行走机构的门架、臂架机构、拉杆等。臂架又可分为海侧臂架、陆侧臂架以及中间臂架三个部分。为了提高集装箱装卸桥的装卸效率，并降低装卸桥的自重，起升机构多采用简单钢丝绳卷绕系统，小车行走机构多采用全绳索牵引式卷绕系统，司机室多采用具有良好视野的独立移动式司机室。

图 3-25 岸边集装箱装卸桥进行装卸作业

一般来说，岸边集装箱装卸桥最大起重重量为 40~65 t，装卸桥轨上高度 40 m、轨下高度 20 m，最大外伸距离可达 70 m，最大内伸 18 m，轨距 35 m，净空 13 m，每小时可装（卸）80~100 个集装箱。

📖 知识点三：集装箱门式起重机

堆场集装箱装卸设备，简称"门吊"，主要分为轮胎式集装箱门式起重机和轨道式集装箱门式起重机两类。

1. 轮胎式集装箱门式起重机

轮胎式集装箱门式起重机（以下简称"轮胎式门式起重机"）是最常见的集装箱堆场作业机械，主要用于集装箱码头堆场的堆码及装卸底盘车作业。它由前后两片门框和底梁组成的门架支撑在充气轮胎上，可在堆场上行走，并通过装有集装箱吊具的行走小车沿门框横梁上的轨道行走，从底盘车上装卸集装箱和进行堆码作业。轮胎式门式起重机如图 3-26 所示。

该机械的主要特点是灵活，可前进、后退、左右行走，车轮可转 90°，可以从一个堆场转移到另一个堆场作业。轮胎式龙门起重机可堆高 4~5 层，跨越 6 列集装箱和 1 个车道，堆场面积利用率高，适用于吞吐量较大的集装箱码头。其缺点是自重大、轮压大、造价高。

2. 轨道式集装箱门式起重机

轨道式集装箱门式起重机（以下简称"轨道式门式起重机"）是集装箱堆场进行装卸搬运和堆码集装箱的专用机械。它由两片悬臂的门架组成，两侧门腿用下横梁连接，支撑在行走轮胎上，可在轨道上行走。轨道式门式起重机如图 3-27 所示。

图 3-26 轮胎式门式起重机

图 3-27 轨道式门式起重机

该设备可堆高 4~5 层，跨 14 排甚至更多排集装箱及一个车道，堆存能力高，堆场面积利用率高，适用于陆域不足或吞吐量大的集装箱码头。其主要缺点是灵活性较差，只能沿轨道行走，跨距大，底层取箱困难。

📖 知识点四：集装箱跨运车

集装箱跨运车是集装箱码头短途搬运和堆码的专用机械。跨运车作业时以门形车架跨在集装箱上，并由装有集装箱吊具的液压升降系统吊起集装箱进行搬运和堆码。集装箱跨运车如图 3-28，其作业过程如图 3-29 所示。

图 3-28　集装箱跨运车

图 3-29　集装箱跨运车作业过程

该机械可以堆码 2~3 层集装箱，机动性好，可一机多用，既可进行码头前沿至堆场的水平运输，又可完成堆场的堆码、搬运和装卸底盘车作业。

📖 知识点五：集装箱牵引车—底盘车

集装箱牵引车是专门用来拖带集装箱底盘车的一种牵引车，如图 3-30 所示。它本身没有装货平台，不能装载集装箱，但能通过连接器与底盘车连接，牵引底盘车运输。

图 3-30　集装箱牵引车—底盘车

集装箱底盘车是一种骨架式拖车，是装有轮胎的车架，前面有支架，后面有轮胎，车上装有扭锁插头，能与集装箱角件相互锁紧。

知识点六：集装箱正面吊运机

集装箱正面吊运机，简称"正面吊"，是集装箱场站专用的流动式装卸搬运机械。正面吊有可伸缩和左右共旋转120°的吊具，有能带载变幅的伸缩式臂架及多种保护装置，能堆码多层集装箱及跨箱作业。正面吊运机机动性强，能一机多用，既可完成吊装作业，又能完成短距离搬运，一般可吊装4层，轮压不高，且稳定性好，适用于吞吐量不大的集装箱码头，也适用于空箱作业。集装箱正面吊运机如图3-31所示。

图3-31　集装箱正面吊运机

知识点七：集装箱叉车

集装箱叉车是集装箱场站常用的搬运机械，主要用于吞吐量不大的码头和场站。集装箱叉车的司机室设于车体一侧，以改善操作视线。叉车除采用标准货叉外，还有顶部起吊装置。集装箱叉车分为重箱叉车和空箱叉车，分别用于重箱和空箱的堆码和搬运。集装箱叉车如图3-32和图3-33所示。

图3-32　配有顶部起吊装置的集装箱叉车

图3-33　配有货叉的集装箱叉车

知识点八：集装箱拆装箱机械

在集装箱货运站进行装箱和拆箱作业的是小型叉车，如图3-34所示。拆装箱是在集装箱内作业，其作业条件受到限制，因此对其外形尺寸有一定要求，在高度上要考虑各种集装箱内部高度、开门最小高度、过渡板厚度以及叉车作业安全间隙。此外，为了方便箱内作业，叉车还需具有自由提升性能、货架侧移性能和货叉侧移性能。

图3-34　集装箱拆装箱叉车

任务训练

项目三	集装箱与多式联运场站业务	任务三	集装箱场站装卸业务	子任务一	了解集装箱场站装卸设备
任务描述					
请根据资料完成集装箱进出场站的相关任务					
任务实施					
1	请分别列举适用于集装箱码头、铁路集装箱场站、公路集装箱货运站的集装箱装卸搬运设备				
	主要应用于集装箱码头的集装箱装卸搬运设备：				
	主要应用于铁路集装箱场站的集装箱装卸搬运设备：				
	主要应用于公路集装箱货运站的集装箱装卸搬运设备：				
2	收集上海洋山港等国内集装箱无人港相关资料，找出无人集装箱场站内的主要装卸设备并介绍其设备具有的智慧化功能				

续表

任务评价		
评价类型	评价指标	评价得分
自我评价	完成情况（40%）	
	主动学习（40%）	
	学习收获（20%）	
小组评价	完成情况（40%）	
	成果贡献（40%）	
	协作意识（20%）	
教师评价	完成情况（40%）	
	解决问题（40%）	
	线上参与（20%）	
总体评价	校内（100%）	
	企业（100%）（该项目有企业参与时）	

 拓展任务

资源	二维码
视频3-4：集装箱正面吊运机	
拓展任务学习笔记	

子任务二　集装箱场站装卸工艺

导学任务

装载"儿童三轮车"的集装箱将按计划装船。师傅要求小米继续跟进，了解场站内各装卸搬运设备如何协调配合，完成集装箱货物的装卸作业。

导学问题

- 提空箱出场业务中，需要哪些装卸搬运设备配合完成相关作业？
- 重箱进场直至装运离场过程中，需要哪些装卸搬运设备配合完成相关作业？
- 进口重箱卸船进场直至收货人提重箱离场过程中，需要哪些装卸搬运设备配合完成相关作业？

导学资源

资源	二维码	资源	二维码
微课3-4： 集装箱场站装卸业务		视频3-5： 集装箱码头装卸	

知识链接

知识点一：底盘车工艺方案

底盘车工艺方案首先为美国海陆航运公司所采用，故又称为海陆方式。底盘车工艺方案的特点是，集装箱在堆场堆存时与底盘车不脱离。其工艺流程如下：

（1）装船时，用牵引车将堆场上装有集装箱的挂车拖至码头前沿，再由集装箱装卸桥将集装箱装到集装箱船上。

（2）卸船时，集装箱装卸桥将船上卸下的集装箱直接装在底盘车上，然后由牵引车拉至堆场按顺序存放。

底盘车工艺方案的优势在于：集装箱在港的操作次数减少，装卸效率提高，集装箱损坏率小；底盘车轮压小，对场地的承载能力要求低，节省场地的铺面投资；场地不需要复杂、昂贵的装卸设备，工作组织简单；底盘车可直接用于陆运，特别适用于门到门运输。

底盘车工艺方案的主要缺点有：为停放底盘车和拖挂作业的方便，要求较大的场地，场地面积的利用率低；底盘车的需求量大，投资大，在运量高峰期可能会出现因为底盘车不足而间断作业的现象；采用这种方案的大型码头拖运距离长，在高峰期容易造成港内道路的堵塞；底盘车不仅在码头堆场内使用，也在堆场外使用，故需频繁地修理和保养。

底盘车工艺方案主要适用于集装箱的通过量较小，场地大，特别是整箱门到门业务比例较大的码头，也可用于码头的起步阶段。

底盘车工艺方案示意图如图3-35所示。

图3-35　底盘车工艺方案示意图

知识点二：跨运车工艺方案

跨运车工艺方案：装船时，用跨运车拆垛并将集装箱运至码头前沿，再由码头前沿的集装箱装卸桥装船；卸船时，用码头集装箱装卸桥将船上集装箱卸至码头前沿的场地上，然后由跨运车运至堆场进行堆垛或给拖挂车装车。

采用跨运车工艺方案时，集装箱在码头内的水平运输，以及在堆场内收发箱和翻箱等作业均由跨运车完成，要求跨运车的搬运效率与集装箱装卸桥的效率相适应。从理论上讲，跨运车的搬运效率约为普通型集装箱装卸桥效率的1/2。在采用跨运车工艺方案的集装箱专用码头，跨运车典型的搬运过程可分为单程操作循环和往复操作循环两种情况。

1. 单程操作循环

跨运车从码头前沿搬运卸船重箱至堆场，由堆场空车返回码头前沿。

2. 往复操作循环

跨运车从码头前沿搬运卸船重箱至进口箱堆场，由进口箱堆场空车行驶至出口箱堆场，并搬运出口重箱至码头前沿。

跨运车工艺方案的主要优势在于：跨运车一机多用，完成自取、搬运、堆垛、装卸车辆等多项作业，减少码头的机种，以便于组织管理；跨运车机动灵活、对位快，岸边装卸桥只需将集装箱从船上卸下后放在码头前沿，无须准确对位，跨运车自行抓取运走，能充分发挥岸边集装箱装卸桥的效率；机动性强，既能搬运又能堆码，减少作业环节；跨运车是一种流动性机械，当某处的作业量相对较大时，可多配几台，使码头作业进度平衡；堆场的利用率较高，所需的场地面积较小。

跨运车工艺方案的主要缺点是：跨运车结构复杂，液压部件多，故障率高，对维修人员的技术要求高；车体较大，司机室的位置高，视野差，对司机的操作水平要求较高，操作时需配备一名助手；场地翻箱倒垛困难；轮压较高，对场地要求高，初始投资高。

跨运车工艺方案适用于进口箱业务量大，出口箱业务量小的码头。跨运车工艺方案示意图如图3-36所示。

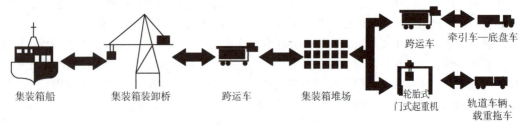

图3-36　跨运车工艺方案示意图

知识点三：轮胎式门式起重机工艺方案

轮胎式门式起重机工艺方案：装船时，在堆场由轮胎式门式起重机将集装箱装上拖挂车，运往码头前沿，等待集装箱装卸桥装船；卸船时，集装箱装卸桥将船上卸下的集装箱装在拖挂车上，运至堆场，再用轮胎式门式起重机进行卸车和码垛作业。

该方案将集装箱拖挂车快速疏运和轮胎式门式起重机堆码层数较多的特点结合起来。集装箱拖挂车只做水平运输，轮胎式门式起重机进行堆垛、拆垛作业，从而达到提高集装箱码头装卸效率的目的。

轮胎式门式起重机工艺方案的优点是：装卸效率高，可进行大面积连续堆码；机械利用率高，机械维修量少，维修费用低；跨距大，堆层高，堆场空间利用率高；采用90°转向和定轴转向，通道占用面积小；与轨道式门式起重机相比，不受轨道限制，可转场作业，同时又能通过直线行走自动控制装置实现行走轨道自动控制；设备操作简单，对工人技术要求不高。

轮胎式门式起重机工艺方案的缺点是：需要与集装箱拖挂车联合作业，使用的机械数量多，初次投资较大；轮压较大，对码头的承载能力要求比较高，特别是对行走车道需要进行加固；由于跨距大，堆垛层数高，故提取集装箱比较困难，倒垛率较高。

轮胎式门式起重机工艺方案是目前我国大部分集装箱码头采用的工艺方案，一般每台岸边装卸桥需要配备4台以上的轮胎式门式起重机作业，故而码头的初始投资比较高。轮胎式门式起重机工艺方案示意图如图3-37所示。

图 3-37　轮胎式门式起重机工艺方案示意图

知识点四：轨道式门式起重机工艺方案

轨道式门式起重机工艺方案有两种。

一种是装船时，在堆场上用轨道式门式起重机将集装箱装到拖挂车上，然后拖到码头前沿，用集装箱装卸桥装船；卸船时，用集装箱装卸桥将集装箱从船上卸到码头前沿的集装箱拖挂车上，然后拖到堆场，采用轨道式门式起重机进行堆码。

另一种是在船与堆场之间不使用水平搬运机械，而是由集装箱装卸桥与轨道式门式起重机直接转运。轨道式门式起重机将悬臂伸至集装箱装卸桥的内伸距下方，接力式地将集装箱转送至堆场或进行铁路装卸。

与轮胎式门式起重机工艺方案相比，该工艺方案，堆场机械跨度更大，堆码层数更高，能更好地提高堆场堆存能力。该工艺方案的主要优点有：机械结构简单，维修方便，作业可靠性高，管理、维修和运营费用均比较低；机械沿轨道行走，便于计算机控制。其主要缺点是：机动性差，作业范围受限制；跨距大，提箱、倒箱困难；初始投资比较大。

轨道式门式起重机工艺方案示意图如图3-38所示。

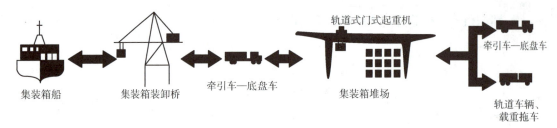

图 3-38　轨道式门式起重机工艺方案示意图

知识点五：叉车工艺方案

叉车工艺方案：在码头前沿采用集装箱装卸桥作业，水平搬运及场地采用叉车作业。集装箱叉车是集装箱码头上常用的一种装卸机械，除了可以用于场地码垛作业和短距离的搬运作业外，还可用于装卸车辆作业。当水平运输距离比较远时，可采用拖挂车配合作业。叉车作业要求比较宽敞的通道及场地，因此场地面积利用率比较低。这种工艺方案较适合年吞吐量为 3 万标准箱以下的小型集装箱码头，也可用于集装箱修理场地和空箱作业场地。

叉车工艺方案的主要优点是：叉车的通用性强，可适用于多种作业；由于叉车的使用较普遍，司机和维修人员对其都比较熟悉，存在的技术问题少；机械价格便宜，成本低。该工艺方案的主要缺点是：单机效率低，不适用于大吞吐量码头；轮压大，对路面的磨损严重；需要的通道宽，场地利用率低；装卸作业时，集装箱对位困难。

叉车工艺方案示意图如图 3-39 所示。

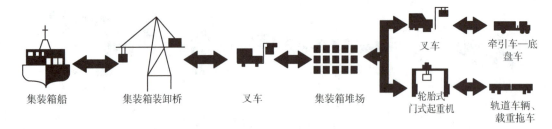

图 3-39　叉车工艺方案示意图

知识点六：正面吊运机工艺方案

正面吊运机的工艺方案有三种类型。

（1）码头前沿至堆场堆箱作业：用集装箱正面吊运机从码头前沿吊起重箱，将重箱运至堆场堆箱，空载返回码头前沿进行第二次循环作业。

（2）堆场至半挂车的装箱作业：用集装箱正面吊运机从堆场吊起重箱，将重箱运至底盘车上放下，由牵引车拉走，然后空载返回堆场，准备第二次循环作业。

（3）操作循环作业：集装箱正面吊运机从码头前沿吊运重箱至堆场堆箱，然后在堆场吊运空箱返回码头前沿放下，再吊起重箱做第二次循环。

正面吊运机工艺方案的主要优点有：一机多用，减少码头配置的机种，便于机械维修和保养；可以跨箱区作业，一般可堆高 4 层，最多可达 8 层，场地利用率高；可以加装吊钩或木材抓斗，用于调运重件和木材。

正面吊运机工艺方案的主要缺点有：跨箱作业能力有限，一般只能跨 1~2 个箱作业，因而要求箱区较小，通道较多；吊运集装箱时，箱体与正面吊运机横向垂直，因而需要较宽的通道；

正面吊运机的单机效率低，需配备的机械台数多，初始投资较高；轮压大，工作时转向轮胎的磨损和路面的磨损都比较严重。

📖 知识点七：集装箱装卸作业优化

1. 对机械自动化设备的生产比重进行提升

在集装箱装卸工艺升级过程中要对自动化机械设备的参与比例大幅度提升。自动化程度较高的机械设备参与装卸工作主要有两个优点：第一个优点是能够有效地解放人力搬运装卸，让装卸工作的劳动强度降低；第二个优点是能够有效地提升装卸工作的工作效率。上述两个优点会大幅度降低装卸过程中的生产成本。想要在港口集装箱装卸过程中最大限度地发挥自动化机械的优点，就要在整个装卸作业优化过程中大幅度提升机械装卸的比重，例如运用叉车装卸、拖车装卸、门式起重机装卸等。在装卸过程中适当运用自动化机械设备能够有效提升装卸效率，让每一个环节的装卸过程都协调合作，这样能够减少装卸时间，提升装卸效率。

2. 对装卸各环节进行科学合理安排

在港口集装箱装卸过程中，如果装卸作业安排的装卸环节越少，就越能够使装卸过程中的人力、器具使用率降低，并减少时间。因此在装卸作业优化的过程中，要尽量将每一个装卸环节紧凑安排，这样能够提高各个环节之间的合理性以及协作性，提升装卸的工作效率。因此在作业优化过程中要对每一个装卸环节认真合理地进行分析，找出最好的装卸作业环节，对于没有必要的装卸作业环节要坚决取消，减少装卸过程中的作业环节也能够提高装卸工作效率。

3. 对作业中断时间给予合理的压缩

在港口集装箱装卸过程中，如果装卸作业没有合理安排各个环节的衔接，就会出现环节之间的不协调，导致装卸工作暂停。例如，装卸过程中的机械设备使用不协调，人工安排不协调等问题时常发生。在进行集装箱装卸作业优化的过程中，要充分考虑上述问题，对于涉及人力安排、机械安排以及配套设施安排的问题要全面系统地进行分析和处理，从而减少装卸作业过程的中断环节，节省装卸作业的时间，提升工作效率。

4. 对装卸的搬运距离给予科学的缩短

在集装箱装卸的过程中，货物的有效搬运距离越远需要的搬运成本越多；货物的有效搬运距离越近需要的搬运成本越少。因此，在集装箱装卸作业过程中，要对搬运距离进行明确的计算和统筹，优化搬运过程中的各个流程，以减少搬运距离。在集装箱即将达到港口的时候，应该对集装箱的装卸要求进行仔细了解，将集装箱的装卸要求汇总后，做统筹的装卸安排。这样的作业优化主要有两个优点：第一个是能够便于集装箱中的货物存放；第二个是能够了解搬运的最优化距离，缩短集装箱的搬运距离。

5. 对装卸过程中的安全给予足够的保障

在集装箱装卸过程中我们应该高度重视安全问题。因此，在作业优化的过程中要对安全问题给予明确的要求，最大限度地避免集装箱搬运过程中的工伤事故。在装卸作业优化过程中，要对每一个作业环节进行环境的优化和监控，确保所有参与装卸作业的人员以及机械器具都达到相关的安全要求。同时还要有专门的人员对于作业过程中的人员安全以及物品安全进行监督管理，参照相应的安全生产规章制度来进行安全装卸作业的优化。

任务训练

项目三	集装箱与多式联运场站业务	任务三	集装箱场站装卸业务	子任务二	集装箱场站装卸工艺
任务描述					
请运用网络资源，查阅资料，完成相关任务					
任务实施					
1	请根据下图所示集装箱码头工艺系统流程，分析该集装箱码头采用了哪些工艺方案，并分析其特点，提出优化建议 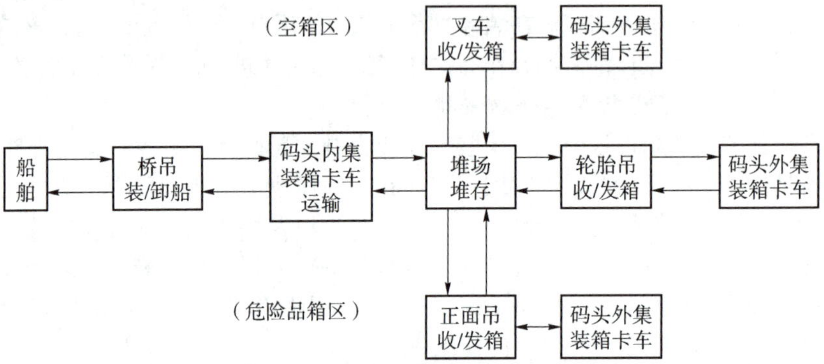 （空箱区） 叉车收/发箱 ↔ 码头外集装箱卡车 船舶 ↔ 桥吊装/卸船 ↔ 码头内集装箱卡车运输 ↔ 堆场堆存 ↔ 轮胎吊收/发箱 ↔ 码头外集装箱卡车 （危险品箱区）正面吊收/发箱 ↔ 码头外集装箱卡车				
2	若采用底盘车工艺方案，试分析装载"儿童三轮车"的集装箱重箱自进场起到装运出口，在场站内的装卸工艺流程				

续表

任务评价		
评价类型	评价指标	评价得分
自我评价	完成情况（40%）	
	主动学习（40%）	
	学习收获（20%）	
小组评价	完成情况（40%）	
	成果贡献（40%）	
	协作意识（20%）	
教师评价	完成情况（40%）	
	解决问题（40%）	
	线上参与（20%）	
总体评价	校内（100%）	
	企业（100%）（该项目有企业参与时）	

拓展任务

资源	二维码
视频3-6：集装箱桥吊操作技术	
拓展任务学习笔记	

项目四　集装箱与多式联运承运人业务

学习目标

目标项目	目标要求	完成情况的自我评价
知识目标	了解集装箱配置方案制定的思路和方法 了解集装箱租赁的形式及租赁合同的主要内容 掌握承运人运输组织流程 熟悉集装箱配积载图的内容 理解集装箱多式联运经营人的责任 了解集装箱多式联运的相关规则	
技能目标	能测算集装箱配置需求量，合理配置集装箱 能识读集装箱配积载图 能绘制集装箱运输组织流程图 能正确填写集装箱运输相关单证 能分析集装箱多式联运经营人的运输责任 能正确计算集装箱运费	
素质目标	通过中欧班列运输组织，理解集装箱运输在"一带一路"和推动双循环新发展格局中的作用 通过我国集装箱船公司在国际航运市场的排名，理解我国集装箱运输发展的情况，树立自豪感和自信心	

任务一　集装箱配置策划

学习导图

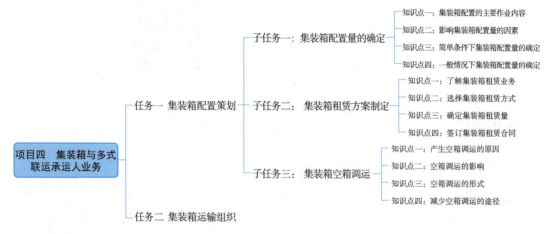

物流故事

物流故事	二维码	谈谈体会
物流故事4-1：中欧班列赋能东北振兴远略长赢		

子任务一　集装箱配置量的确定

导学任务

XYZ 船公司接到 NT 集装箱公司订舱申请，运输标的为南京 ABC 进出口公司出口德国的一批"儿童三轮车"。根据订舱要求，拟安排装运船名为 FEIDA，航次为 5368W，提单号为 SHY-SO10382。

小天是 XYZ 公司的实习员工，接到任务后，按照师傅的要求，对接货主和场站，根据需求安排用箱。

导学问题

- 集装箱由谁提供使用？
- 集装箱运营人如何管理和配置集装箱？

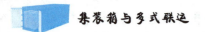

- 影响集装箱需求量的因素有哪些？
- 集装箱配置量如何确定？

导学资源

资源	二维码
微课 4-1：确定集装箱配置量	

知识链接

知识点一：集装箱配置的主要作业内容

集装箱运输通过将各种类型、不同形状的货物装载进具有标准尺寸的集装箱，实现货物装卸设备标准化，以及集装箱运输工具标准化等，从而满足集装箱在全球范围内的流通要求。

这些具有标准尺寸的集装箱大多由实际承运人提供给货主使用。例如，国际海运承运人一般将集装箱免费提供给货主使用，并规定免费使用的期限；铁路集装箱承运人一般向货主提供有偿使用的集装箱，并根据运输里程等收取费用；少部分公路集装箱承运人也会向货主提供空箱。

承运人为了保证集装箱运输业务的正常开展，往往要支付巨额资金购置一定数量的集装箱。承运人持有的集装箱数量过少，货主托运无箱可用，会影响企业形象和市场竞争力，但配置量过多又会大量占用企业资金。因此，集装箱承运人会根据线路货源情况、周转效率等问题，对集装箱配置量进行合理规划。除了自购集装箱以外，大部分水路运输承运人还会通过租赁的方式持有一部分集装箱。

承运人对集装箱的配置工作主要包括：了解货源状况，确定集装箱需求量，确定集装箱自购或租赁策略，确定集装箱调运方案等。

知识点二：影响集装箱配置量的因素

在运输过程中，对集装箱的使用主要在于：在途运输的集装箱和在内陆周转的集装箱。由此，以水路运输为例，分析影响集装箱配置量的因素。

（1）航线集装箱船舶的配置数量。
（2）集装箱船舶装载量及其利用率。
（3）集装箱船舶往返航次的时间。
（4）集装箱内陆平均周转时间。
（5）集装箱船舶沿航线挂靠港的数量等。

知识点三：简单条件下集装箱配置量的确定

以水路运输为例，分析如何确定集装箱配置量。

1. 假设条件

为便于问题分析,做以下假设:

(1) 集装箱船舶在航线上只挂靠两个港口,即起运港 A 和目的港 B。
(2) 航线投放的集装箱船舶具有相同船型、相同平均利用率。
(3) 集装箱在起运港 A 和目的港 B 的内陆周转时间均小于船舶到港间隔时间。
(4) 不考虑航线集装箱来回程用量不平衡的问题。
(5) 不考虑周转机动箱和修理备用箱。

2. 确定配置量

在以上假设条件下,船舶将在 A 港和 B 港装卸整船集装箱,且各船舶装卸量相同。集装箱在 A 港和 B 港的内陆周转时间均小于船舶到港间隔时间,能保证每个航次船舶到港时,已有充足数量的集装箱在港等待装船。

根据假设,航线集装箱配置量至少由三部分组成:在途船舶装载的集装箱数量、在起运港 A 的内陆周转集装箱数量以及在目的港 B 的内陆周转集装箱数量。

参数定义如表 4-1 所示。

表 4-1 参数定义

序号	参数	定义	序号	参数	定义
1	S	航线集装箱配置量	7	N	航线集装箱船舶配置量
2	K	航线集装箱需配套数(航线上每船载箱量为一套)	8	D	集装箱船舶的载箱量
			9	f	集装箱船舶箱位平均利用率
3	K_a	A 港集装箱配置套数	10	T_a	集装箱在 A 港内陆周转时间
4	K_b	B 港集装箱配置套数	11	T_b	集装箱在 B 港内陆周转时间
5	K_r	在途集装箱配置套数	12	T_r	集装箱船舶往返航次时间
6	L	每套集装箱的数量	13	I	船舶到港时间间隔

航线集装箱配置量确定为:

$$S = L \times K$$

其中:

$$L = D \times f$$
$$K = K_r + K_a + K_b$$
$$K_r = N = T_r / I$$
$$K_a = 1 \, (T_a < I)$$
$$K_b = 1 \, (T_b < I)$$

集装箱配置量确定方法整理如下:

$$S = L \times K = (D \times f) \times (K_r + K_a + K_b)$$
$$= (D \times f) \times \left(\frac{T_r}{I} + 1 + 1\right) \quad (T_a < I, \ T_b < I)$$
$$= (D \times f) \times (N + 1 + 1)$$

📖 **知识点四:一般情况下集装箱配置量的确定**

以水路运输为例,分析一般情况下如何确定集装箱配置量。

1. 假设条件

一般情况下需要考虑以下方面。

(1) 集装箱船舶在航线上不只挂靠两个港口，还有中途挂靠港。

(2) 集装箱在起运港 A 和目的港 B 的内陆周转时间可能大于船舶到港间隔时间。

(3) 航线集装箱来回程用量不平衡的问题。

(4) 周转机动箱和修理备用箱需求。

为便于问题分析，做以下假设：

(1) 航线投放的集装箱船舶具有相同船型、相同平均利用率。

(2) 船舶在中途港装、卸箱量相等。

2. 确定配置量

补充如表 4-2 所示的参数定义。

表 4-2 参数定义

序号	参数	定义
1	Q_i	中途港 i 港的集装箱装卸箱量，$i=1, 2, \cdots$
2	T_i	集装箱在 i 港的内陆周转时间，$i=1, 2, \cdots$
3	S_1	因周转、修理、延误等所需增加的备用箱量
4	S_2	因用箱量不平衡所需增加的备用箱量
5	λ	集装箱配置量富余系数，一般取 1.05~1.1

航线集装箱配置量确定为：

$$S = \left[(D \times f) \times \left(\frac{T_r}{I} + \frac{T_a}{I} + \frac{T_b}{I} \right) + \sum \left(Q_i \times \frac{T_i}{I} \right) + S_1 + S_2 \right] \times \lambda$$

其中：当 $T_a \leq I$ 时，$\frac{T_a}{I} = 1$；当 $T_b \leq I$ 时，$\frac{T_b}{I} = 1$；当 $T_i \leq I$ 时，$\frac{T_i}{I} = 1$。

3. 配置量分析

根据集装箱配置量确定的方法，在船舶到港周期不变的情况下，集装箱配置量随着航线集装箱平均周转时间加长而增加，中途港挂靠的数量以及需求的不平衡等因素将直接影响航线集装箱的配置量。集装箱承运人应想方设法缩短集装箱在港口的堆存时间和内陆周转时间，加速周转，以减少集装箱配置需求量，降低集装箱配置成本。

任务训练

项目四	集装箱与多式联运承运人业务	任务一	集装箱配置策划	子任务一	集装箱配置量的确定
任务描述					
请根据给定资料，完成任务					
任务实施					

1	某班轮公司在其航线上挂靠 4 个港口，配置 4 艘 5 000 标准箱的集装箱船，船舶平均利用率为 85%，往返航次时间为 28 天。集装箱内陆周转时间如下表：				
	港口	A	B	C	D
	内陆周转所需时间	7 天	5 天	10 天	60%，7 天内 30%，7~14 天 10%，14~20 天
	平均装卸量	整船	3 000	2 500	整船
	不考虑修理积压箱、不平衡用箱、富余系数，试确定该航线的集装箱配置量				

2	查阅资料，选择一个承运人，了解其集装箱配置策略

3	根据《铁路集装箱运输规则》等相关规定，分析铁路集装箱如何进行管理和配置

续表

任务评价		
评价类型	评价指标	评价得分
自我评价	完成情况（40%）	
	主动学习（40%）	
	学习收获（20%）	
小组评价	完成情况（40%）	
	成果贡献（40%）	
	协作意识（20%）	
教师评价	完成情况（40%）	
	解决问题（40%）	
	线上参与（20%）	
总体评价	校内（100%）	
	企业（100%）（该项目有企业参与时）	

 拓展任务

资源	二维码	资源	二维码
图文 4-1：集装箱可用指数		图文 4-2：全球集装箱行情分析报告	
拓展任务学习笔记			

子任务二　集装箱租赁方案制定

导学任务

小王实习的公司打算增加一条新的航线，根据前期调研，已经确定了年度集装箱需求量，但是考虑资金投入以及货运量的波动性，公司打算采用自购+租赁的组合形式进行集装箱配置。

师傅要求小王根据这段时间实习的所见所闻，结合所学专业知识，对该航线集装箱租、购方案提出建议。小王接受了师傅交给的任务。

导学问题

- 哪些情况下需要进行集装箱租赁？
- 集装箱租赁有哪些形式？
- 如何订立租赁合同？
- 如何及时调整租赁方案？

导学资源

资源	二维码
微课4-2：集装箱租赁业务	（二维码）

知识链接

知识点一：了解集装箱租赁业务

1. 集装箱租赁市场状况

集装箱租赁是指集装箱租赁公司与承租人，一般为班轮、铁路、公路运输公司等，签订协议，用长期或短期的方式把集装箱租赁给承租人的一种租赁方式。

在国际货物运输开始使用集装箱时，装载货物的集装箱一般是由各种类型的承运人所拥有并提供使用。随着集装箱运输向海上发展，集装箱租赁业也开始发展起来。初期集装箱租赁业的规模较小。1968年，全球供出租使用的集装箱数量仅占总量的10%左右。

1968年以后，随着集装箱运输的迅猛发展，对集装箱的需求量迅速增长，许多船公司为提高运输效率和保证市场占有率，需要在船舶或其他固定设施方面投入大量资金，因而在集装箱上继续投资以增加集装箱拥有量较为困难。另外，随着集装箱运输经营组织上的变化，许多无船承运人开展了集装箱运输业务，这些人无力购置与其业务量相适应的大量集装箱供运输使用。在这种情况下，一些有财力的各类企业开始大量购入集装箱，提供集装箱租赁服务。至此集装箱租赁业进入了迅速发展阶段。

据统计，截至2021年，全球正在使用的集装箱数量达到4 400万标准箱，供出租使用的集装箱占比超过50%。在我国，国内注册的业务范围包含"集装箱租赁"的企业共有1 657家，集装箱租赁行业从业人员约81.84万人，集装箱租赁行业的集装箱保有量达到760万标准箱，近洋班轮公司和内贸线班轮公司的租箱量比例更是达到90%以上。

2. 集装箱租赁业务的优势

对于承运人来说，租箱与自行采购集装箱比较，具有下列优点。

第一，避免巨额资金的即时投入。集装箱价格昂贵，一个20 ft集装箱价格大约是3 000美元左右，而在2021年受疫情影响，集装箱紧缺，这个价格曾达到5 500美元。以班轮公司为例，如果开辟新的集装箱航线，干线航行投放1.5万标准箱的船型，那么仅一条船就需要配置上万个标准箱，自购的资金压力巨大。有了集装箱租赁业务，承运人以租代购，只需要支付相对较少的租金就可以获取大量集装箱的使用权。

第二，全球提箱、还箱的便利。在航线来回程货源不平衡、货源量随季节波动等情况下，可通过单程租赁或其他临时租赁方式解决班轮公司的调箱难题。全球提、还箱只有租箱公司可以做到。

第三，集装箱需求地点的供应保障。任何一个班轮公司都不可能在其任何一个需求地点都有相应类型的存箱，而租箱公司则可以相对满足这些公司的要求，尽可能地保障不同类型集装箱在各地的供应，特别是不常用的特种集装箱。

📖 知识点二：选择集装箱租赁方式

集装箱租赁因租箱人的需要，其租赁方式可以分为期租、程租、灵活租赁三类。

1. 期租

集装箱期租是租用人在一定时间内租用集装箱的一种租赁方式。在租期内，租箱人可以像自己拥有的箱子一样自由调配使用。

根据租期的长短，集装箱的期租又可分为长期租赁和短期租赁两种形式。长期租赁一般有较长的租用期限；短期租赁一般是以租赁人实际需要的使用期限租用集装箱，时间一般较短。

长期租赁又可分为金融租赁和实际使用期租赁两种方式。两者租期都较长，其区别在于前者租用期满后租箱人要买下租用的箱子，而后者是租用期满后租箱人将箱子退还给租赁公司。

长期租赁对租赁公司来讲，可以保证在较长时期内有稳定收入，所以长期租赁的租金一般较低。与长期租赁相比，短期租赁较为灵活，租箱人可以根据自己需要确定租箱时间、地点及租期，但租金较高，租箱人一般用这种方式租箱来保证临时用箱需要。

2. 程租

程租也称即期租赁，是租期由航程时间决定的租赁方式，一般分为单程租赁和来回程租赁两种。

在单程租赁情况下，租箱人仅在起运港至目的港单程使用集装箱。这种租赁方式一般用于一条线路上来回程货源不平衡的情况。在起运地租箱，在目的地还箱，可以减少空箱回运。如果在集装箱租赁行情好的地方提箱，采用单程租赁到行情差的地方还箱，租箱人一般需要支付提箱费或还箱费，以弥补租箱公司调运空箱的费用。

来回程租赁一般用于来回程均有货运业务的情况，这种方式的租期由来回程所需时间决定，有时可不限于一个来回程。

在程租方式下，一般对提箱、还箱地点有严格限制，且租金较期租要高。

3. 灵活租赁

灵活租赁是在租期上类似于长期租赁，租期通常为一年，而在箱子的具体使用上类似于短期租赁或程租的一种租赁形式。

灵活租赁合同中，除明确租期外，还订有租箱人每月提箱和还箱的数量和地点。租箱人在租期内至少保证租用一定数量的箱子（一般可以多租），这就类似于长期租赁。但在具体使用过程中，这些箱子并不是固定不变的，租箱人可根据自己的实际需要，在合同规定的时间、地点、数量下随租随还，这又类似于短期租赁或程租。灵活租赁的租金比程租低，与长期租赁接近。

采用这种租赁方式可以较好地适应货源不平衡、季节不平衡等情况下集装箱需求量的变化。

知识点三：确定集装箱租赁量

租用多少集装箱要根据用箱单位的实际需要进行，一般可以根据成本最小化原则或最小自备箱量原则等来确定。成本最小化原则，是通过自备箱的用箱成本与租赁箱的用箱成本相比较，运用数学方法，在一定的约束条件下，根据成本最小化原则，求出租箱量。最小自备箱量原则，是先确定用箱单位年度总租箱量，然后再进一步分别确定长期和短期的租箱量。这里介绍以最小自备箱量为原则确定集装箱租赁量的方法。

1. 确定集装箱租赁量

以最小自备箱量原则确定集装箱租赁量时，自备箱以满足用箱量最小月份的需求为原则确定，长期租赁量以满足月平均用箱需求为原则确定，短期租赁量以满足各月用箱量不平衡的偏差为原则确定。参数定义如表 4-3 所示。

表 4-3 参数定义

序号	参数	定义	序号	参数	定义
1	S_T	年度总用箱需求量预测	3	S_S	年度自备箱需求量
2	M_i	年度内各月用箱量需求预测 $i=1, 2, \cdots, 12$	4	S_R	年度租赁箱需求量
			5	S_{LR}	年度长期租赁箱需求量
			6	S_{SR}	年度短期租赁箱需求量

年度总用箱需求量与各月用箱需求量的关系表述为：

$$S_T = \sum_{i=1}^{12} M_i$$

集装箱配置构成如图 4-1 所示。

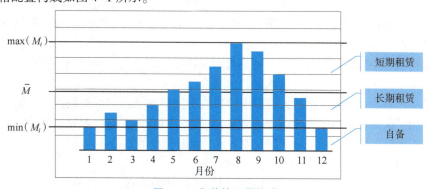

图 4-1 集装箱配置构成

确定年度自备箱需求量为：
$$S_S = 12 \times \min(M_i) \quad i = 1, 2, \cdots, 12$$

确定年度租赁箱需求量为：
$$S_R = S_T - S_S$$

确定年度短期租赁箱需求量为：
$$S_{SR} = \frac{1}{2} \sum_{i=1}^{12} \left| \frac{S_T}{12} - M_i \right|$$

确定年度长期租赁箱需求量为：
$$S_{LR} = S_R - S_{SR}$$

2. 集装箱租赁量调整策略

由于国际集装箱运输中，货运量可能会因为受到各种外来因素的影响而发生波动，承运人除了对集装箱持有量进行计划以外，还将根据实际情况进行及时调整。以水运为例，航线集装箱需求量主要受到货运量和集装箱周转时间的影响。

当集装箱平均周转时间不变，货运量增加时，可以租赁的形式补充航线集装箱供给量。

当集装箱平均周转时间不变，货运量下降时，可以退还租赁箱，调整航线集装箱供给量。

当货运量不变，集装箱平均周转时间加长时，应租赁集装箱以弥补短缺。

当货运量不变，集装箱平均周转时间缩短时，表示航线集装箱周转效率提高，应退还租赁箱。

当集装箱平均周转时间缩短，货运量增加时，应保持周转效率的改善，争取扩大货源。

当集装箱平均周转时间缩短，货运量下降时，可以退还部分租赁箱，并设法恢复需求。

当集装箱平均周转时间加长，货运量下降时，应尽力改善周转效率。

当集装箱平均周转时间加长，货运量增加时，需要租赁集装箱，并尽力改善周转效率。

知识点四：签订集装箱租赁合同

集装箱租赁合同（租箱合同），是规定租箱人与租赁公司双方权利、义务和费用的协议和合同文本。

租箱人在签署合同之前一般要与租赁公司或其代理人商定租箱方式、数量、租金、交/还箱期、地点、提/退箱费用、损害修理责任及保险等事宜。租箱合同的主要条款一般有以下几方面内容：

1. 交箱条款

交箱条款主要用于制约租赁公司，要求其在合同规定的时间和地点将符合合同规定条件的集装箱交给租箱人。交箱条款主要规定交箱期、交箱量、交箱状态等内容。

交箱期是指租箱公司将箱子交给租箱人的时间。为了给双方都提供方便，交箱期通常规定一个期限，一般为7~30天。

交箱量的规定一般有两种方法：一种是最低交箱量，即合同约定的交箱数量；另一种是实际交箱量，可能高于或低于约定交箱数量。

交箱状态，租赁公司交给租箱人的箱子应符合有关国际公约与标准的规定，同时租箱人还箱时也应使箱子保持或接近原来的状态。为了保证这一点，双方在提箱时应共同检验集装箱状况。租箱人提箱时的集装箱状态可以通过双方签署设备交接单来记录。

2. 还箱条款

租箱合同中的还箱条款主要用于制约租箱人，要求租箱人在租赁期满后按合同规定的时间、地点，将状况良好的集装箱退还租赁公司。还箱条款主要规定还箱时间、还箱地点、还箱状态等内容。

还箱时间：规定还箱日期。在实际租箱业务中，经常有到期不能归还或没有到期却要提前还箱的情况，这种情况称为不适当还箱。如果是超期还箱，合同中一般通过规定对超期天数加收租金的方式来解决。如果是提前还箱，在未签署"提前终止条款"的情况下，租箱人即使提前还箱仍需支付提前天数的租金。

"提前终止条款"规定，在租箱人支付提前终止费用后，可以提前还箱，租期截至集装箱进入租箱堆场为止。提前终止费用一般相当于 5~7 天的租金。

还箱地点：租箱人应按合同规定的或租赁公司另用书面形式确认的具体地点还箱。还箱地点与租箱人最终用箱地点关系密切，在订立合同时，租箱人应尽量使还箱地点与箱子最终使用地点一致或接近，这样可以减少空箱调运费用。

还箱状态：租箱人在还箱时应保证箱子外表状况良好，即与提箱时签署的设备交接单上记载的情况基本一致。如果还箱时集装箱外表有损，还箱人应承担修理责任和费用。如果双方签署过"损害修理责任条款"，则在一定范围内的损害由租赁公司承担。

还箱条款中一般还会规定，还箱期满若干天后（如 30 天），租箱人若仍不能还箱，租赁公司将按集装箱发生全损处理。这种情况下，租箱人应按合同规定的金额支付赔偿金，在租赁公司未收到赔偿金前，租箱人仍需按实际天数支付租金。

3. 损害修理责任条款

损害修理责任条款，简称 DPP 条款。该条款规定，如果租箱合同中签署了"损害修理责任条款"，并且租箱人为此支付了相应的费用（DPP 费用一般按租箱天数收取），则租箱人对租赁期内所发生的集装箱损坏在一定程度上不负修理责任，可以将未修理的集装箱退还租赁公司。

此条款使租箱人避免了一旦发生箱体损坏后所引起的修理、检验等事务，在一定程度上节省修箱费用，以及将受损集装箱送到修理厂所产生的额外运费。但是，合同中一旦定有 DPP 条款，则不论集装箱在租赁期间实际上是否发生损坏，租箱人除支付租金外，都必须支付 DPP 费用。

DPP 条款从某种意义上讲，相当于租箱人对租赁期内的集装箱损害进行了保险，但不是向保险公司投保。DPP 费用只保集装箱的部分损害，不承担全损和共同海损等责任，对集装箱内所装货物也不承担有关责任。习惯上 DPP 费用只负责比集装箱当时的价值低一些的一个固定限额，如 80%。集装箱损害修理的费用在这个限额内，由租赁公司承担；若超出这个限额，超出部分仍由租箱人承担。

4. 租金及费用支付条款

租箱人应按时支付合同中规定承担的各种费用和租金，这是自由使用集装箱和具有某些权利和减少责任的前提。不按时支付费用和租金，则构成违约，租赁公司有权采取适当的行动，直至收回集装箱。该条款主要包括租期、租金计算方法、支付方式、交/还箱手续费等内容。

租期一般指从交箱之日起到还箱之日止的一段时间。在提前还箱的情况下，如果合同中定有"提前终止条款"，租箱人支付提前终止费用后，租期到集装箱进入还箱堆场日终止。

租金一般按每箱天计收。在超期还箱的情况下，超期天数按合同规定的租金另行支付，通常比正常租金高一倍。

租金的支付方式一般有两种，即按月支付或按季支付。租箱人在收到租金支付通知单后，要在规定时间内支付，如延误则需按合同规定的费率加付利息。

交、还箱手续费，主要用来抵偿因在堆场交还箱所产生的费用，其数额由合同规定，或按交、还箱所在堆场的费用确定。

5. 设备标志更改条款

该条款规定，租箱人可以在租赁的集装箱箱体外表贴上自己的标识，但未经租赁箱公司同意，不得更改原有标识。在长期租赁情况下，租赁公司一般接受租箱人更改原有标识加上自己标识的要求，但还箱时租箱人必须去除更改的标识，恢复原来的标识，或承担恢复的费用。

6. 保险条款

集装箱保险是租箱业务的主要内容之一。在集装箱租赁期内，集装箱的保险可以由承租人自行投保，也可以由租赁公司投保。

集装箱保险要求，以每一只标有唛头标志的集装箱为一个单独投保单位；被保险人对投保的集装箱应做好维修和保养工作；保险期可视具体情况修改，如在规定租期内，集装箱损害修理频率超过一定比例，租箱公司有权修订保险条款。

集装箱保险方式有全值保险和有限额保险两种。全值保险是保险公司按保单或协议规定的使用价值支付修理费用，其使用价值根据对集装箱规定的金额确定。有限额保险是保险公司有限度地承担集装箱的损害修理费，如损害超过投保的限度，其超过部分由被保险人支付。

集装箱保险的期限从租箱协议订立、集装箱交箱起生效，至集装箱退还租赁公司指定的还箱堆场时终止。如由承租人投保，应在对箱子修复、符合条件后才能退租。如发生集装箱全损，退租的日期应为租赁公司收到有效证明文件的当日。

任务训练

项目四	集装箱与多式联运承运人业务	任务一	集装箱配置策划	子任务二	集装箱租赁方案制定
任务描述					
请根据给定资料，完成任务					
任务实施					

1	以下是全球排名前十的集装箱租赁公司，请完成表格内容，并选择其中之一，查阅资料，加强对集装箱租赁业务的了解 	租赁公司	所在国家/地区	特色业务
---	---	---
TRITON International		
Florens Container Leasing		
Textainer Group		
Seaco Global		
Seacube Containers		
CAI International		
Beacon Intermodal		
Touax Container Solutions		
Blue Sky Intermodal		
CARU Containers			
2	分析 DPP 条款的使用条件，并根据要求，分析集装箱损害由谁承担责任。 20 ft 集装箱其价值为 3 000 美元，而合同中的 DPP 条款负责的最高费用为 2 400 美元。如集装箱在租赁期间发生损坏，其修理费用和其他费用在 2 900 美元
3	某集装箱船公司预测年度每月用箱量如下： | 月份	1	2	3	4	5	6	7	8	9	10	11	12
---	---	---	---	---	---	---	---	---	---	---	---	---
用箱量	5.1	3.1	3.8	3.6	5.4	2.8	5.7	4.4	5.6	3.8	5.8	4.9	 试确定该公司年租箱总量及年长期租箱量和年短期租箱量

续表

任务评价		
评价类型	评价指标	评价得分
自我评价	完成情况（40%）	
	主动学习（40%）	
	学习收获（20%）	
小组评价	完成情况（40%）	
	成果贡献（40%）	
	协作意识（20%）	
教师评价	完成情况（40%）	
	解决问题（40%）	
	线上参与（20%）	
总体评价	校内（100%）	
	企业（100%）（该项目有企业参与时）	

拓展任务

资源	二维码	资源	二维码
图文 4-3：集装箱租赁合同		图文 4-4：集装箱单程租赁价格	

拓展任务学习笔记

子任务三 集装箱空箱调运

导学任务

小王在实习过程中，发现堆场装卸的集装箱除了重箱以外还有一部分空箱。师傅向小王解释，这种情况属于空箱调运，并要求小王进一步学习，思考哪些情况需要进行集装箱空箱调运。

导学问题

- 哪些情况属于空箱调运？
- 为什么要进行集装箱空箱调运？
- 空箱调运对集装箱运输有什么影响？
- 如何减少空箱调运？

导学资源

资源	二维码
视频 4-1： 为什么要进行集装箱空箱调运	

知识链接

知识点一：产生空箱调运的原因

由于地区与地区之间资源状况和劳动力水平的不一致，一国或地区进口和出口的货物类型和货运量往往有差异。因此，一个地区或某个港口进口到达的集装箱和出口需求的集装箱在数量和箱型上存在不平衡。出口需求量大于进口到达量的箱型会出现供不应求的状况；而出口需求量小于进口到达量的则会积压。这种集装箱需求和供给之间的不平衡，导致了空箱调运问题。

产生空箱调运的原因具体可以归纳为以下几点。

第一，进、出口货源不平衡，导致集装箱航线货流不平衡，进、出口集装箱比例失调，产生空箱调运问题。

第二，管理方面的原因，如货主超期提箱，造成港口重箱积压，影响到集装箱在内陆的周转，为保证船期，需要从附近港口调运空箱。

第三，进出口货物种类和性质不同，因而使用不同规格的集装箱，产生航线不同规格集装箱短缺现象，需要调运同一规格的空箱，以满足不同货物的需要。

第四，其他原因，如因修理、维护等需要进行的集装箱调运。

空箱调运占据了大量的集装箱运力,理论上说应该尽可能避免发生,但由于集装箱运输的复杂性,产生一定数量的空箱调运在所难免。

知识点二:空箱调运的影响

据统计,全球空箱调运量占集装箱总运量比重超过20%。2020年受疫情影响,全年集装箱海运量为1.93亿标准箱,空箱运量约占总运量的25%。各条航线按平均400美元/标准箱的调箱成本来计算,2020年调用空箱大约支出193亿美元,相当于约500万标准箱的集装箱购置费用。

此外,海上集装箱运输一般都有一定的空载率,船公司可以利用这部分箱位调运空箱,然而对于运能比较紧张的承运企业,比如铁路部门,空箱调运可能会对重箱运输产生影响。

因此,了解空箱调运的现象,分析空箱调运产生的原因,找到减少空箱调运的有效方法,有利于更好地开展集装箱运输业务。

知识点三:空箱调运的形式

空箱调运主要有以下几种形式。

1. 港到港调运

港到港调运,是将集装箱从到达箱量较大的港口调向需求箱量较大的港口,包括国际港口间调运和国内港口间调运。可以用集装箱可用指数(CAx)指导集装箱调运方向。

CAx指数用于反映港口集装箱供需水平,CAx指数等于0.5是供需平衡的标志,当CAx的数值大于0.5时,表示该港集装箱设备有剩余,而低于0.5时,则表示设备不足。上海港2020年CAx指数曾降到0.04,严重缺箱。受到进口需求激增,以及排空不畅等因素影响,美西的一些港口,CAx指数一度高达0.9以上。

2. 港与场站之间调运

当空箱在某些港口大量积压,箱管部门就需要及时将空箱调运到其他堆场、货运站,以保障港口正常作业。

此外,为了便于内陆货主提箱,承运人也会将一部分集装箱提前从港口调运至内陆场、站。

3. 租用箱调运

在租赁集装箱时,如果租赁合同中约定的提、还箱地点与租赁箱所在地不一致,则需要将待交付集装箱调运至租箱合同约定的提箱地点,还箱时也需要将集装箱调运到合同约定的还箱地点。

4. 其他调运

集装箱在需要进行修理、清洗、熏蒸、检验等处理时,需要将相关集装箱调运至指定地点,进行专业处理,处理完成后再调回。

知识点四:减少空箱调运的途径

由于客观货物流向、流量与货种不平衡,一定数量的空箱调运必然存在,但是可以采取一定的措施,减少空箱调运量。

1. 集装箱共享

由于各船公司在优势航线、网络局部等方面的差异,对于一些特定箱型,一家船公司的集装箱积压地,可能是其他公司集装箱供给量不足的区域。船公司之间可形成联盟,灵活互用集装箱,依托相互的运输网络,共享调配,化空为重,减少空箱调运量,达到双赢或多赢的目标。

在内贸运输或国际铁路运输覆盖范围内,这种联盟还可以扩大到船公司与铁路公司之间的集装箱运输合作。

2. 优化箱务管理

建立集装箱管理信息系统,运用大数据、区块链等手段及时掌握集装箱动态和相关信息,使各方在协调空箱需求量方面处于主动地位,避免被动调箱。

优化集装箱集疏运系统,缩短集装箱周转时间。通过做好集装箱内陆运输各环节工作,保证集装箱运输各环节紧密配合,缩短集装箱周转时间和在港时间,以提供足够箱源,减少空箱调运。

3. 以租代购

承运人与租赁公司签署租箱合同,根据实际用箱需求,采用按程租赁、灵活租赁等形式,在缺箱地点租用空箱,并在压箱地点退还集装箱,避免空箱调运。一些船公司甚至将自己的所有集装箱委托给集装箱租赁公司管理,以节约费用。

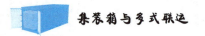

任务训练

项目四	集装箱与多式联运承运人业务	任务一	集装箱配置策划	子任务三	集装箱空箱调运
任务描述					
请根据给定资料，完成任务					
任务实施					
1	分析集装箱空箱调运产生的原因				
2	根据案例资料，分组讨论，提出对空箱调运问题的方案或建议 空箱调运案例1　　　　铁路空箱调运优化				

160

续表

任务评价		
评价类型	评价指标	评价得分
自我评价	完成情况（40%）	
	主动学习（40%）	
	学习收获（20%）	
小组评价	完成情况（40%）	
	成果贡献（40%）	
	协作意识（20%）	
教师评价	完成情况（40%）	
	解决问题（40%）	
	线上参与（20%）	
总体评价	校内（100%）	
	企业（100%）（该项目有企业参与时）	

拓展任务

资源	二维码
图文 4-5：上海港东北亚空箱调运中心正式启用	
拓展任务学习笔记	

任务二　集装箱运输组织

学习导图

- 项目四　集装箱与多式联运承运人业务
  - 任务一　集装箱配置策划
  - 任务二　集装箱运输组织
    - 子任务一：办理水路集装箱运输
      - 知识点一：了解集装箱班轮航线
      - 知识点二：了解大陆桥运输
      - 知识点三：拟制船期表
      - 知识点四：集装箱船舶配积载的目的
      - 知识点五：集装箱船舶箱位号编排
      - 知识点六：配积载作业内容
      - 知识点七：预配图的识读
      - 知识点八：实配图的识读
      - 知识点九：积载图的识读
      - 知识点十：集装箱水路出口业务
      - 知识点十一：集装箱水路进口业务
    - 子任务二：办理铁路集装箱运输
      - 知识点一：开展铁路集装箱运输的条件
      - 知识点二：铁路集装箱运输业务办理
      - 知识点三：95306网络货运平台集装箱运输业务
      - 知识点四：国际铁路集装箱联运
      - 知识点五：中欧班列集装箱运输业务
      - 知识点六：铁路集装箱运输单证
    - 子任务三：办理公路集装箱运输
      - 知识点一：公路集装箱运输业务
      - 知识点二：公路集装箱货源组织
      - 知识点三：公路集装箱网络货运
      - 知识点四：公路集装箱运输业务流程
      - 知识点五：公路集装箱运输单证
    - 子任务四：办理航空集装运输
      - 知识点一：航空集装器
      - 知识点二：航空集装器编号方法
      - 知识点三：航空集装货运方式
      - 知识点四：航空集装运输业务流程
      - 知识点五：航空集装运输单证
    - 子任务五：组织集装箱多式联运
      - 知识点一：协作式多式联运组织
      - 知识点二：衔接式多式联运组织
      - 知识点三：集装箱多式联运业务流程
      - 知识点四：多式联运经营人及其合同关系
      - 知识点五：多式联运经营人从业条件
      - 知识点六：无船承运人
      - 知识点七：无车承运人
      - 知识点八：多式联运经营人责任基础
      - 知识点九：多式联运经营人责任形式
      - 知识点十：相关法规对多式联运经营人责任的规定
    - 子任务六：集装箱多式联运费计收
      - 知识点一：集装箱运费基本结构
      - 知识点二：不同交接方式下的运费结构
      - 知识点三：集装箱整箱货海运费计算——包箱费率
      - 知识点四：集装箱整箱货海运费计算——按最低运费吨计费
      - 知识点五：集装箱整箱货海运费计算——按最高运费吨计费
      - 知识点六：集装箱拼箱货海运费计算
      - 知识点七：集装箱特殊货物海运费计算
      - 知识点八：集装箱海运超期使用费
      - 知识点九：铁路集装箱运输费用计算——一口价
      - 知识点十：铁路集装箱运输费用计算——常规计算
      - 知识点十一：公路集装箱运输费用计算

项目四 集装箱与多式联运承运人业务

📦 物流故事

物流故事	二维码	谈谈体会
📖物流故事 4-2： 奋斗有我，守"沪"民生	(二维码)	

子任务一 办理水路集装箱运输

🎯 导学任务

水路运输是集装箱多式联运中最主要的运输方式之一，在发展历程、标准化程度、法规建设方面都具有明显优势。

XYZ 船公司接到 NT 集装箱公司订舱申请，运输标的为南京 ABC 进出口公司出口德国的一批"儿童三轮车"。根据订舱要求，拟安排装运船名为 FEIDA，航次为 5368W，提单号为 SHYSO10382。

小天是 XYZ 公司的实习员工，接到任务后，按照师傅的要求，对接货主和场站，根据需求安排用箱和运输事宜。

🌀 导学问题

- 集装箱运输主要的班轮航线有哪些？
- 从集装箱船期表能获取哪些信息？
- 水路集装箱运输使用的单据主要有哪些？
- 为什么要进行集装箱船舶配积载？
- 集装箱配积载图提供了哪些信息？
- 这些单据的缮制要求和要点是什么？
- 集装箱单据如何使用，有什么作用？
- 水路集装箱运输主要业务内容和作业流程是什么？

🔄 导学资源

资源	二维码	资源	二维码
📖微课 4-3： 集装箱船舶配积载	(二维码)	📖图文 4-6： 认识船期表	(二维码)
📖微课 4-4： 集装箱进出口业务流程	(二维码)	📖图文 4-7： 船舶箱位	(二维码)

163

知识链接

一、水路集装箱运输航线

知识点一：了解集装箱班轮航线

集装箱班轮航线是指，至少在两个港口间通过集装箱船舶定期往返或环绕航行承运集装箱货物的航线。绝大部分集装箱航线都以班轮形式经营。

为了适应集装箱运输的需要，集装箱班轮航线的类型分为干线航线、支线航线。世界主要集装箱运输干线航线主要包括：远东—北美航线、远东—地中海/欧洲航线、北美—地中海/欧洲航线。

1. 远东—北美航线

远东—北美航线实际上可分为两条航线，一条为远东—北美西岸航线，另一条为远东—北美东岸、海湾航线。

（1）远东—北美西岸航线。

该航线指东南亚国家、中国、东北亚国家各港，沿大圆航线横渡北太平洋至美国、加拿大西海岸各港。该航线随季节而波动，一般夏季偏北、冬季南移，以避开北太平洋上的海雾和风暴。本航线是第二次世界大战后货运量增长最快、货运量最大的航线之一。

该航线主要挂靠港包括：天津港、大连港、青岛港、上海港、香港港、基隆港、高雄港、釜山港、长崎港、横滨港、大阪港、神户港、马尼拉港、新加坡港、洛杉矶港、西雅图港、奥克兰港、长滩港、鲁珀特王子港、温哥华港等。

（2）远东—北美东岸、海湾航线。

该航线不仅要横渡北太平洋，还越过巴拿马运河，因此一般偏南，横渡大洋的距离也较长。夏威夷群岛的火奴鲁鲁港是它们的航站，船舶在此添加燃料和补给品等。本航线也是太平洋货运量最大的航线之一。

该航线主要挂靠港除远东地区港口外，还包括纽约港、查尔斯顿港、新泽西港、迈阿密港、新奥尔良港、多伦多港、蒙特利尔港等。

2. 远东—地中海/欧洲航线

该航线大多是经马六甲海峡往西，经苏伊士运河至地中海、西北欧的运输，也可分为远东—地中海和远东—欧洲两条航线。

该航线主要挂靠的地中海、欧洲港口包括卡拉奇港、迪拜港、亚历山大港、雅典港、伊斯坦布尔港、那不勒斯港、巴塞罗那港、里斯本港、鹿特丹港、汉堡港、安特卫普港、勒阿弗尔港、费利克斯托港、南安普顿港。

3. 北美—地中海/欧洲航线

本航线实际包括了两条航线：北美东岸/海湾—地中海/欧洲航线、北美西岸—地中海/欧洲航线。

知识点二：了解大陆桥运输

大陆桥运输（Land Bridge Transport）是指，利用横贯大陆的铁路（公路）运输系统，作为中间桥梁，把大陆两端的海洋连接起来，形成集装箱海—陆联运，其中大陆起到了"桥"的作用,称为"陆桥",而海—陆联运中的大陆运输部分就称为"大陆桥运输"。

世界上主要的大陆桥包括北美大陆桥、西伯利亚大陆桥以及新亚欧大陆桥。

1. 北美大陆桥

世界上出现最早的大陆桥是横贯北美大陆的北美大陆桥。当时,一方面由于日本通向西方的海路受到严重威胁,另一方面由于美国在第二次世界大战以后需要加速发展西部地区经济,于是日美联合利用美国港口和铁路网,开辟了世界上第一条大陆桥运输通道。这条大陆桥全长4 500 km,东起纽约,西至旧金山,西接太平洋,东连大西洋,缩短了两大水域之间的距离,省去了货物由水路绕道巴拿马运河的麻烦,对恢复和发展美、日经济发挥了重要作用。

北美大陆桥运输对巴拿马运河的冲击很大,由于陆桥运输可以避开巴拿马运河宽度的限制,许多海运承运人开始建造超巴拿马型集装箱船,增加单艘集装箱船的载运箱量,放弃使用巴拿马运河,使集装箱国际海上运输的效率大大提高。

2. 西伯利亚大陆桥

20世纪60年代末,由于埃以战争爆发,苏伊士运河关闭,航运中断;同时,由于石油危机的冲击,再加上苏联东进开发西伯利亚,于是日、苏联合利用苏联纳霍德卡港及西伯利亚铁路和东西欧铁路开辟了世界上第二条大陆桥——西伯利亚大陆桥。因其地跨亚、欧两个大陆,所以又称亚欧大陆桥。

西伯利亚大陆桥东起俄罗斯东方港,西至荷兰鹿特丹,全长13 000 km。通过这条路线,比经过好望角和苏伊士运河的海上运输线缩短运距1/3,运费减少20%～25%,运期节省35天左右。

3. 新亚欧大陆桥

随着世界政治经济格局的变化和亚欧经济贸易交流的扩大,在亚欧大陆之间又架起了一条新的大陆桥——新亚欧大陆桥。它把太平洋与大西洋沟通起来,实现海—陆(铁路)—海的连贯运输。

这条大陆桥东起我国连云港,西至荷兰鹿特丹,全程长10 837 km,其中中国境内4 143 km。1992年由连云港发出首列国际集装箱联运"东方特别快车",经陇海、兰新铁路,西出边境站阿拉山口,分别运送至阿拉木图、莫斯科、圣彼得堡等地,标志着该大陆桥运输的正式开始。

4. 世界其他陆桥

除了这三条大陆桥外,世界各地还有一些其他的陆桥,包括美国小陆桥、美国微型陆桥、加拿大大陆桥、印度半岛陆桥、玻利维亚陆桥、超级欧亚大陆桥等。

📖 知识点三:拟制船期表

拟制船期表是集装箱航线运营组织的一项重要工作。制定一个周密的集装箱航线运营船期表,首先可以满足货主的托运需要,体现集装箱运输的服务质量;其次可以提高营运管理水平,有利于船舶、港口和货物及时交接,提高工作效率和航线经营计划质量。

船期表的内容一般有航线编号、船舶名称、航次编号、挂靠港名称、到达和驶离各港的时间等。船期表每月发布一次,每月月底发布下期船期表。拟制船期表还应考虑船舶数量、船舶规模、航速、挂港数量、港口工班工作制度以及与其他运输方式运行时刻表的衔接配合等因素。

集装箱船期表的班期、航线配船数和发船间隔可按以下方法确定。

1. 参数定义

参数定义如表4-4所示。

表 4-4 参数定义

序号	参数	定义	序号	参数	定义
1	N	航线集装箱船舶配置量	8	T_m	集装箱船舶年度运营时间
2	D	集装箱船舶的载箱量	9	I	船舶到港时间间隔
3	f	集装箱船舶箱位平均利用率	10	T_r	集装箱船舶航次往返时间
4	L	航线往返总航程	11	T_s	船舶往返在途航行时间
5	v	平均航速	12	T_{u_i}	船舶在 i 港靠泊装卸作业时间
6	Q_i	船舶在 i 港的装卸作业量	13	T_{e_i}	船舶在 i 港靠泊其他作业时间
7	Q_{max}	航线两端点港之间运量较大流向的年运箱量	14	M_i	船舶在 i 港的装卸效率

2. 确定集装箱航线航次周期

$$\left. \begin{array}{l} T_r = T_s + \sum (T_{u_i} + T_{e_i}) \\ T_s = \dfrac{L}{24 \cdot v} \\ T_{u_i} = \dfrac{Q_i}{24 \cdot M_i} \end{array} \right\} \Rightarrow T_r = \dfrac{L}{24 \cdot v} + \sum \left(\dfrac{Q_i}{24 \cdot M_i} + T_{e_i} \right)$$

3. 确定集装箱航线配船数

$$N = \dfrac{\dfrac{Q_{max}}{D \cdot f}}{\dfrac{T_m}{T_r}}$$

4. 确定集装箱航线发船间隔

$$I = \dfrac{T_r}{N} = \dfrac{T_r}{Q_{max}/(D \cdot f)} = \dfrac{T_m \cdot (D \cdot f)}{Q_{max}}$$
$$\dfrac{}{T_m/T_r}$$

为了保证班轮有规律的运行,要求集装箱船舶的航次往返时间 T_r 要为航线船舶到港间隔时间 I 的整倍数,要求船舶到港间隔时间 I 为昼夜的整倍数。集装箱班轮航线船舶航次往返时间 T_r 与航线船舶到港时间间隔 I 的整倍数关系,即为航线集装箱船舶配置 N。可以通过适当调整船舶行驶速度 v 和船舶在港靠泊时间 T_{u_i}、T_{e_i},使 T_r、I、N 满足相关条件。

编制完成后,典型的船期表如表 4-5 所示。

二、集装箱船舶配积载

📖 **知识点四：集装箱船舶配积载的目的**

集装箱运输工具配积载是对于集装箱货物装运的规划安排,以便达到运输工具最佳使用效率。配积载包括配载和积载。配载是充分考虑运输工具的载质量和容积,对货物装载进行合理安排;积载是根据货物特点和运输工具承受能力,将已装载的货物谨慎而适当地堆放的作业行为。

通常所说集装箱配积载是指集装箱船舶的配积载。配积载对于船舶的航行安全、减少途中倒箱、缩短船舶在港停泊时间都有重要意义。

表 4-5 典型的船期表

MAINLAND CHINA TO WEST AFRICA 中国大陆至西非									
		离港 DEPARTS							
VESSEL	VOYAGE	DALIAN	XINGANG	QINGDAO	KAOHSIUNG	SHANGHAI	NINGBO	XIAMEN	HONGKONG
一程船	航次	大连	新港	青岛	高雄	上海	宁波	厦门	香港
SOVEREIGN MAERSK	0508	05/05	05/06	05/07	05/12	05/07	05/09	05/10	05/13
KATE MAERSK	0506	05/12	05/13	05/14	05/19	05/14	05/16	05/17	05/20
离港 DEPARTS	抵港 ARRIVES								
TANJUNG PELEPAS	ALGECIRAS	ABIDJAN	COTONOU	CONAKRY	DAKAR	LOME	MONROVIA	NOUADHIBOU	ONNE	TEMA
丹戎帕拉帕斯	阿尔赫西拉斯	阿比让	科托努	科纳克里	达喀尔	洛美	蒙罗维亚	努瓦迪布	奥内	特马
05/17	06/01	06/11	06/19	06/16	06/13	06/19	06/20	06/23	06/20	06/17
05/24	06/08	06/18	06/26	06/23	06/20	06/26	06/27	06/30	06/27	06/24

MAINLAND CHINA TO EAST COAST OF SOUTH AMERICA 中国大陆抵南美东岸						
		离港 DEPARTS				
VESSEL	VOYAGE	DALIAN	XINGANG	QINGDAO	HONG KONG	TANJUNG PELEPAS
一程船	航次	大连	新港	青岛	香港	丹戎帕拉帕斯
KATE MAERSK	0506	05/05	05/06	05/07	05/13	05/17
SVENDBORG MAERSK	0506	05/12	05/13	05/14	05/20	05/24
抵港 ARRIVES						
ALGECIRAS	BUENOS AIRES	ITAJAI	PARANAGUA	SALVADOR	SANTOS	RIO DE JANEIRO	SEPETIBA	VITORIA
阿尔赫西拉斯	布宜诺斯艾利斯	伊塔雅伊	巴拉那瓜	萨尔瓦多	桑托斯	里约热内卢	塞佩蒂巴湾	维多利亚
06/01	06/16	06/18	06/13	06/11	06/13	06/16	06/12	06/14
06/08	06/23	06/25	06/20	06/18	06/20	06/23	06/19	06/21

MAINLAND CHINA TO EUROPE/MEDITERRANEAN 中国大陆抵欧洲/地中海						
		离港 DEPARTS				
VESSEL	VOYAGE	DALIAN	XINGANG	QINGDAO	HONG KONG	TANJUNG PELEPAS
一程船	航次	大连	新港	青岛	香港	丹戎帕拉帕斯
SOVEREIGN MAERSK	0508	05/05	05/07	05/08	05/14	05/17
KATE MAERSK	0506	05/12	05/14	05/15	05/21	05/24
抵港 ARRIVES						
GIOIA TAURO	ALGECIRAS	ROTTERDAM	LE HAVRE	BREMERHAVEN
乔亚陶罗	阿尔赫西拉斯	鹿特丹	勒阿弗尔	不莱梅港
05/30	06/02	06/05	06/07	06/09
06/06	06/09	06/12	06/14	06/16

MAINLAND CHINA TO EAST OCEANIA 中国大陆抵大洋洲东岸						
		离港 DEPARTS				
VESSEL	VOYAGE	DALIAN	XINGANG	QINGDAO	YANTIAN	SHANGHAI
一程船	航次	大连	新港	青岛	盐田	上海
MAERSK TOBA	0509	05/06	05/07	05/08	05/15	05/08
MSC JAPAN	0509	05/13	05/14	05/15	05/22	05/15
离港 DEPARTS					抵港 ARRIVES			
NINGBO	XIAMEN	FUZHOU	BUSAN	HONG KONG	KAOHSIUNG	SYDNEY	MELBOURNE	BRISBANE
宁波	厦门	福州	釜山	香港	高雄	悉尼	墨尔本	布里斯班
05/10	05/11	05/16	05/13	05/16	05/18	05/27	05/30	06/03
05/17	05/18	05/23	05/20	05/23	05/25	06/03	06/06	06/10

MAINLAND CHINA TO OCEANIA 中国大陆抵大洋洲						
		离港 DEPARTS				
VESSEL	VOYAGE	DALIAN	XINGANG	QINGDAO	YANTIAN	HONG KONG
一程船	航次	大连	新港	青岛	盐田	香港
NICOLINE MAERSK	0511	05/06	05/20	05/08	05/19	05/20
NICOLAI MAERSK	0513	05/20	06/03	05/22	06/02	06/03
抵港 ARRIVES						
TANJUNG PELEPAS	AUCKLAND	BRISBANE	NAPIER	NELSON	NEW PLYMOUTH	CHALMERS	TAURANGA	TIMARU	TORRES STRAIT
丹戎帕拉帕斯	奥克兰	布里斯班	纳皮尔	纳尔逊	新普利茅斯	查默斯港	掏郎阿	蒂马鲁	托雷斯
05/25	06/05	06/14	06/07	06/09	06/10	06/09	06/06	06/08	05/31
06/08	06/19	06/28	06/21	06/23	06/24	06/23	06/20	06/22	06/14

1. 保障集装箱船舶航行安全性

(1) 使集装箱船舶具有适度的稳性。集装箱船舶有近一半的箱位分布在甲板上,满载时重心高度较高。通过配积载,把重箱安排在舱底装载,轻箱及结构强的集装箱在甲板装载,可以保证船舶航行的稳性及集装箱的绑扎稳固。

(2) 使集装箱船舶保持适当的吃水差。通过集装箱船舶配积载,将集装箱按箱型和重量在船舶纵向上进行合理分配,可以使船舶保持适当的吃水差。在船首附近安排较少层数的集装箱以保持驾驶视线良好，同时将较重的集装箱安排在船首，以保持船舶纵向载重均衡。适当地在中部多配重箱，以使船舶具有较好的纵向强度。

通过配积载，将集装箱船舶各部位的载重都保持在合理范围内，使集装箱船舶的舱底、甲板和舱盖上每列集装箱的重量都不超过其允许的堆积负荷，保障船舶结构强度，防止船体结构损伤。

2. 充分利用集装箱船舶箱位容量

集装箱船舶通常在甲板上和船舱里都堆放集装箱，甲板堆装集装箱的数量为总箱数的20%~50%，大舱内装箱量大约为全船装箱总量的60%。为充分利用集装箱船舶的箱位容量，需要根据箱位情况，通过配积载对装船集装箱合理进行箱位安排。

如果在集装箱船预配时，使离港状态下订舱单上所列的20 ft 箱数量和40 ft 箱数量与船舶20 ft 箱容量和40 ft 箱容量相适应，可以提高船舶的箱位利用率。

在对特殊箱进行箱位选配时，例如超高集装箱，预配时无论是舱内还是甲板，均应选配于顶层，以减少箱位损失。对于冷藏箱、动物箱、危险品箱等特殊箱型，也需要通过配积载，将其安排在合适的箱位，以满足集装箱对于电源、通风、远离船员生活区等方面的特殊要求。

3. 提高集装箱船舶在中途港装卸效率

如果集装箱船途中需要挂靠多个中途港，配积载时，要尽量保持不同卸港集装箱垂向选配箱位，保证卸箱通道各自独立，可以减少船舶在中途港倒箱量。对于无法做到卸箱通道完全独立的情况，配积载时，要使同一通道内的集装箱满足先卸后装的顺序，也可以减少船舶在中途港的倒箱量，提高装卸效率。

对于装卸箱量特别多的港口，通过配积载可合理安排装载舱位，避免同一卸港的集装箱过分集中，以便于多台装卸桥同时实施装卸作业，减少船舶在港靠泊时间。

📖 知识点五：集装箱船舶箱位号编排

集装箱船舶就像集装箱堆场的一个分区。为便于船员作业，通常用一个6位的阿拉伯数字来表示分区内的一个箱位号，从行（位）、列（排）、层三维来确定集装箱在船上的堆存位置。箱位号的第1、2两位数字表示集装箱的行号或位号；第3、4两位数字表示集装箱的列号或排号；第5、6两位数字表示集装箱的层号。

1. 行（位）的表示方法

"行（位）"是指集装箱在船舶纵向（首尾方向）的排列次序，规定由船首向船尾顺次排列。由于集装箱有6.1 m（20 ft）和12.2 m（40 ft）之分，因此舱内的箱格也分6.1 m（20 ft）和12.2 m（40 ft）两种。根据箱格结构的不同，有的箱格导柱是固定的，20 ft 的箱格只能装20 ft 集装箱，40 ft 的箱格只能装40 ft 集装箱。但也有的箱格导柱是可以拆装的，把20 ft 箱格的箱格导柱拆除就可以装40 ft 集装箱。通常情况下，40 ft 箱格内可以装2个20 ft 集装箱（注意：并非所有的40 ft 箱格内都可以装20 ft 集装箱）。

为了区分20 ft 和40 ft 集装箱，规定当该箱位堆放20 ft 集装箱时，用单数表示行（位）；当堆放40 ft 集装箱时，以被其占用的两个单数行（位）号之间的双数来表示其行（位）。如图4-2所示，01、03、05、07、⋯均表示20 ft 集装箱，而02、06、10、14、⋯用于表示40 ft 集装箱。图中没有标注的04、08、12等，是由于对应箱位间有大舱舱壁隔开，无法装40 ft 集装箱。

2. 列（排）的表示方法

"列（排）"是指集装箱在船舶横向（垂直于船舷方向）的排列次序，有两种表示方法。

第一种，从右舷算起向左舷顺次编号，01、02、03、04、⋯以此类推（按船尾向船首的视向，船的左侧称为左舷，船的右侧为右舷）。

第二种，从中间列算起，向左舷为双数编号，向右舷为单数编号。如左舷为02、04、06；

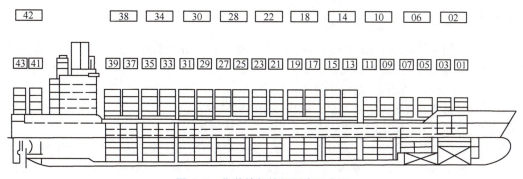

图 4-2 集装箱船的行号表示方法

右舷为 01，03，05，…，中间列为"00"号，如列数为双数，则"00"号空。集装箱船的列号表示方法如图 4-3 所示。

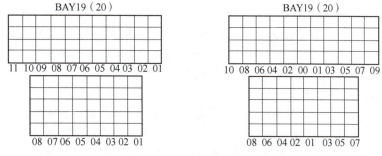

图 4-3 集装箱船的列号表示方法

3. 层的表示方法

"层"是指集装箱在船舶竖向（上下方向）的排列次序，有三种表示方法。

第一种，从舱内底层算起，直往上推到甲板顶层，如舱底第一层为 01，往上为 02，03，04，…。

第二种，舱内和甲板分开编号，舱内层号数字前加"H"字头，从舱底算起为 H1，H2，H3，H4，…；甲板层号数字前加"D"字头，从甲板底层算起为 D1，D2，D3，…。

第三种，舱内和甲板分开编号，从舱底算起用双数，即 02，04，06，…；甲板从甲板底层算起，层号数字前加"8"，即 82，84，86，…。

集装箱船的层号表示方法如图 4-4 所示。

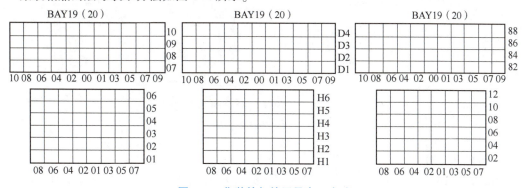

图 4-4 集装箱船的层号表示方法

知识点六：配积载作业内容

集装箱船舶配积载，首先由集装箱承运人对订舱单进行分类整理，将预定装船的集装箱按照运输要求和码头作业要求编制配载计划，即预配图。

而后承运人将该预配图交给码头集装箱装卸公司。

码头集装箱装卸公司根据船方提供的集装箱装卸清单、预配图等资料，结合码头实际进箱情况，编制装船集装箱实配图，再将实配图交船方审核确认。

船方审核确认后的实配图将被复印若干份，交有关部门，据此对船舶实施装卸作业。

然而，集装箱实际的装船情况与实配图也会有所出入，装船完毕后，由理货公司根据实际装船情况编制积载图，表述每个集装箱在船上的实际位置。积载图又称最终积载图或主积载图。

知识点七：预配图的识读

集装箱船舶预配图由船公司编制，是依据船舶积载能力和航行条件等，按不同卸货港顺序和集装箱装货清单上拟配集装箱数量，编制而成的全船行箱位总图。它将集装箱船上每一个装载 20 ft 集装箱的行箱位横剖面图由船首到船尾按顺序排列，形成总剖面图。

预配图由三幅图组成：预配字母图、预配重量图、预配特殊箱图。

1. 预配字母图

预配字母图中，每个箱位内用一个英文字母表示该箱位所装载集装箱的卸箱港，字母所表示的卸箱港含义，一般会在预配图上用图示注明。如图 4-5 中，K 代表神户港（KOBE）、B 代表釜山港（BUSAN）、S 代表上海港（SHANGHAI）、Q 代表青岛港（QINGDAO），BAY03 的舱内放置的全部是到釜山港的集装箱。

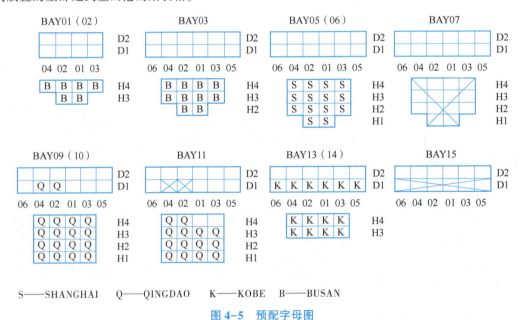

图 4-5　预配字母图

2. 预配重量图

预配重量图中，每个箱位内用阿拉伯数字表示该箱位所装载集装箱以吨为单位计算的集装箱总重。如图 4-6 中，BAY05（06）的舱内 H2 层放置了 4 个总重 18 t 的集装箱。

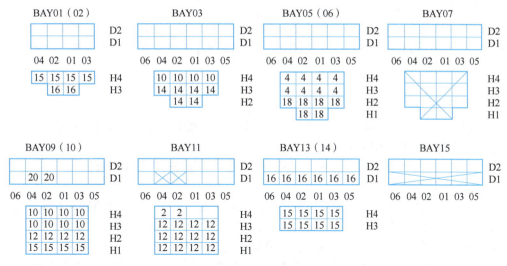

图 4-6 预配重量图

3. 预配特殊箱图

预配特殊箱图中，用不同的符号或字母表示该箱位所装载集装箱的特殊属性。例如，冷藏箱在图中的箱位内用英文字母"R"表示；危险货物箱在图中箱位内用阿拉伯数字表示《国际危规》规定的危险等级；空箱在图中的箱位内用英文字母"E"表示；超高箱在图中的箱位上方加注符号"^"，并加注超高尺寸；超宽箱用"<"或">"表示，并加注超宽的尺寸；选卸港箱可在图中的箱位内加注"卸港1/卸港2"等。如图4-7中，BAY09的甲板D1层放置了2个冷藏箱。

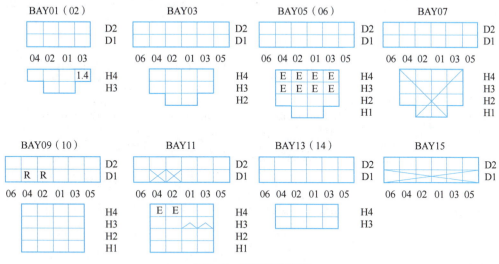

图 4-7 预配特殊箱图

4. 40 ft 集装箱的表示方法

当装载一个40 ft集装箱时，将占据2个20 ft集装箱箱位，即需要在两张行箱位图中同时标注。为了区分20 ft集装箱和40 ft集装箱，通常对放置40 ft集装箱的两个箱格，在前一幅行箱位图中的箱格做正常标注，在后一幅行箱位图中的相应箱格内用"×"标注，表示此箱位已被40 ft集装箱占用。如图4-5、图4-6中，BAY13（14）甲板上放置的是6个40 ft集装箱，卸货港均为神户港，总重均为 16 t。

预配图编制完成后，应仔细审核每个卸港的箱量与订舱信息是否相符，每个卸港的箱区分布是否合理，特殊箱的配位是否符合要求等。审核无误后，将预配图送交码头集装箱装卸公司，供其编制实配图。

知识点八：实配图的识读

集装箱装卸公司收到预配图后，按照预配图的要求，根据码头集装箱的实际进箱量及其在码头上的堆存情况，着手编制实配图。

集装箱实配图由全船行箱位总图（封面图）和每行一张的行箱位图组成。

1. 实配封面图

封面图又叫总图，用于表明集装箱船舶纵向积载情况，集合了预配字母图和特殊箱位图中的信息，并根据码头实际进箱情况，在封面图上标注集装箱的卸箱港和特殊集装箱标记。

封面图上卸箱港的表示方法有两种，一种与预配图一样用一个英文字母表示，也有用不同的颜色填涂箱位来表示不同的卸箱港，各种颜色所代表的卸货港含义同样会在图中注明。

封面图上特殊集装箱的标注与预配图一样。例如，冷藏箱仍用"R"表示；危险货物箱因图上箱格内用字母表示了卸箱港，所以一般在该箱格上加"○"，并在旁边注明危险等级。如图 4-8 中，BAY01（02）船舱内 H4 层放置了 1 个 20 ft 到釜山的危险货物集装箱，危险级别为 1.4。

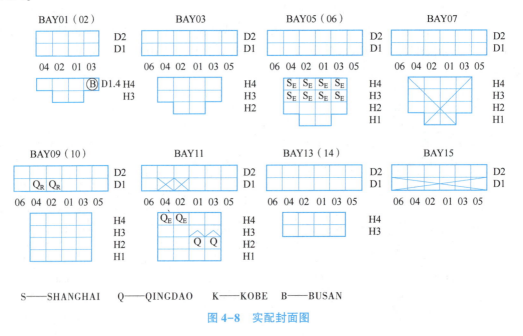

图 4-8　实配封面图

2. 实配行箱位图

行箱位图是船舶装载 20 ft 集装箱的一个行箱位的横剖面图，用于表明集装箱船舶在该行的横向积载情况。船舶的每一行均有一张对应的行箱位图，在图中记录了该行所装每一集装箱的详细信息，包括卸/装港口、集装箱总重、箱位号等。

（1）标注集装箱的卸箱港和装箱港。一般卸箱港在前，装箱港在后，中间用"×"符号隔开，也有的只标注卸箱港不标注装箱港。卸箱港和装箱港各用 3 个英文字母代号表示，此代号表示方法借用国际航空港标准代码，不另订标准。

(2) 标注集装箱的总重,包括货物重量和集装箱自重,以吨为单位。

(3) 标注集装箱箱号,包括箱主代号、顺序号和核对数字,共 11 位代码。

(4) 标注集装箱在堆场堆存的箱位号。堆场上的箱位号主要是向码头堆场管理员提供该集装箱在堆场上的堆放位置,方便提取或堆存。

(5) 标注特殊箱信息。危险箱标注危险级别,冷藏箱标注温度要求,超限箱标注超高、超宽尺寸等。

例如图 4-9 中,0904H4 箱格内标注的含义是:

(1) 该集装箱箱位号:0904H4。

(2) 卸箱港:TAO。

(3) 装运港:SHA。

(4) 箱号:COSU8096683。

(5) 箱主:COSCO。

(6) 箱总重:10 t。

(7) 堆场箱位号:G3 0921。

(8) 箱型:20 ft 通用箱。

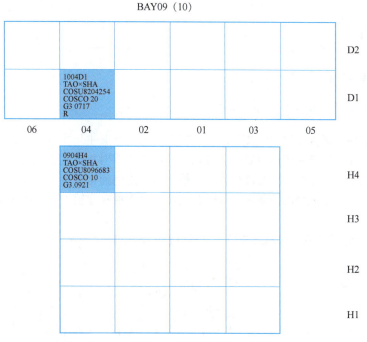

图 4-9 行箱位图

📖 知识点九:积载图的识读

最终积载图是船舶实际装载情况的说明,它是计算集装箱船舶稳性、吃水差、强度的依据。最终积载图由最终封面图、最终行箱位图、装船统计表三部分组成。

最终封面图与实配封面图的内容相似,根据实配封面图,并结合实际装船的情况,在图中标注卸货港和特殊箱信息。

最终行箱位图与实配行箱位图的内容相似,根据实配行箱位图,并结合实际装船情况,在图中标注卸货港、装货港、总重、箱号、运营人等信息。

装船统计表用于统计实际装船集装箱的数量,按不同装卸港(包括装港和卸港)、不同箱状态（包括重箱、空箱、冷藏箱、危险货物箱）、不同箱型（包括 20 ft 集装箱、40 ft 集装箱等）分别统计，并计算合计数量。装船统计表如表 4-6 所示。

表 4-6 装船统计表

装货港	箱型	到港 1		到港 2		...		总计	
		20 ft	40 ft	20 ft	40 ft	20 ft	40 ft	20 ft	40 ft
装港 1	重箱								
	冷藏箱								
	危险货物箱								
	空箱								
...									
总计	集装箱数								
	重量								
总重量									

三、水路集装箱运输业务流程

📖 知识点十：水路集装箱出口业务

集装箱运输的承运人在国际集装箱进出口货运业务中起着主导作用，是集装箱运输业务顺利开展的关键。在实际开展进出口货运业务前，承运人需要对货源进行调查，并做好集装箱调配。水路集装箱运输承运人与运输代理人或运输经营人之间通常会签订协议，以保障相对稳定的货源，也使无船承运人型的集装箱运输经营人在自己不拥有运输工具的情况下依旧能顺利完成运输合同。

以 CY to CY 运输为例，水路集装箱出口货运程序如图 4-10 所示。

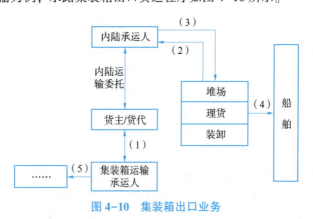

图 4-10 集装箱出口业务

具体业务流程描述如下。

1. 接受订舱

货主或其代理人向集装箱运输承运人申请托运。集装箱运输承运人根据运力、航线等具体情况决定是否接受托运。接收并确认订舱后,承运人按船名、航次等内容着手编制订舱清单,分送集装箱码头堆场、货运站等,据以安排空箱和箱货交接。

2. 发放空箱

整箱货 CY to CY 运输情况下,由货方按照集装箱水路运输承运人指示,安排内陆承运人到指定地点提空箱。

3. 重箱集港

货方办结出口货物通关手续,自行组织装箱并施封后,将重箱交由内陆承运人送达待装船码头。

内陆承运人持设备交接单、场站收据等单据,拖重箱集港,与码头检查口办理集装箱设备交接及货物交接手续,无误后在场站收据(正本)上签章,确认箱货交接。内陆承运人将签章的场站收据等单据交还货方,货方据此向集装箱运输经营人或水路承运人换发提单。

4. 装船出运

船公司与码头装卸等部门对待装船舶进行配载,制订装船计划。码头箱管人员按照集装箱船舶配载信息组织集装箱在堆场堆存。码头装卸公司和理货公司按装船作业计划合作组织装船。

5. 装船后业务

货物离港后,出口港船公司或其代理人缮制提单副本、货物舱单、积载图等有关装船货运单证,寄送卸货港船公司或其代理人。

知识点十一:水路集装箱进口业务

以 CY to CY 运输为例,集装箱进口货运程序如图 4-11 所示。

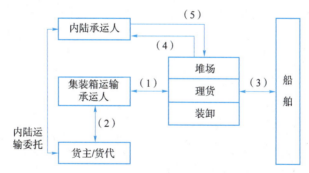

图 4-11 集装箱进口货运程序

具体业务流程描述如下。

1. 进口准备

卸货港集装箱运输承运人接收装运港寄来的单证资料,制订船舶预计到港计划,并与卸货港码头沟通,做好卸船接箱准备。

根据货物舱单、集装箱号码单、提单副本、特殊货物表等向海关及有关方面办理进口卸货申请、集装箱暂时进口、保税运输、危险品申报等手续。

2. 签发单证

签发船舶预计到港通知书,向提单副本记载的收货人或通知人说明货物情况,并提供运载这些货物的船舶预计到港日期的单据,以使收货人在船舶抵港前做好提货准备。

签发到货通知书,在船舶抵港时间、卸船计划和时间确定后,告知收货人具体交付货物的时间。

3. 到港卸船

卸货港码头按卸船计划组织卸船。卸下的集装箱按堆存计划堆放或转到集装箱场站。

4. 重箱交付

集装箱运输承运人根据收货人出具的交货通知、正本提单，在结清相关费用后签发提货单。

在整箱货 CY to CY 条件下，货主根据承运人指定的提箱地点安排内陆承运人到场提取重箱，办理箱货交接。确认无误后，双方在交货记录上签章确认。

5. 空箱回运

货主自行启封、掏箱后，由内陆承运人将卸空后的集装箱拖运至指定地点还箱。

6. 索赔理赔

若货物、集装箱等存在损害，各相关方按合同进行索赔、理赔。

任务训练

项目四	集装箱与多式联运承运人业务	任务二	集装箱运输组织	子任务一	办理水路集装箱运输
任务描述					
请根据给定资料，完成任务					
任务实施					

1	请列举主要的集装箱运输航线和枢纽港（5个以上）
2	请在下列船期表中选择一条航线，分析船期表信息，指出该航线的挂靠港、船舶到港周期、总航次周期等

Port	Arr-Dep	Port	Arr-Dep	Port	Arr-Dep	Port	Arr-Dep
SHANGHAI	-10May	SHANGHAI	16-18May	SHANGHAI	-24May	SHANGHAI	30-31May
NINGBO	11-12May	NINGBO	18-19May	NINGBO	25-26May	NINGBO	01-01Jun
HONG KONG	14-14May	HONG KONG	21-21May	HONG KONG	28-28May	HONG KONG	03-04Jun
SHEKOU	14-15May	SHEKOU	21-22May	SHEKOU	28-29May	SHEKOU	04-05Jun
SINGAPORE	18-19May	SINGAPORE	25-26May	SINGAPORE	01-03Jun	SINGAPORE	08-10Jun
JEBEL ALI	28-30May	JEBEL ALI	04-06Jun	JEBEL ALI	11-13Jun	JEBEL ALI	18-20Jun
DAMMAN	30-01Jun	DAMMAN	06-08Jun	DAMMAN	13-15Jun	DAMMAN	20-22Jun
IR-SH. RAJAEEPORT /PERSIAN GULF	02-03Jun	IR-SH. RAJAEEPORT /PERSIAN GULF	09-10Jun	IR-SH. RAJAEEPORT /PERSIAN GULF	16-17Jun	IR-SH. RAJAEEPORT /PERSIAN GULF	23-24Jun
PORT KLANG	11-11Jun	PORT KLANG	18-18Jun	PORT KLANG	25-25Jun	PORT KLANG	02-02Jul
SINGAPORE	12-13Jun	SINGAPORE	19-20Jun	SINGAPORE	26-27Jun	SINGAPORE	03-04Jul
HONG KONG	17-17Jun	HONG KONG	24-24Jun	HONG KONG	01-01Jul	HONG KONG	08-08Jul
SHANGHAI	20-21Jun	SHANGHAI	27-28Jun	SHANGHAI	04-05Jul	SHANGHAI	11-12Jul

航线名称	
挂靠港	
船舶到港周期	
航次总周期	

3	根据给定背景资料，查阅网络信息，为"儿童三轮车"项目选择合适的船期，列出船期主要信息

续表

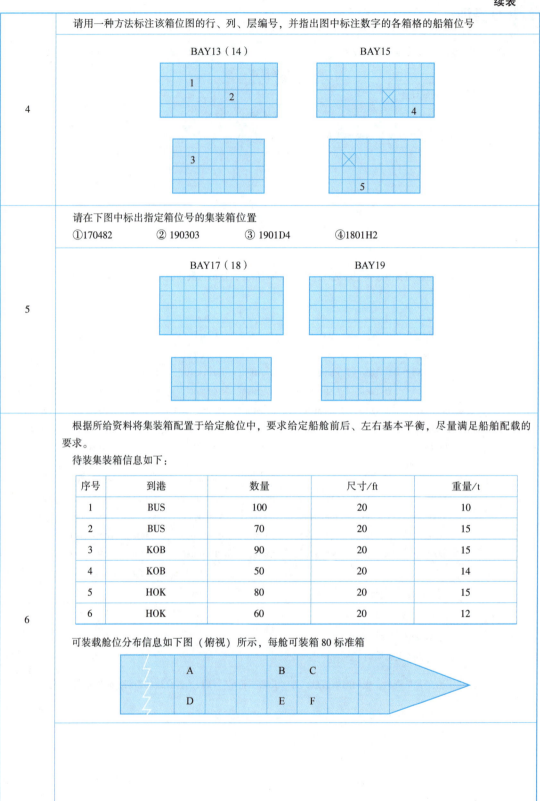

续表

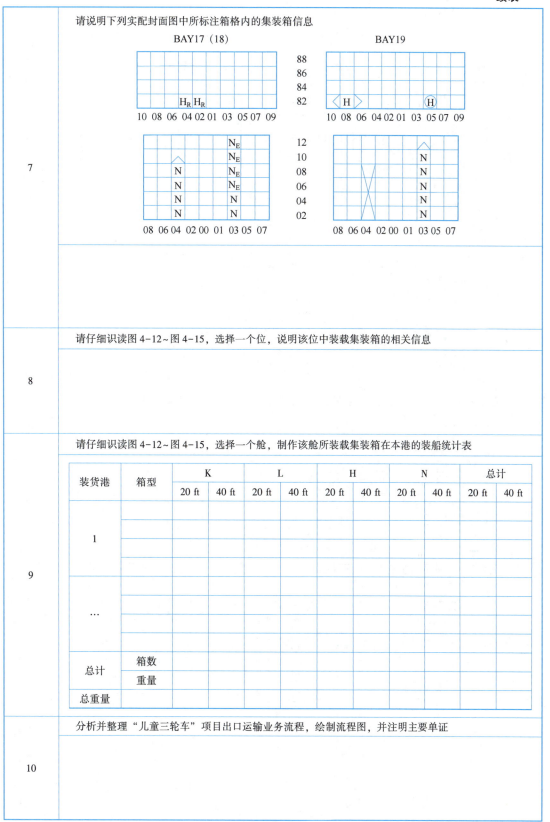

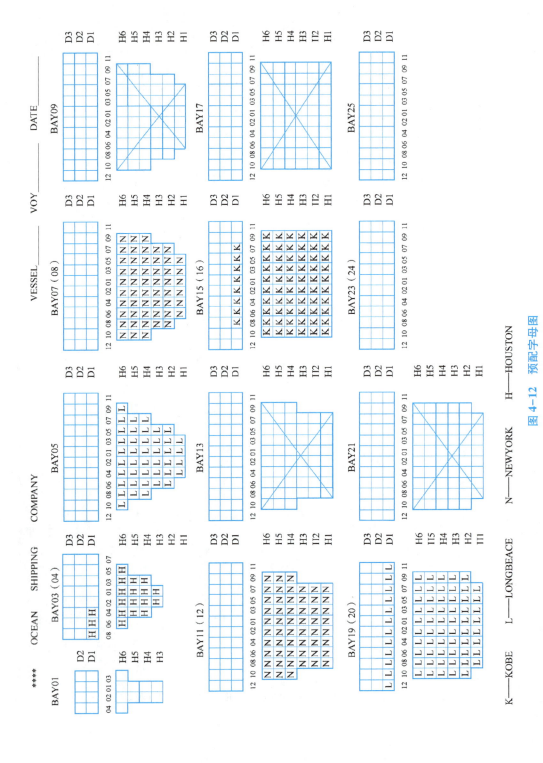

图 4-12 预配字母图

K——KOBE L——LONGBEACH N——NEWYORK H——HOUSTON

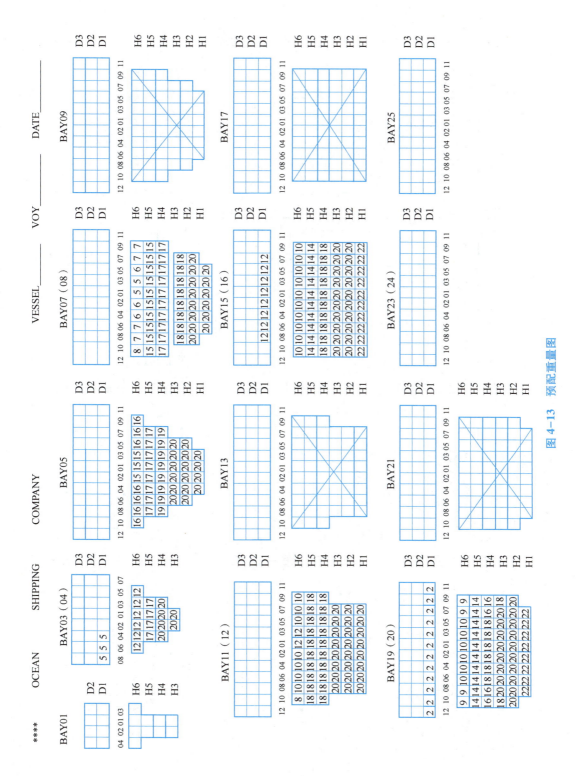

图 4-13 预配重量图

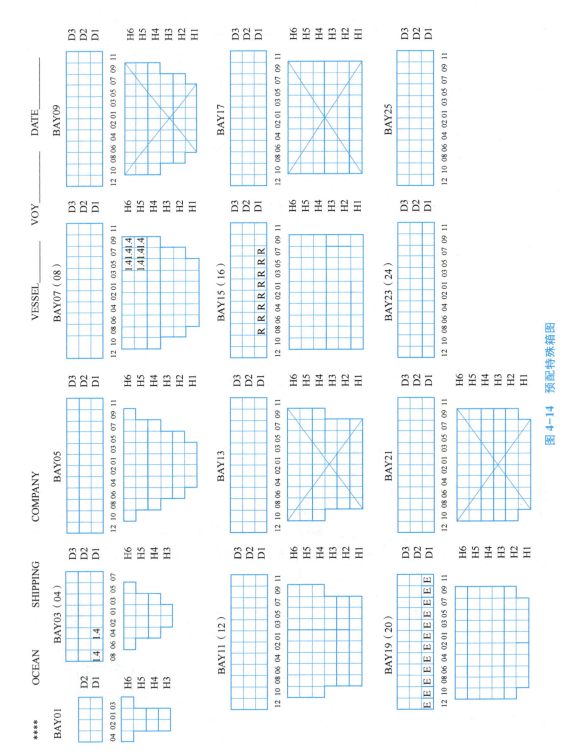

图 4-14 预配特殊箱图

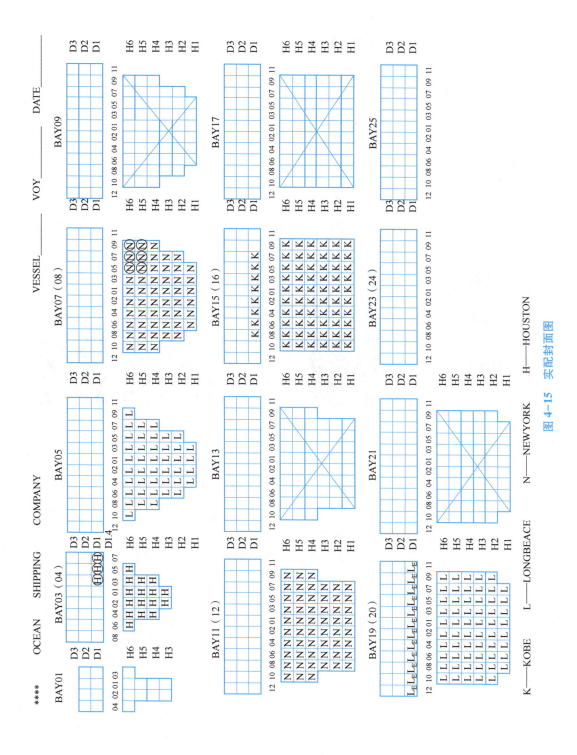

图 4-15 实配封面图

任务评价		
评价类型	评价指标	评价得分
自我评价	完成情况（40%）	
	主动学习（40%）	
	学习收获（20%）	
小组评价	完成情况（40%）	
	成果贡献（40%）	
	协作意识（20%）	
教师评价	完成情况（40%）	
	解决问题（40%）	
	线上参与（20%）	
总体评价	校内（100%）	
	企业（100%）（该项目有企业参与时）	

拓展任务

资源	二维码	资源	二维码
图文 4-8：签发提货单的要求		图文 4-9：拓展阅读——集装箱航线组织	

拓展任务学习笔记

子任务二　办理铁路集装箱运输

导学任务

铁路集装箱运输，是现代物流业的重要组成部分，随着中国经济发展进入新常态和"一带一路"倡议的实施，特别是铁路建设发展和铁路改革，铁路集装箱运输成为中国铁路货运发展的重要战略方向。

小欧是某货运中心实习员工，接到南京ABC进出口公司出口德国汉堡一批"儿童三轮车"运输业务。师傅要求小欧，熟悉铁路运输的业务流程、常用单据，配合完成本次"儿童三轮车"集装箱运输任务。

导学问题

- 铁路集装箱运输的形式主要有哪些？
- 铁路集装箱运输使用的单据主要有哪些？
- 常用单据的缮制要求和要点是什么？
- 集装箱单据如何使用，有什么作用？
- 如何绘制铁路集装箱运输业务流程图？
- 中欧班列集装箱运输的线路、节点、发展状况如何？

导学资源

资源	二维码	资源	二维码
微课4-5：铁路集装箱运输组织		图文4-10：铁路线路建设及规划示意图	

知识链接

知识点一：开展铁路集装箱运输的条件

集装箱运输最早起源于铁路，我国的集装箱运输也是从铁路开始的，初期主要采用敞车、通用平车作为集装箱运输的车辆，之后随着运量增加，开始研制和生产专用车辆。

在集装箱使用方面，我国铁路从1955年开始使用木铁合制的2.5 t集装箱，1974年开始生产1 t铁制箱，1977年开始生产5 t箱，1986年研制10 t箱，并于1986年购买了20 ft国际标准箱。目前，20 ft和40 ft国际标准箱已成为铁路主流集装箱箱型。

开展铁路集装箱运输应具备以下条件。

1. 有适于铁路集装箱运输的货物

集装箱货源是开展铁路集装箱运输的先决条件。原国家经贸委和铁道部共同确定的适箱货物主要有交电类、仪器仪表类、小型机械类等十三大类。

2. 集装箱应符合标准

铁路运输使用的集装箱应符合铁道部标准、国家标准和国际标准。目前，铁路集装箱运输中大多使用 20 ft 和 40 ft 的标准集装箱，箱型也由原来的普通干货箱向冷藏箱、液体箱、散货箱等特种集装箱拓展。

3. 符合一批办理的条件

铁路集装箱货物按一批办理的具体要求如下：

（1）集装箱货物的托运人、收货人、发站、到站和装卸地点相同。

（2）是同一吨位的集装箱。

（3）最少 1 箱，最多不能超过 1 辆货车所能装载的箱数。

集装箱货物具有以下情形的，不能作为同一批办理托运：

（1）分别使用铁路集装箱和自备集装箱。

（2）易腐货物与非易腐货物。

（3）危险货物与非危险货物。

（4）根据货物的性质不能混装运输的。

（5）按保价运输的货物与不按保价运输的货物。

4. 在集装箱办理站间运输

铁路集装箱办理站是专门处理集装箱铁路运输的铁路站点。在我国的铁路站点中只有部分具有办理集装箱运输的能力，且处理能力也有差异。铁路集装箱办理站分为两种：一类是基地站，指定期直达列车始发端到终点端的办理站，一般规模较大，处理集装箱运量较多，装卸集装箱与处理集装箱的设施较齐全。另一类办理站，指仅办理集装箱运输业务且运量较少的车站。

📖 知识点二：铁路集装箱运输业务办理

铁路集装箱运输业务办理流程包括托运受理、集配计划、货物装箱、接收承运、装车运输、箱货交接、到货通知、到达交付。如果是国际集装箱铁路联运，还要进行国境站交接。

铁路集装箱运输业务流程如图 4-16 所示，具体描述如下。

1. 托运受理

托运人向车站提出货物运输申请，填写货物运单和运单副本。车站接到运单后应审核整车货物的申请是否有批准的月度和日要车计划，检查货物运单上各项内容的填写是否正确。

如确认可以承运，在运单上登记货物应进入车站的日期或装车日期，表示受理托运。

2. 集配计划

受理车站的集配货运员根据掌握的全部受理运单的到站去向和数量、本站可用空箱和待交箱数量、待装车/箱和残存箱的方向和数量，以及站外集散站的集装箱等资料，做出配装计划。集配计划完成后，及时通知托运人和承运货运员，以便托运人安排车辆组织进货，货运员做好承运准备工作。

3. 货物装箱

货物装箱可以在站内完成，也可以在站外完成。若在站内装箱，托运人按车站指定的进货

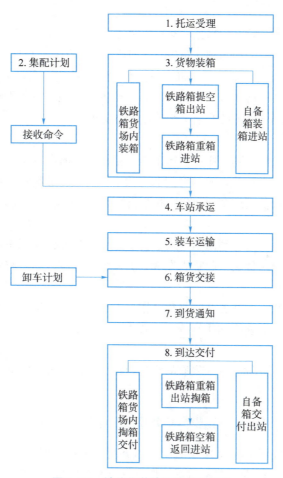

图 4-16 铁路集装箱运输业务流程

日期将货物运至车站,外勤货运员指定拨配空箱,由托运人自己组织装箱,装箱完毕后施封;站外装箱一般先由托运人根据车站指定的取箱日期将空箱运到本单位组织装箱,并在施封后将重箱送到车站。

无论在何处装箱,托运人接到外勤货运员拨配的空箱后,一定要检查集装箱是否有破损、装置是否完好。箱内货物的数量和质量由托运人负责,因此施封必须由托运人自己进行,承运人不得接受代为施封的委托。

4. 车站承运

托运人在指定日期将集装箱货物送至车站指定的地点,铁路核查货物运单的记载与实物的情况,无误的在运单上加盖承运日期戳,即为承运。铁路向托运人核收运费。

5. 装车运输

1 t 箱主要使用棚车装运,可以和普通零担货物混装,但不得与其他货物混装。其他集装箱主要使用敞车装运,不得和其他货物混装于一车。

6. 箱货交接

国境站除办理一般车站的事务外,还办理国际铁路联运货物、车辆与邻国铁路的交接,货物的换装或更换轮对,票据文件的翻译及货物运送费用的计算与复核等工作。国际铁路联运货物在国境站的交接还涉及海关、货代等部门,这些部门在国际联运交接所内联合办公,实行流水作业。

国际铁路联运集装箱货物在国境站的交接程序如下：

国境站接到国内前方站的列车到达预报，立即通知国际联运交接所，做好交接的准备工作；列车进站后由铁路会同海关接车，海关负责对列车监管和检查。未经海关许可列车不准移动、解体或调离，车上人员亦不得离开；交接所内各单位各司其职，完成货物的出境手续；相邻两国国境站办理货物、车辆、单证的交接手续并签署交接文件。

7. 到货通知

集装箱货物运抵到站后，到站应在不迟于集装箱卸车后的次日用电话等方式向收货人发出催领通知，货运员在货票上记载通知的时间和方法。事实上，货物承运后，托运人就应及时将领货凭证寄交收货人，收货人应主动和到站联系领取货物，这是到货通知的主要手段。

8. 到达交付

收货人在到站领取货物时，须出示本人的身份证和领货凭证。到站应仔细核对运单和领货凭证，无误后向收货人交付货物。收货人在货票上盖章或签字，到站将收货人的身份证明文件号码记载在货票上。

对到达的货物，收货人有义务及时将货物搬出；铁路有义务提供一定的免费留置期限，以便收货人安排搬运工具、办理仓储手续等，一般为 2 天。超过期限，收货人应向铁路支付延期使用费或货物暂存费。

若货物在站内掏箱，收货人应于领取的当日内掏完；在站外掏箱时，收货人应于领取的次日将该空箱送回。

📖 知识点三：95306 网络货运平台集装箱运输业务

新版中国铁路 95306 网站于 2021 年 12 月上线运行，客户办理铁路货物运输可以通过到货运营业场所办理、拨打营业厅受理服务电话、拨打 95306 客服电话、95306 网上办理、95306App 办理、上门服务办理等多种形式完成。

95306 网络货运业务流程包括：访问 95306 网站→登录铁路货运业务受理平台→录入订箱信息→填写运单→提箱装货→打印运单→重箱进场→支付运费→装车运输→货物追踪→在线办理领货→校验领货密码→授权领货人→核对领货人信息→结清费用→交付货物。具体如图 4-17 所示。

📖 知识点四：国际铁路集装箱联运

国际铁路集装箱联运是一种在两个或两个以上国家之间进行铁路集装箱货物运输时，只使用一份统一的国际联运票据，由一国铁路向另一国铁路移交货物时无须托运人、收货人参加的运输方式。国际铁路集装箱联运手续简便，从发站至到站，无论经过几个国家，全程运输使用一张运单办理。货物在国境站换装或直通过轨运输时，无须托运人参加和重新办理托运手续，免除了国境站重新填制票据、核收运费、办理车皮计划等手续，方便了货主，加速了货物运送。

国际铁路联运依靠各国铁路间的合作完成。目前国家间的铁路合作组织主要有三个：一是总部设在尼泊尔、由国家作为成员的国际铁路货物运输中央局；二是总部设在华沙的东欧国家铁路合作组织；三是总部设在巴黎、具有民间性质的国际铁路联盟。这些国际组织的主要任务是发展和协调国际铁路联运，共同解决运输中存在的经济、技术、商务及法律等方面的问题，制定有关国际公约。我国在 1956 年加入了铁路合作组织，于 1976 年加入了国际铁路联盟。

1890 年，欧洲各国代表在瑞士伯尔尼举行会议，通过了有关铁路联运问题的国际公约，即

项目四 集装箱与多式联运承运人业务

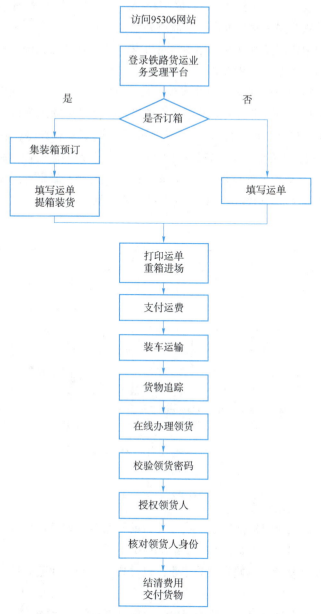

图 4-17 95306 网络货运业务流程

《伯尔尼公约》,该公约于 1893 年实施,1924 年更名为《国际铁路货物运送公约》,简称《国际货约》。目前加入该公约的国家有德国、意大利、比利时等 33 个国家。1951 年由苏联、阿尔巴尼亚、匈牙利、波兰、保加利亚、罗马尼亚等国铁路签订了《国际铁路货物联运协定》,简称《国际货协》。中国、朝鲜、越南、古巴、蒙古、匈牙利、德国、波兰、保加利亚、罗马尼亚、捷克、斯洛伐克等 26 个国家参加了《国际货协》。

知识点五:中欧班列集装箱运输业务

1. 中欧班列开行情况

中欧班列,英文名称 CHINA RAILWAY Express,缩写为 CR Express,是由中国铁路总公司组织，按照固定车次、线路、班期和全程运行时刻开行，运行于中国与欧洲以及"一带一路"沿线国家间的集装箱等铁路国际联运列车。中欧班列已经开通了西、中、东3条中欧班列运行通道：西部通道由我国中西部经阿拉山口/霍尔果斯出境，中部通道由我国华北地区经二连浩特出境，东部通道由我国东北地区经满洲里/绥芬河出境。

自2011年首列中欧班列（重庆—杜伊斯堡）成功开行以来，成都、西安等城市也陆续开行去往欧洲的集装箱班列。中欧班列线路覆盖越来越广泛，通过中欧班列运输的货物品类越来越丰富。截至目前，中欧班列累计开行超5.7万列，开通了82条运输线路，通达欧洲24个国家的196个城市。运送货物530万标准箱，货值累计近3 000亿美元。运输货物品类已由开行初期的手机、电脑等IT产品逐渐扩大到服装鞋帽、汽车及配件、粮食、葡萄酒、咖啡豆、木材等53大门类、5万多个品种，涵盖了沿线国家和地区人民生产生活所需的方方面面。中欧班列开行情况如图4-18所示。

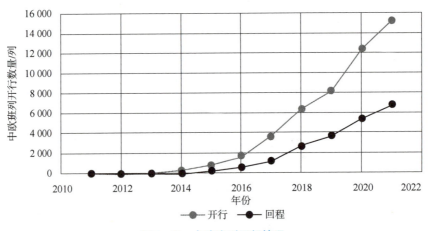

图4-18　中欧班列开行情况

2. 中欧班列运输组织流程

中欧班列的运输组织流程根据主要节点可分为前端服务、始发站作业、境内段运输、口岸站业务、境外段运输、到达站作业、末端服务等环节。

（1）前端服务是指从货主到始发站的作业，包含货物组织、业务办理、货物进站前准备工作等。

（2）始发站作业包括货物进站、货物报检、货物出口报关、货物装车、货物加固和施封等。

（3）境内段运输是班列在境内段的铁路运输作业。

（4）口岸站业务包括审核单证、货物转关、货物交接、货物换装等。

（5）境外段运输是指境外段铁路运输服务。

（6）到达站作业包括寄送相关资料、货物装卸等。

（7）末端服务主要是货物的接取送达业务。

📖 知识点六：铁路集装箱运输单证

1. 铁路集装箱货物运单（见图4-19）

货物指定于　　月　　日搬入
货位：
运到期限　　日

中铁集装箱运输有限责任公司

集 装 箱 货 物 运 单

托运人→发站→到站→收货人

承运人／托运人装车
货票号码：

发站		到站（局）			车种车号		货车标重	
到站所属省（市）自治区						运输方式	国内运输 □　海铁联运 □	
发货地点		交货地点					班列运输 □	
托运人	名称				电话		站 到 站 □　站 到 门 □	
	地址			邮编	E-mail		门 到 站 □　门 到 门 □	
收货人	名称				电话			
	地址			邮编	E-mail			
货物品名	集装箱箱型	集装箱箱类	集装箱数量	集装箱号码	箱封号码	托运人确定重量（千克）	承运人确定重量（千克）	运输费用
合计								
托运人记载事项：		添附文件：		货物价格：		承运人记载事项：		

注：本运单不作为收款凭证。
“托运人、收货人须知”见背面。

托运人盖章签字
年　月　日

承运
日期戳

交付
日期戳

图 4-19　铁路集装箱货物运单

铁路集装箱货物运单是铁路与托运人之间为完成货物运输而填制的具有运输合同性质的一种单据。如果在运输过程中发生货运事故或运输费用计算错误，运单就是处理铁路与托运人、收货人之间责任的依据。

铁路集装箱货物运单一式两联：第一联为"货物运单"，托运人填制后交始发站，随货同行至到达站，领货时交收货人；第二联是"领货凭证"，托运人填制后寄交收货人，收货人领货时交到达站。

2. 铁路运输货票（见图4-20）

××铁路局

方案号码或运输号码　　　　　　货票　　　　　　　　甲联

货物运到期限　　日　　　　　发站存查　　　　　　Ａ０００００１

发站		到站（局）		车种车号		货车标重		承运人	装车
托运人	名称			施封号码				托运人	施封
	住址		电话	铁路货车篷布号码				承运人	
收货人	名称			集装箱号码				托运人	
	住址		电话	经由				运价里程	
货物名称	件数	包装	货物重量		计费重量	运价号	运价率	现　付	
			托运人确定	承运人确定				费别	金　额
								运费	
								装费	
								取送车费	
								过秤费	
合计									
记事							合计		

发站承运日期戳

经办人盖章

图4-20　铁路运输货票

货票是铁路填制的供财务统计使用的票据。在始发站是铁路向托运人核收运费的收款收据；在到达站是收货人办理交付手续的一种凭证；在铁路内部是清算运输费用，统计铁路完成货运工作量、运输收入以及有关货运方面指标的依据。

货票一式四联。甲联由始发站存查；乙联由始发站寄交始发局；丙联由始发站交给发货人作为报销凭证；丁联由始发站将它与运单一起随货递至到达站，由到达站存查。承运货物时，始发站必须在运单上记明本批货物的货票号码，将货票丙联连同运单第二联交托运人。

3.《国际货协》运单（见图 4-21）

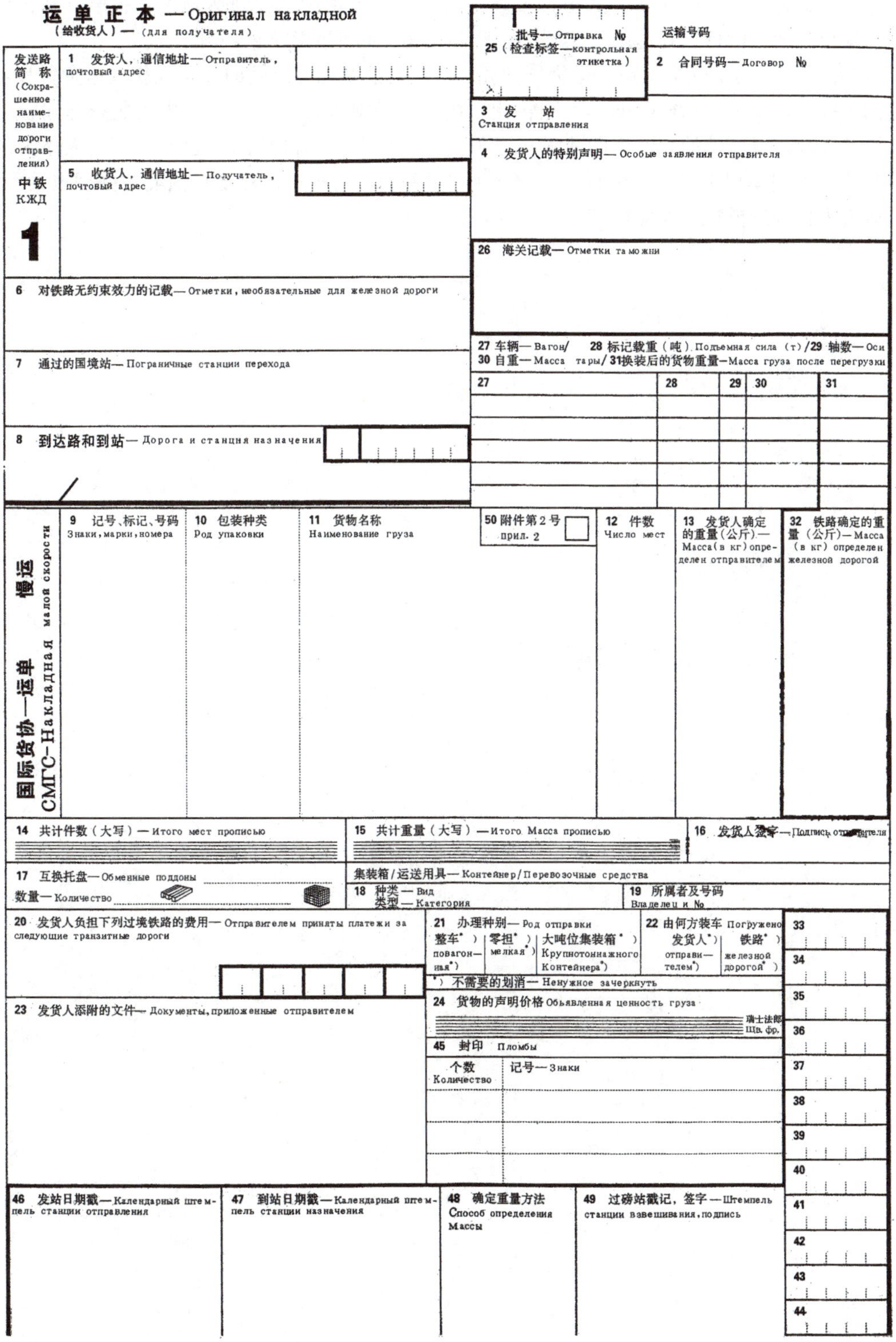
运单正本 — Оригинал накладной
（给收货人）—（для получателя）

发送路简称（Сокращенное наименование дороги отправления）
中铁 КЖД
1

1　发货人，通信地址 — Отправитель, почтовый адрес

批号 — Отправка №
25（检查标签 — контрольная этикетка）

运输号码

2　合同号码 — Договор №

3　发　站
Станция отправления

4　发货人的特别声明 — Особые заявления отправителя

5　收货人，通信地址 — Получатель, почтовый адрес

26　海关记载 — Отметки таможни

6　对铁路无约束效力的记载 — Отметки, необязательные для железной дороги

27 车辆 — Вагон/　28 标记载重（吨）Подъемная сила（т）/29 轴数 — Оси
30 自重 — Масса тары/ 31换装后的货物重量 — Масса груза после перегрузки

27	28	29	30	31

7　通过的国境站 — Пограничные станции перехода

8　到达路和到站 — Дорога и станция назначения

国际货协 — 运单　慢运
СМГС-Накладная　малой скорости

9　记号、标记、号码 Знаки, марки, номера	10　包装种类 Род упаковки	11　货物名称 Наименование груза	50 附件第 2 号 прил. 2	12　件数 Число мест	13　发货人确定的重量（公斤）— Масса（в кг）определен отправителем	32　铁路确定的重量（公斤）— Масса（в кг）определен железной дорогой

14　共计件数（大写）— Итого мест прописью

15　共计重量（大写）— Итого Масса прописью

16　发货人签字 — Подпись отправителя

17　互换托盘 — Обменные поддоны
数量 — Количество

集装箱/运送用具 — Контейнер/Перевозочные средства
18　种类 — Вид　类型 — Категория
19　所属者及号码 Владелец и №

20　发货人负担下列过境铁路的费用 — Отправителем приняты платежи за следующие транзитные дороги

21　办理种别 — Род отправки
整车*）повагонная*）　零担*）мелкая*）　大吨位集装箱*）Крупнотоннажного Контейнера*）

22 由何方装车 Погружено
发货人*）отправителем*）　铁路*）железной дорогой*）

*）不需要的划消 — Ненужное зачеркнуть

23　发货人添附的文件 — Документы, приложенные отправителем

24　货物的声明价格 Объявленная ценность груза
瑞士法郎 Шв. фр.

45　封印　Пломбы

个数 Количество	记号 — Знаки

33
34
35
36
37
38
39
40
41
42
43
44

46　发站日期戳 — Календарный штемпель станции отправления

47　到站日期戳 — Календарный штемпель станции назначения

48　确定重量方法 Способ определения Массы

49　过磅站戳记，签字 — Штемпель станции взвешивания, подпись

图 4-21　《国际货协》运单

《国际货协》运单一式五联。第一联，运单正本，随货同行至到达站，连同第五联和货物一起交收货人；第二联，运行保单，随货同行至到达站，到达站留存；第三联，运单副本，运输合同签订后交托运人；第四联，货物交付单，随货同行至到达站，到达站留存；第五联，货物到达通知单，随货同行至到达站，连同第一联和货物一起交收货人。

《国际货协》运单既是铁路承运货物的凭证，也是铁路在终点站向收货人核收运杂费和点交货物的依据。运单不是物权收据，不能转让。托运人必须将货物运输全程中为履行运输合同和海关以及其他规章所需的文件牢固地附在运单上，并将文件和份数记入运单"托运人添附的文件"栏内。所附单据必须和货物运单一并交到国境站，不得邮寄。货物在国境站办理报关手续，由托运人委托外运公司或其他代理人代为办理。

任务训练

项目四	集装箱与多式联运承运人业务	任务二	集装箱运输组织	子任务二	办理铁路集装箱运输
任务描述					
请根据给定资料，完成任务					
任务实施					
1	根据"儿童三轮车"项目背景资料，查阅目前中欧班列开行信息，为该项目选择合适的运输线路				
2	根据"儿童三轮车"项目背景资料，补充查阅网络信息，说明该项运输任务国境站交接的主要作业内容				
3	根据给定背景资料，查阅网络信息，分析并整理"儿童三轮车"项目铁路运输业务流程，绘制流程图，注明主要单证				

续表

根据"儿童三轮车"项目背景资料及网络信息,填写国际铁路联运运单

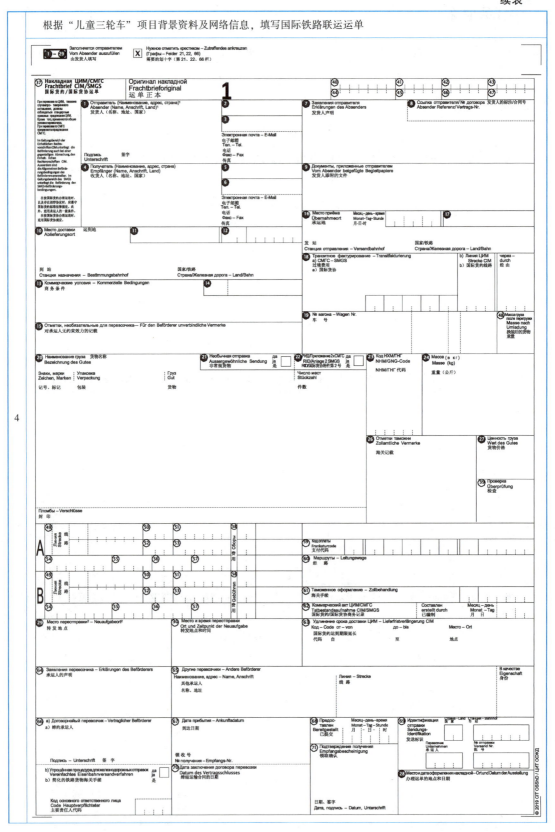

续表

任务评价

评价类型	评价指标	评价得分
自我评价	完成情况（40%）	
	主动学习（40%）	
	学习收获（20%）	
小组评价	完成情况（40%）	
	成果贡献（40%）	
	协作意识（20%）	
教师评价	完成情况（40%）	
	解决问题（40%）	
	线上参与（20%）	
总体评价	校内（100%）	
	企业（100%）（该项目有企业参与时）	

 拓展任务

资源	二维码	资源	二维码
微课 4-6：中欧班列集装箱运输		图文 4-11：铁路集装箱运输规则	
微课 4-7：中欧班列——发送站作业		图文 4-12：TB/T 2618—1995《集装箱在铁路国境站的检查交接》	
微课 4-8：中欧班列——国境站作业流程		图文 4-13：国际货约/国际货协运单指导手册	
拓展任务学习笔记			

子任务三　办理公路集装箱运输

导学任务

公路集装箱运输，是集装箱运输系统的重要组成部分，是水路和铁路集装箱集疏运的主要方式，对门到门多式联运的发展发挥了积极作用。

小华是 DY 集卡公司实习员工，接到南京 ABC 进出口公司出口德国汉堡一批"儿童三轮车"的集疏运任务。业务内容为，根据客户要求，到 KG 货场提集装箱空箱，载空箱至 ABC 进出口公司仓库装箱，完成后将加封的重箱交送至上海洋山港一号码头集港待运。DY 公司安排运载工具牌号为"苏 A23000"。师傅要求小华熟悉公路集装箱运输业务，跟车学习，配合完成本次"儿童三轮车"集装箱运输任务。

导学问题

- 公路集装箱运输的形式主要有哪些？
- 公路集装箱运输使用的单据主要有哪些？
- 公路集装箱运输的主要业务流程是什么？
- 集装箱网络货运平台的主要功能有哪些？

导学资源

资源	二维码
微课 4-9：公路集装箱运输	

知识链接

知识点一：公路集装箱运输业务

集装箱多式联运是现代运输发展的必然趋势，而公路运输以其灵活机动、快速直达的优势，在集装箱多式联运中成为典型工艺流程的第一个和最后一个环节。公路运输既能独立构成运输系统，完成货物运输的全过程，又是衔接铁路、水运、航空等运输方式，为之集散货物的重要环节。

目前公路集装箱运输企业承担的主要业务有以下几方面。

（1）海上国际集装箱由港口向内陆腹地的延伸运输、中转运输，以及在内陆中转站进行的集装箱交接、堆存、拆装、清洗、维修和集装箱货物仓储、分发等作业。

（2）国内铁路集装箱由车站至收、发货人仓库、车间、堆场间的门到门运输及代理货物的拆装箱作业。

（3）沿海、内河国内水运集装箱由港口向腹地的延伸运输、中转运输或货主间的短途门到门运输。

（4）城市之间干线公路直达的集装箱运输。

（5）内陆与港澳之间及其他边境口岸出入境的集装箱运输、接驳运输以及大陆桥运输。

知识点二：公路集装箱货源组织

开展公路集装箱运输的前提条件是存在对公路集装箱运输的需求，即有相应的公路集装箱货源，因此公路集装箱运输企业应重视集装箱货源的组织工作，采取各种方式争取更多的集装箱货源。

合同运输是公路集装箱运输的主要货源组织形式。这种方式由船公司、货运代理或货主直接与公路集装箱运输企业签订合同，确定其公路运输任务。根据货源大小、合同期限的长短，还可以分为临时托运和长期合同关系。临时托运通常是小批量的、无特殊要求的集装箱货物运输，主要由一些短期的、临时的客户托运。这是公路运输企业组织货物的一个不可缺少的来源，往往也是承托双方建立长期合同关系的基础。

计划调拨运输是公路集装箱运输企业获得货源的另一种方式，即由货运代理公司或配载中心统一受理口岸进出口的集装箱货源，根据各公路运输企业的车型、运力，以及货源对口情况，统一调拨运输计划。计划调拨运输对公路集装箱运输的运力调整和结构调整起着指导作用。

知识点三：公路集装箱网络货运

网络货运在道路货运"无车承运人"的基础上发展而来。《网络平台道路货物运输经营管理暂行办法》中将网络货运经营定义为：经营者依托互联网平台整合配置运输资源，以承运人身份与托运人签订运输合同，委托实际承运人完成道路货物运输，承担承运人责任的道路货物运输经营活动。

集装箱网络货运聚焦集装箱卡车集疏运环节，针对行业集中度低、运输缺乏规范流程、货物跟踪难、空驶率高等问题，通过数字化和移动互联实现行业整合，对接集卡车队、货主、场站，科学调度车辆、站场、货源等物流资源，提升集卡运输的效率和服务。

知识点四：公路集装箱运输业务流程

按照公路集装箱运输服务的对象划分，其业务内容及生产作业主要有两类：一是与其他运输方式联合，提供门到门运输或内陆集疏运服务；另一类是公路干线集装箱直达运输业务。

1. 进出口国际集装箱集疏运业务

这类业务又可以根据干线运输工具的不同分为公海联运港口集疏运业务、公铁联运上下站接取送达业务，以及公路与航空运输衔接的接取送达业务。这里以公海联运港口集疏运业务为例，分析其作业流程。

出口集装箱进港发送作业流程如下。

（1）接受托运人或其代理人提出的集装箱出口托运申请。

(2) 汇总托运申请，编制运输计划，并据此向货代和船公司联系提取空箱。

(3) 将集装箱出口运输通知单和提箱单交集装箱码头，提取空箱，办理集装箱设备交接。

(4) 将空箱连同箱封一起送至托运人工厂/仓库，或货运站；若为拼箱业务，则自托运人工厂或仓库将拼箱货接运至货运站，准备装箱。

(5) 货物装箱加封后，将集装箱送至码头，准备装船，并办理设备交接和货物交接手续。

(6) 将已签署的设备交接单等单据交还托运人。

进口集装箱出港送达作业流程如下。

(1) 接受货主或其代理提出的集装箱进口托运申请。

(2) 汇总托运申请，编制运输计划，并据此向货代和船公司联系提取重箱。

(3) 凭提货单和设备交接单到指定堆场提取重箱，并办理设备交接手续。

(4) 整箱货集装箱运送至收货人工厂或仓库拆箱；拼箱货集装箱运至货运站拆箱。

(5) 拆箱后持设备交接单将空箱送至指定还箱堆场，办理还箱业务。

(6) 将设备交接单送还收货人。

2. 公路干线集装箱直达运输业务

(1) 接受托运人或其代理提出的货物运输申请。

(2) 审核托运单填写内容与货物实际情况是否相符，检查包装，过秤量方，粘贴标签、标志。

(3) 按有关规定向托运人核收运杂费、附加费。

(4) 按照零担运输作业程序核对装箱，当场进行箱封并编制装箱单。

(5) 按班期将集装箱货物运送到对方站，凭箱封进行交接，明确相互责任。

(6) 到达站将货物从集装箱内掏出，并通知收货人在规定时间内将货物提走。

📖 知识点五：公路集装箱运输单证

道路货物运单是道路货物运输合同的凭证，是运输经营者接受货物并在运输期间负责保管和据以交付的凭证，也是记录车辆运行和行业统计的原始凭证。道路货物运单分为甲、乙、丙 3 种，其中乙种运单适用于集装箱汽车运输。道路货物运单如图 4-22 所示。

乙种道路货物运单一式四联。第一联存根，作为领购新运单和行业统计的凭证；第二联托运人存查联，交托运人存查并作为运输合同当事人一方保存；第三联承运人存查联，交承运人存查并作为运输合同当事人另一方保存；第四联随货同行联，作为载货通行和核算运杂费的凭证，货物运达经收货人签收后，作为交付货物的依据。

承、托运人要按照运单内容逐项如实填写，不得简化和涂改。已签订年、季、月度或批量运输合同的，必须在运单"托运人签章或运输合同编号"栏中注明合同编号，由托运人签章。批次运输任务完成或运输合同履行后，凭运单核算运杂费，或将随货同行联汇总后转填到合同中，由托运人审核签字后核算运杂费。

道路货物运单由省级道路运政管理机关统一印制，由地（市）级以上道路运政管理机关负责发放和管理。道路货物运输和货运代理经营者必须到注册所在地指定的道路运政管理机关领用运单。非营业性运输经营者从事一次性营业运输，由当地道路运政管理机关核发运单。运单必须交旧领新，经营者凭"道路货物运单领购证"，按要求交回已汇总统计的旧运单存根，批量领用新运单，旧运单存根经审核签章后退还经营者。每年度运单全部回缴，回缴时间为次年 1 月 1—20 日。

××省道路货物运单

本运单经承托双方签章后具有合同效力，承运人与托运人、收货人之间的权利义务和责任界限适用于《集装箱汽车运输规则》及《集装箱汽车运价规则》等规定。

(乙种：适用集装箱汽车运输)

起运日期　　年　　月　　日　　　　　　　　编号：××X000001

承运人		地址 邮编		电话 传真		车牌号		运输证号		车型		挂车牌号		
托运人		地址 邮编		电话 传真		接箱货地点								
收货人		地址 邮编		电话 传真		卸箱货地点								
集装箱箱型及数量		箱号		封志号		船名	航次	场站货位	卸船或进港日期	提空箱地		还空箱地		箱货交接方式
箱内货物名称及规格	包装形式	体积 长×宽×高 (cm)	件数	实际重量 (t)	计费重量 (t)	计费里程 (km)	箱运周转量 (箱km)	货物等级	运价率	运费金额	其他杂费		保价、保险	
											费目	金额	金额	费
											装卸费			
											过路费			
											过桥费			
合计														
货物运单签订地		结算方式		付款币种 / 计价单位				运杂费合计	万　千　百　拾　元　角　分					
特约事项		托运人签章或运输合同编号 年　月　日						承运人签章 年　月　日			收货人签章 年　月　日			

说明：运单一式四联，第一联存根，第二联托运人存查联，第三联承运人存查联，第四联随货同行联。

图 4-22　道路货物运单

任务训练

项目四	集装箱与多式联运承运人业务	任务二	集装箱运输组织	子任务三	办理公路集装箱运输
任务描述					
请根据给定资料，完成任务					
任务实施					
1	查阅资料，了解我国公路集装箱运输行业的现状				
2	根据给定背景资料，查阅网络信息，分析并整理"儿童三轮车"项目公路集疏运业务流程，绘制流程图，注明主要单证				
3	查阅资料，选择一个集装箱货运平台，了解集装箱网络货运的主要业务内容				

续表

任务评价

评价类型	评价指标	评价得分
自我评价	完成情况（40%）	
	主动学习（40%）	
	学习收获（20%）	
小组评价	完成情况（40%）	
	成果贡献（40%）	
	协作意识（20%）	
教师评价	完成情况（40%）	
	解决问题（40%）	
	线上参与（20%）	
总体评价	校内（100%）	
	企业（100%）（该项目有企业参与时）	

拓展任务

资源	二维码	资源	二维码
图文 4-14：网络平台道路货物运输经营管理暂行办法		图文 4-16：国际公路货物运输合同公约	
图文 4-15：国际道路运输管理规定		图文 4-17：国际道路货物运单	
拓展任务学习笔记			

子任务四　办理航空集装运输

导学任务

民用航空集装运输是一种现代化程度较高的运输方式，与其他运输方式相比，具有安全性高、通行便利、运送速度快、节省货物仓储费用等特点。虽然航空集装运输价格比较高，但是其周转快、货损少、包装仓储费用少等优点适应了现代国际贸易对货物供给的要求，因此航空集装运输在国际货物运输中的地位越来越重要。

NT 集装箱公司空运业务部收到 ABC 进出口公司的委托，向客户寄送一批"儿童三轮车"样品，2 个纸箱装运。每个纸箱尺寸为 620 mm×170 mm×400 mm，毛重 9.8 kg，净重为 9 kg。张经理要求实习员工小王跟进项目，熟悉货运业务流程，配合师傅完成"儿童三轮车"样品的运输任务。

导学问题

- 航空集装运输主要有哪些方式？
- 航空集装运输使用的单据主要有哪些？
- 航空集装器主要有哪些类型？

导学资源

资源	二维码
微课 4-10：航空集装运输	

知识链接

知识点一：航空集装器

民用航空集装运输是将适宜的货物、邮件装在航空集装器内，采用民用飞机装载集装器运输的一种流通方式。开展航空集装运输必须有适合航空运输的集装设备。航空集装器按用途分为集装板、集装箱和辅助器材。

（1）集装板。集装板是具有标准尺寸，四边带有卡销轨或网带卡销限，中间夹层为硬铝合金制成的平板，以使货物在其上码放。集装板需要用网套把货物固定在集装板上，网套是靠专门的卡锁装置来固定的。

航空集装板如图 4-23 所示。

图 4-23　航空集装板

（2）集装箱。航空集装箱是指在飞机的底舱与主舱中使用的一种专用集装箱。国际航空协会（International Air Transport Association，IATA）将航空运输中使用的集装箱称为"成组器"（Unit Load Device，ULD）。"成组器"分为航空用成组器和非航空用成组器两种。航空用成组器是装载在飞机内与固定装置直接接触，不用辅助器就能固定的装置，可以看成飞机的一部分；非航空用成组器是不满足航空用成组器条件的成组器，可以用叉式装卸车进行装卸。

航空集装箱如图 4-24 所示。

图 4-24　航空集装箱

航空集装箱技术参数如表 4-7 所示。

表 4-7　航空集装箱技术参数

	航空集装箱	技术参数	
1	（图示尺寸：186″/473 cm，88″/224 cm，64″/163 cm，52.5″/83 cm，125″/318 cm）	集装箱类型	AAU
		ATA 代码	LD29
		集装箱容量	505 cu. ft. 14.3 m^3
		集装箱重量	355 kg
		集装箱最高可容重量（包括集装箱重）	4 626 kg
		集装箱适载机型	747，747F

续表

	航空集装箱	技术参数	
2	79″ 201 cm / 60.4″ 154 cm / 64″ 163 cm / 61.5″ 156 cm	集装箱类型	AKE
		ATA 代码	LD3
		集装箱容量	152 cu. ft 4.3 m³
		集装箱重量	100 kg
		集装箱最高可容重量（包括集装箱重）	1 588 kg
		集装箱适载机型	747，747F，777Airbus
3	160″ 407 cm / 60.4′ 154 cm / 64′ 163 cm / 22″ 56 cm / 125″ 318 cm	集装箱类型	ALF
		ATA 代码	LD6
		集装箱容量	310 cu. ft. 8.78 m³
		集装箱重量	155 kg
		集装箱最高可容重量（包括集装箱重）	3 175 kg
		集装箱适载机型	747，747F，777Airbus
4	96″ 244 cm / 96″ 244 cm / 125″ 318 cm	集装箱类型	AMA
		ATA 代码	M1
		集装箱容量	621 cu. ft. 17.58 m³
		集装箱重量	360 kg
		集装箱最高可容重量（包括集装箱重）	6 804 kg
		集装箱适载机型	747F
5	160″ 407 cm / 96′ 244 cm / 64′ 163 cm / 22″ 56 cm / 125″ 318 cm	集装箱类型	AMF
		ATA 代码	n/a
		集装箱容量	516 cu. ft. 14.6 m³
		集装箱重量	330 kg
		集装箱最高可容重量（包括集装箱重）	5 035 kg
		集装箱适载机型	747，747F，777Airbus
6	88″ 224 cm / 64″ 163 cm / 125″ 318 cm	冷藏集装箱类型	RAP
		ATA 代码	LD9
		冷藏集装箱容量	352 cu. ft., 9.2 m³
		冷藏集装箱重量	330 kg
		冷藏集装箱最高可容重量（包括集装箱重）	4 626 kg
		冷藏集装箱适载机型	747，747F，777Airbus

续表

航空集装箱	技术参数	
7	冷藏集装箱类型	RKN
	ATA 代码	LD3
	冷藏集装箱容量	125.41cu. ft. 3.55 m^3
	冷藏集装箱重量	190 kg
	冷藏集装箱最高可容重量（包括集装箱重）	1 588 kg
	冷藏集装箱适载机型	747，747F，777Airbus

（3）辅助器材。航空集装器辅助器材包括集装板网、系货物用的锁扣、带、钢索，垫货用的垫板、托盘等。

航空用集装器在尺寸、结构和容积等方面与其他运输方式使用的集装箱有所不同。空运集装器不受海运和其他装卸作业的影响，不需要角结构。为了避免飞机的损伤和减轻集装器重量，航空集装器和国际航空协会批准的成组货载装置、弯顶、低底板的集装器都比国际标准集装箱要轻得多，以追求最大化的装载质量。航空集装器一般都采用铝合金或玻璃钢等材料制作，货网的编织袋主要采用耐火的尼龙材料制作。为了充分利用货舱容积，以及避免因碰撞或摩擦造成飞机损伤，一般将航空用集装器的上部做成圆顶结构，使之能与飞机机体相应部分的形状一致。

因此，传统航空用集装器和国际标准箱很难互换使用。随着科学技术的发展和联运的需要，这一状况正在逐步改善。目前，已有适用于空、陆、水联运的集装箱，其箱体上加注空陆水联运集装箱标记；一些新型宽体机也已被设计成可以装载 20 ft 标准箱的形式，航空集装运输有了进一步发展。

知识点二：航空集装器编号方法

每个集装器都有 IATA（国际航空运输协会）编号，编号由字母与数字组成，例如，AKE12032MU。其常用的代码含义如下。

第一位：集装器的种类码。

（1）"A"代表经适航审定的集装箱。

（2）"D"代表未经适航审定的集装箱。

（3）"P"有证书集装板。

（4）"R"有热制造证书集装箱。

（5）"U"无结构拱形盖板。

第二位：底板尺寸码。

（1）"K"或"V"代表底面尺寸为 1 534 mm×1 562 mm。

（2）"P"代表底面尺寸为 1 534 mm×1 194 mm。

（3）"A"或"I（1）"代表底面尺寸为 2 240 mm×3 180 mm。

（4）"G"或"7"代表底面尺寸为 2 440 mm×6 060 mm。

（5）"L"代表底面尺寸为 1 530 mm×3 180 mm。

(6)"M"或"Q（6）"代表底面尺寸为 2 440 mm×3 180 mm。

(7)"Q"代表底面尺寸为 1 530 mm×2 440 mm。

第三位：箱外形、与机舱相容性码（为适配代码）。

(1)"E"适配于宽体机型的底舱，无叉槽。

(2)"N"适配于宽体机型的底舱，有叉槽。

常见的航空集装箱有 AKE、AKN、DPE 和 DPN 几种类型。

第四~七位：集装器序号码，由各航空公司对其所拥有的集装器进行编号。

第八位：校验码，为序列号除以 7 的余数。

第九~十位：注册号码（字母表示），一般为航空公司的 ITAT 二字代码。

知识点三：航空集装货运方式

航空集装货物运输的方式主要有班机运输、包机运输、集中托运、急件传递几种。

1. 班机运输

班机运输是在固定航线上飞行的航班，它有固定的始发站、途经站和目的站。一般航空公司都使用客货混合机型组织班机货运，其货舱舱容有限，不适于大批量的货物运输。

2. 包机运输

包机运输又分整机包机和部分包机两种。

整机包机是由航空公司按照事先约定的条件和费用将整机租给承租人，从一个或几个航空站将货物运至指定的目的地，适合于运送大批量的货物。

部分包机是由几家货运代理公司或托运人联合包租一架飞机，或者由包机公司把一架飞机的舱位分别租给几家空运代理公司。

办理包机至少需在发运前一个月与航空公司洽谈，并签订协议，以便航空公司安排运力办理包机过境、入境、着陆等有关手续。

3. 集中托运

集中托运由空运代理公司将若干单独托运人的货物集中起来组成一整批货物，向航空公司托运到同一到站，货到国外后，由到站地的空运代理办理收货、报关，并分拨给各个实际收货人。

集装托运可以将货物送达机场以外的地方，因而延伸了航空公司的服务，也方便了货主。托运人在将货物交与航空货运代理后，即可取得货物分运单，即可到银行办理结汇。集中托运已成为目前国际航空货运中普遍采用的运输方式。

4. 急件传递

与一般的航空邮寄和航空货运不同，它是由专门经营这项业务的公司与航空公司合作，设专人用最快的速度在货主、机场、用户之间进行传递。传递公司收到托运人委托后，用最快速度将货物送往机场，赶装最快航班，随即用电传将航班号、货名、收货人及地址通知国外代理接货；航班抵达后，国外代理提取货物，随即送收货人。这种方式又称为"桌至桌"（Desk to Desk）运输。

知识点四：航空集装运输业务流程

以集中托运为例，航空集装货运流程如下。

(1) 发货人订舱。托运人申请订舱，填制国际货物委托书，并加盖公章，作为发货人委托航空代理人承办航空货运出口业务的依据。

(2) 配舱、订舱。航空货运代理人接受并审核发货人提供的有关单证，计算货物件数、重量、体积等信息，按照货物类型，以及航空公司不同机型对板箱重量和高度的要求，制定配舱方案。航空货运代理人按照预配舱方案向航空公司订舱。

(3) 预审舱单。预审舱单包括预审国际货物订舱单、预审总货舱位、预审货邮舱位、预审行李舱位。国际货物订舱单（CBA）由国际吨控室开具，作为配载人员进行配载工作的依据。根据 CBA 了解旅客人数、货邮订舱情况、有无特殊货物等信息，掌握经停航班前后站的旅客人数、舱位利用等情况；估计本航班可利用的最大货邮业载和舱位（货邮业载＝总货舱位－行李舱位）；预划平衡，找出有无超订情况，与吨控部门及时联系。

(4) 接受订舱。货代订舱后，航空公司签发舱位确认书，同时签发集装箱领取凭证；货代接收货主货物，并向货主出具分运单；为货物贴航空公司标签和分标签；领取集装箱/板；货物装箱后运抵出口口岸空港。

(5) 过磅入库。航空公司检查货物箱/板组装情况、高度等是否符合规定；将货物过磅，轻泡货查验体积；接收货物入库，出具航空总运单。

(6) 货物出港。货物装机出港；航空公司制作整理平衡交接单、舱单等单证；做好货物跟踪。

(7) 卸货入库。航空公司将货物从起运地机场运至目的地机场，将集装货物从飞机货舱内卸下，搬运至机场货运站内指定的位置，经核对航空货运单与集装货物齐备无误后，将集装货物存放在货运站临时库区里。

(8) 到货通知。航空公司在运单上加盖或书写到达航班的航班号和日期；航空货运代理人发出提货通知。

(9) 理货与仓储。航空货运代理人从航空公司提取货物后，将货物暂存在自己的监管仓库；向货主发出提货通知。

(10) 报关提货。办理货物关检手续后，拆箱、分拨；收货人结清相关费用后提取货物。

(11) 还箱。拆箱、拆组后的装货设备由航空货运代理人回运至指定的存放地点，并办理装货设备交接手续。

知识点五：航空集装运输单证

1. 航空运单

航空集装货物运输单证主要有航空运单、航空分运单等。

航空运单又称总运单，由航空公司向航空货运代理人签发。总运单一式三联正本和若干副本。第一联正本交托运人，作为承运人承运货物的收据；第二联承运人留存，作为记账凭证；第三联随货同行，到目的地交收货人，作为核收货物的依据。

航空分运单是航空货运代理人接受货主订舱时，以自己的名义签发给货物的单证，目的地货运代理人凭航空分运单与货主办理交付手续。

航空运单的样式见图 4-25 所示。

2. 集装器控制单

集装器控制单是借用方向航空公司（航空承运人）租用、借用、互用及退还集装器进行统一管理的书面凭证，凡有上述行为时均应填写。当集装器发生损坏、丢失、未能按规定时间退还时，集装器控制单是被借方向借用方收取费用和要求赔偿的依据。发生集装器交接时，无论装货与否，均应填写集装器控制单。

集装器控制单一式四联。第一联，交集装器所属公司的集装器管理部门存档；第二联，交借用或接收集装器的航空公司、货运代理人、货主；第三联，交填写集装器控制单的部门

999 | 00000002 | 999-00000002

Shipper's Name and Address	Shipper's Account Number	NOT NEGOTIABLE **AIR Waybill**
		Copies 1, 2 and 3 of this Air Waybill are originals and have the same validity
Consignee's Name and Address	Consignee's Account Number	It is agreed that the goods described herein are accepted in apparent good order and condition(except as noted) for carriage SUBJECT TO THE CONDITIONS OF CONTRACT ON THE REVERSE HEREOF. ALL GOODS MAY BE CARRIED BY ANY OTHER MEANS INCLUDING ROAD OR ANY OTHER CARRIER UNLESS SPECIFIC CONTRARY INSTRUCTIONS ARE GIVEN HEREON BY THE SHIPPER,AND SHIPPER AGREES THAT THE SHIPMENT MAY BE CARRIED VIA INTERMENDIATE STOPPING PLACES WHICH THE CARRIER DEEMS APPROPRIATE.THE SHIPPER'S ATTENTION IS DRAWN TO THE NOTICE CONCERNING CARRIER'S LIMITATION OF LIABILITY.Shipper may increase such limitation of liability by declaring a higher value for carriage and paying a supplemental charge if required.
Issuing Carrier's Agent Name and City		Accounting Information
Agent's IATA Code	Account NO.	
Airport of Departure (Addr . of First Carrier) and Requested Routing		

TO	By First Carrier	Routing and Destination	to	by	to	by	Currency	CHGS Code	WT/VAL PPD	WT/VAL COLL	Other PPD	Other COLL	Declared Value for Carriage	Declared Value for Customs

Airport of Destination	Flight/Date	Amount of Insurance	INSURANCE— if carrier offers insurance,and such insurance is requested in accordance with the conditons thereof,indicate amount to be insured in figures in box marked "amount of Insurance" .

Handling Information

NO. of Pieces RCP	Gross Weight	KG lb	Rate Class Commodity item No.	Chargeable Weight	Rate/Charge	Total	Nature and Quantity of Goods (incl Dimensions or Volume)

Prepaid	Weight Charge	Collect	Other Charges
	Valuation Charge		
	Tax		
	Total other Charges Due Agent		Shipper certifies that the particulars on the face hereof are correct and that insofar as any part of the consignment contains dangerous goods,such part is properly described by name and is in proper condition for carriage by air according to the applicable Dangerous Good Regulation.
	Total other Charges Due Carrier		.... Signature of Shipper or his Agent
Total Prepaid 777.03		Total Collect	2010-05-08 Santiagos
Currency Conversion Rates		CC Charges in Dest Currency	Executed oh(date) at(place) Signature of Issuing Carrier or its Agent
For Carrier's Use only at Destination		Charges at Destination	Total Collect Charges 999-00000002

ORIGINAL 3 (FOR SHIPPER)

图 4-25 航空运单的样式

（被借方或转交方）存档；第四联，交集装器借用方（货运代理人、货主）。

集装器控制单的样式如图 4-26 所示。

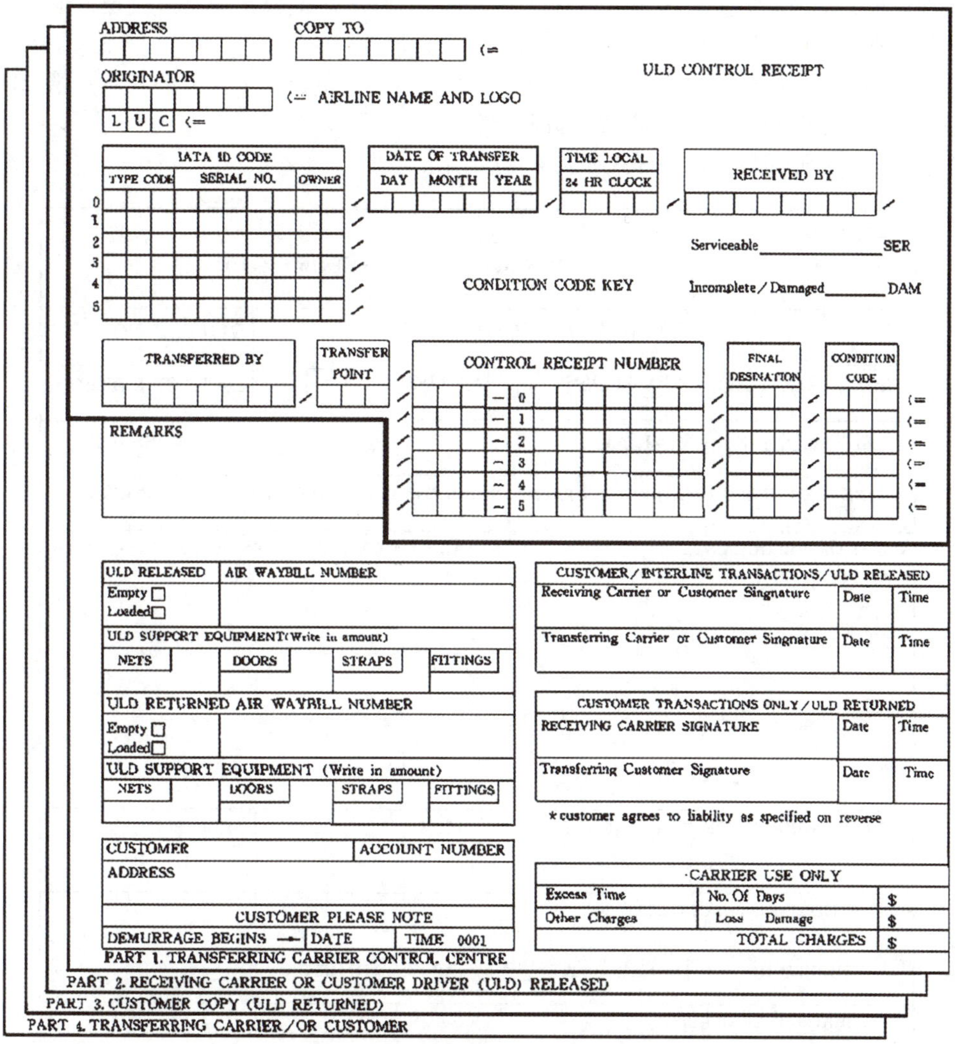

背面条款
LIABILITY FOR LOSS OR DAMAGE

The use and possession of a carrier-owned unit load device is subject to applicable tariffs in effect as of the date hereof which are filed in accordance with the law. In particular, the consignor or the consignee shall be liable for demurrage if the unit load device is held in excess of the time specified in the applicable tariff; the consignor or the consignee shall be liable for damage sustained by a unit load device while in the use and possession of the consignor or consignee; the consignor or the consignee shall be liable for a non-return penalty as specified in the applicable tariff.

丢失或损坏的责任

使用或占有承运人所属的集装器自签字生效之日起，应根据有关规定支付适当费用。特别是如果集装器的使用超过了所属人规定的时间，发货人或收货人也有责任按适当收费标准支付滞期费；集装器在发货人或收货人使用或占有期间遭受损坏，发货人或收货人也应承担责任；根据一定收费标准对未能归还集装器的一方给予处罚，发货人或收货人应负全部责任。

图 4-26　集装器控制单的样式

3. 集装器不正常使用报告单

集装器不正常使用报告单是对所有不正常集装器进行记录和统计，向当事人提出警告或索赔的书面凭证，也是集装器管理人员对进港、出港、存场、航空公司或货运代理人退还集装器状况进行检查、统计，加强集装器管理的依据。

集装器不正常使用报告单一式三联。第一联，交当事人单位或地面服务代理；第二联，交有关航站留存；第三联，交集装器管理部门存档。

集装器不正常使用报告单的样式如图 4-27 所示。

<table>
<tr><td colspan="4">Airline Name
And Logo　　　ULD IRREGULARITY REPORT (UIR)</td></tr>
<tr><td>TO:</td><td colspan="2">TYPE OF IRREGULARITY</td><td>STN FILE NO</td></tr>
<tr><td>FROM:</td><td colspan="2">DAMAGE ☐ LOSS ☐ OTHERS ☐</td><td>DATE OF REPORT</td></tr>
<tr><td colspan="3">ULD ID CODE & SERIAL NO</td><td>REF. MESSAGE</td></tr>
<tr><td colspan="2">WHERE THE IRREGULARITY OCCURRED/FOUND</td><td colspan="2">WHEN THE IRREGULARITY OCCURRED/FOUND</td></tr>
<tr><td colspan="2">CAUSE OF IRREGULARITY</td><td colspan="2">DETAILS OF DAMAGE (ATTACH PHOTO, IF NECESSARY)</td></tr>
<tr><td>WITNESS'S SIGNATURE</td><td>DAMAGED BY</td><td>FIRM</td><td>ADDRESS</td></tr>
<tr><td colspan="4">DISPOSITION OF DAMAGED ULD
☐ RETURNED TO　☐ DISCARDED AT ________ AP　☐ OTHERS ____________</td></tr>
<tr><td colspan="4">WILL CLAIM BE AVAILABLE?
☐ YES, TO: ________　________ NO, REASON: ____________</td></tr>
<tr><td>ATTACHMENT
☐ PHOTOGRAPHS
☐ OTHERS</td><td>PREPARED BY</td><td>SIGNATURE OF ULD ADMINISTRATOR</td><td>SIGNATURE OF MANAGER</td></tr>
<tr><td colspan="4">REMARKS</td></tr>
</table>

Copy 3 for ULD Control Center

图 4-27　集装器不正常使用报告单的样式

任务训练

项目四	集装箱与多式联运承运人业务	任务二	集装箱运输组织	子任务四	办理航空集装运输
任务描述					
请根据给定资料，完成任务						
任务实施					
1	请查阅资料，了解我国航空集装运输的行业现状				
2	根据给定背景资料，查阅网络信息，分析并整理"儿童三轮车"样品航空运输业务流程，绘制流程图，注明主要单证				

213

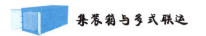

续表

该批"儿童三轮车"样品，采用空运方式出口，从南京禄口国际机场（NKG）装运，运至德国汉堡国际机场（XFW）。请根据背景资料，填制该批货物航空运输主运单

续表

任务评价		
评价类型	评价指标	评价得分
自我评价	完成情况（40%）	
	主动学习（40%）	
	学习收获（20%）	
小组评价	完成情况（40%）	
	成果贡献（40%）	
	协作意识（20%）	
教师评价	完成情况（40%）	
	解决问题（40%）	
	线上参与（20%）	
总体评价	校内（100%）	
	企业（100%）（该项目有企业参与时）	

 拓展任务

资源	二维码
图文 4-18：统一国际航空运输某些规则的公约——《华沙公约》	
拓展任务学习笔记	

子任务五　组织集装箱多式联运

导学任务

NT 集装箱公司运输业务部接到南京 ABC 进出口公司一批出口德国汉堡 OPQ 公司的"儿童三轮车"门到门运输任务。

小王是 NT 集装箱公司运输业务部实习员工，前期在货运代理部门实习了一段时间，已经比较熟悉货运业务的主要流程。师傅要求小王从多式联运经营人的角度，分析该项任务的要求，为客户提供运输方案，办理运输业务。

导学问题

- 多式联运经营人的主要业务内容有哪些？
- 多式联运经营人的合同关系是什么？
- 多式联运的组织形式有哪些？
- 多式联运货运程序是什么，主要单证有哪些？
- 三种责任基础的严格程度如何理解？
- 与多式联运经营人责任相关的主要规章有哪些？
- 主要规章中对多式联运经营人责任基础和责任形式是如何规定的？

导学资源

资源	二维码	资源	二维码
微课 4-11：多式联运经营人		图文 4-19：多式联运示范工程案例	

知识链接

知识点一：  协作式多式联运组织

多式联运就其组织体制来说，可以分为协作式多式联运和衔接式多式联运两大类。

协作式多式联运是指两种或两种以上运输方式的运输企业，按照统一的规章或商定的协议，共同将货物从接管货物的地点运到指定交付货物的地点的运输。

在协作式多式联运下，参与联运的承运人均可受理托运人的托运申请，接收货物，签署全程运输单据，并负责自己区段的运输生产。后续承运人除负责自己区段的运输生产外，还需要承担运输衔接工作。在前后程运输企业之间，以及港站与运输企业之间交接货物时，需填写货

物运输交接单和中转交接单,作为货物交接和费用结算的依据。最后一程运输的承运人则需要承担货物交付,以及受理收货人货损货差的索赔。

在协作式多式联运中,参与联运的各方承运人均具有双重身份。对外而言,他们是共同承运人,其中一个承运人与发货人订立的运输合同,对其他承运人均有约束力,即视为每个承运人均与货方存在运输合同关系。对内而言,每个承运人不但有义务完成自己区段的实际运输和有关的货运组织工作,还应根据规章或约定协议,承担风险,分配利益。

根据开展联运依据的不同,协作式多式联运可进一步细分为法定多式联运和协议多式联运两种。法定多式联运,是参与运输的企业根据国家运输主管部门颁布的规章开展的多式联运。协议多式联运,是参与运输的企业根据商定的协议开展的多式联运。

协作式多式联运组织模型如图4-28所示。

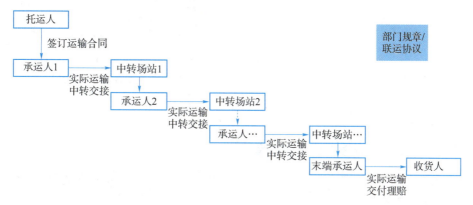

图4-28 协作式多式联运组织模型

知识点二:衔接式多式联运组织

在衔接式多式联运中,运输组织工作与实际运输生产相分离,由多式联运经营人负责全程运输组织,各区段的实际承运人负责实际运输生产。

多式联运经营人受理发货人提出的托运申请,双方订立货物全程运输的多式联运合同,并在合同的指定地点办理货物的交接,由多式联运经营人签发多式联运单据。接受托运后,多式联运经营人首先要选择货物的运输路线,划分运输区段,确定中转和换装的地点,选择各区段的实际承运人,确定货物集运方案,制订全程运输计划,并把计划转发给各中转衔接地点的分支机构或代理人。之后,多式联运经营人根据计划与各实际承运人分别订立货物运输合同。全程各运段间的衔接由多式联运经营人完成。多式联运经营人负责从前程运输实际承运人处接收货物,再向后程承运人交接,在最终目的地从最后一程实际承运人手中接收货物后再向收货人交付。

衔接式多式联运中多式联运经营人具有双重身份。对于货方而言,他是全程承运人,与货方订立全程运输合同,向货方按全程单一费率收取全程运费及其他费用,并承担承运人的义务。对于各区段实际承运人而言,他是托运人,与各区段实际承运人订立分运合同,向实际承运人支付运费及其他必要的费用。

衔接式多式联运组织模型如图4-29所示。

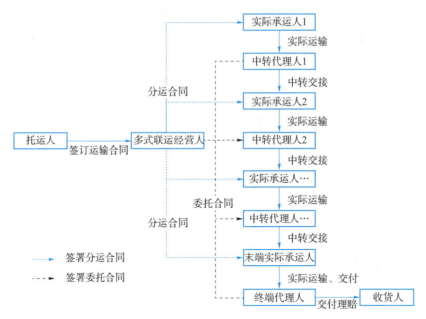

图 4-29　衔接式多式联运组织模型

📖 知识点三：集装箱多式联运业务流程

国际集装箱多式联运由多式联运经营人负责组织全程运输，其货运业务流程分为整箱货物运输和拼箱货物运输两种。

1. 整箱货物运输流程

（1）订立多式联运合同。

托运人根据贸易合同对运输的约定，向多式联运经营人提出托运申请。多式联运经营人根据该申请内容和自己的运输路线等情况，判断是否接受该托运申请。如果能够接受，则经与托运人议定有关事项后，在交给托运人或其代理人的场站收据副本上签章，证明接受托运申请，多式联运合同成立。

（2）办理货物检验检疫。

对法定需要检验检疫的货物，以及贸易合同约定进行检验的项目，托运人应向商品检验检疫机关申请检验检疫，并取得商品检验检疫证明。

（3）空箱发放、提取。

多式联运经营人签发提箱单给托运人或其代理人，由他们在规定日期到指定的堆场提箱并自行将空箱拖运到货物装箱地点，准备装货。也可以由托运人委托多式联运经营人办理从堆场到装箱地点的空箱托运，这种情况需加收空箱托运费。托运人提箱时需检查箱体状况，填制集装箱设备交接单，与管箱人办理交接手续。

（4）办理出口报关手续。

托运人或其代理人填制出口货物报关单并随附海关规定的单证，办理出口集装箱货物报关手续。

（5）货物装箱。

托运人或其代理人提取空箱后在自己的工厂或仓库组织装箱，装箱应请海关派员到装箱地点监装和办理加封事宜。如需理货，还应请理货人员现场理货并与之共同制作装箱单。

项目四 集装箱与多式联运承运人业务

（6）货物交接，换签提单，支付预付运费。

托运人或其代理人将关封好的集装箱和有关单证交给多式联运经营人或其代理人，并核对有关单证，多式联运经营人接管集装箱货物，并应托运人的请求签发多式联运提单。如果多式联运合同约定运费预付，托运人还须向多式联运经营人支付运输费用。

（7）多式联运经营人组织完成货物全程运输。

多式联运经营人在合同订立之后，即应制订该合同涉及的集装箱货物的运输计划。该计划应包括货物的运输路线，区段的划分，各区段实际承运人的选择，以及各区段间衔接地点的到达、起运时间等内容。多式联运经营人要按照运输计划安排各区段的运输工具，与选定的各实际承运人订立各区段的分运合同。

在接收货物后，要组织各区段实际承运人、各派出机构及代理人协调工作，完成各区段的运输及衔接工作。

货物运输过程中的海关业务，由多式联运经营人代为办理，包括货物及集装箱在进口国的通关手续、进口国内陆段保税运输手续。如果全程运输要通过其他国家，还应包括这些国家的通关及保税运输手续。

（8）通知收货人。

货物到达目的地后，多式联运经营人的代理人向收货人发出到货通知书。收货人凭正本多式联运提单向代理换取提货单。若运费为到付，收货人应支付全部应缴款项。

（9）办理进口报关手续。

收货人凭有关单证办理进口报关、报验等手续。

（10）交付货物。

收货人凭已办妥的进口手续，到指定的堆场提取货物，或依据合同约定，由多式联运经营人将货物送至收货人的收货地点，办理货物交接，填写并签署交货记录。

（11）空箱回运。

在货物掏箱后，收货人或多式联运经营人的代理人将空箱回运至指定的空箱堆场，并办理设备交接手续。

2. 拼箱货运流程

拼箱货物必须在发运的港口或内陆的集装箱货运站由承运人拼装箱，运抵目的地的港口或内陆的集装箱货运站后由承运人拆箱。目前，多数情况下是在起运港集装箱货运站装箱，运往目的港集装箱货运站拆箱，这属于"港到港"的海上单一运输。如果在港口腹地内陆集装箱货运站装箱，运往目的港集装箱货运站，或运往目的港内陆集装箱货运站拆箱，则可组织国际集装箱多式联运。其主要作业程序如下。

（1）订立多式联运合同。

托运人根据贸易合同对运输的约定，向多式联运经营人提出托运申请。多式联运经营人接受申请后，就在交给托运人或其代理人的场站收据副本上签章，订立多式联运合同。

（2）多式联运经营人接管货物，签发多式联运提单。

托运人将货物按常规方式，通过内陆运输运送到附近的集装箱货运站，与多式联运经营人或其代理人办理货物交接手续，多式联运经营人接管货物。若为预付运费，托运人向多式联运经营人支付全程运输费用后，由多式联运经营人按托运人的请求，签发多式联运提单。

（3）办理出口报关、报验手续。

办理集装箱货物出口报关、报验手续。

（4）货物装箱。

集装箱货运站把货物装入集装箱，并使装载于箱内的货物适航。理货公司派员到货运站理货并编制装箱理货单，记载装入箱内货物的件数、标志、包装等内容。海关对放行的集装箱进行加封，装箱人填制集装箱装箱单。

（5）多式联运经营人组织完成货物全程运输。

拼箱货装箱启运后，其运输组织及多式联运经营人的业务与整箱货多式联运的内容一致。

（6）通知收货人，向收货人交付货物。

货物到达目的地后，多式联运经营人或其代理人向收货人发出到货通知。收货人凭正本多式联运提单换取提货单，在办理进口报关、报验等手续后，到指定的集装箱货运站办理掏箱、提货手续，并签署交货记录。

（7）空箱回运。

在货物掏箱后，集装箱货运站将空箱回运至指定的空箱堆场，并办理设备交接手续。

知识点四：多式联运经营人及其合同关系

在集装箱多式联运中，多式联运经营人发挥着关键作用。《多式联运公约》对多式联运经营人（Multi-modal Transport Operator，MTO）的定义是："其本人或通过其代表订立多式联运合同的任何人，他是当事人，而不是托运人的代理人或代表，或参加多式联运的承运人的代理人或代表，并且负有履行合同的责任。"

JT/T 1092—2016《货物多式联运术语》中对多式联运经营人的解释是，与托运人签订多式联运合同，并对运输过程承担全程责任的当事人。

在实际业务中，多式联运经营人通过建立一系列的合同关系，完成全程运输组织。

（1）多式联运经营人以本人名义与托运人订立多式联运合同，是多式联运合同中的承运人，负责完成或组织完成全程运输。

（2）多式联运经营人可以以本人身份参加多式联运全程运输中的某一个或几个区段的实际运输。此时，他作为这些区段的实际承运人，对该区段的货物运输负责。

（3）多式联运经营人可以以本人名义与自己不承担运输的区段的实际承运人订立分运合同，以完成该区段的实际运输。在这类合同中，多式联运经营人既是托运人，也是收货人。

（4）多式联运经营人以本人名义与各中转点的代理人订立委托合同，以完成在该点的衔接及其他服务工作。在该类合同中，多式联运经营人是委托人。

（5）多式联运经营人以本人名义与多式联运所涉及的其他各方面订立相应合同。在这些合同中，多式联运经营人作为货方出现。

知识点五：多式联运经营人从业条件

根据多式联运的特点，借鉴国外的经验并结合我国的实际情况，交通部、铁道部联合发布了《国际集装箱多式联运管理规则》。规则中规定了在我国申请经营多式联运业务的企业应满足以下要求。

（1）具有中华人民共和国企业法人资格。

（2）具有与从事多式联运业务相适应的组织机构、固定的营业场所、必要的经营设施和相应的管理人员。

（3）该企业具有3年以上国际货物运输或代理经历，有相应的国内、国外代理。

(4) 注册资金不低于人民币 1 000 万元，并有良好的资信。每增设一个经营性的分支机构，应当增加注册资金人民币 100 万元。

(5) 符合国家法律、法规规定的其他条件。

除此以外，多式联运经营人还必须具备一定的条件才有能力开展多式联运业务。这些条件主要体现在以下几个方面。

1. 技术能力

多式联运经营人必须建立自己的多式联运网络，这样才有能力满足不同货主对货物运输的不同需求。从理论上讲，多式联运线路应当遍及全球，从任何一个国家的任何地点到另一国家的任一地点，但事实上各经营人即使实力再强也无法做到。开展多式联运业务的公司大多是在尽可能广泛地承办货主委托的前提下，重点做好几条联运线路。

此外，多式联运经营人还必须拥有起码的信息处理和信息传递设施设备，并且与相关集装箱货运站、堆场、租箱公司等签订长期的场地及设备使用协议，这样才能完成货物运输任务。

2. 有完成全程运输的组织能力

一般来说，多式联运经营人不会自己完成货物的全程运输，一些多式联运经营人甚至将全程运输都交给其他承运人完成，自己不实际承担任何一个区段的运输，这就要求多式联运经营人有将这些承运人组织起来，顺利、高效地完成运输交接的能力。因此多式联运经营人在其各条运输线路上要有完整的业务网络。该网络可以由其分支机构、代表和代理人构成，形成一个具有国际运输知识、经验和能力的专业队伍。多式联运经营人还必须有对这些人员和业务进行管理的组织机构。

3. 有完成全程运输、对全程运输负责的经济能力

多式联运经营人必须具有开展业务所需的流动资金，而且其制定的单一费率应能够弥补其经营成本支出。同时，多式联运经营人对运输过程发生的货物灭失、损害和延误应当负责，因此应当具备足够的赔偿能力。

知识点六：无船承运人

无船承运人术语第一次正式出现于法律条文中，是在美国 1998 年颁布的《航运改革法》中，该法将"无船公共承运人"与"远洋货运代理人"共同列为"远洋运输中介人"。无船公共承运人是指不经营用以提供远洋运输服务的船舶的公共承运人，对于远洋公共承运人而言他是托运人。

我国无船承运人的概念首次出现在 2001 年国务院颁布的《中华人民共和国国际海运条例》中：无船承运人是指以承运人身份接受托运人的货载，签发自己的提单或其他运输单证，向托运人收取运费，通过国际船舶运输经营者完成国际海上货物运输，承担承运人责任的人。

JT/T 1092—2016《货物多式联运术语》中对无船承运人（Non‐Vessel Operating Common Carrier，NVOCC）的解释为：不拥有运输工具，但以承运人的身份发布自己的运价，接受托运人的委托，签发自己的提单或其他运输单证，收取运费，并通过与有船承运人签订运输合同，承担承运人责任，完成国际海上货物运输经营活动的经营者。

总之，对于无船承运人的身份一般认定为与承运人相同，承担的是与承运人相同的责任。

无船承运主要是要完成国际海上货物运输业务，同时还包括为完成国际海上运输业务所展开的其他活动，包括：

(1) 以承运人身份与托运人订立国际货物运输合同。

（2）以承运人身份接收托运人的货载，并交付货物。

（3）签发自己的提单或其他运输单证。

（4）向托运人收取运费和其他费用。

（5）为所承运的货物向国际船舶运输经营人或其他运输方式经营人办理订舱和托运，并支付港到港运费或者其他费用。

（6）集装箱拆箱、拼箱业务。

（7）其他相关的业务。

📖 知识点七：无车承运人

JT/T 1092—2016《货物多式联运术语》中对无车承运人（Non-Truck Operating Common Carrier）的解释是：不拥有货运车辆，但以承运人的身份接受托运人的委托，并与实际承运人签订运输合同，承担承运人责任的经营者。

无车承运人具有双重身份，对于真正的托运人来说，他是承运人；而对于实际承运人而言，他又是托运人。无车承运人一般不从事具体的运输业务，只从事运输组织、货物分拨、运输方式和运输线路的选择等工作。

2013年交通运输部发文首次提出"无车承运人"，希望充分发挥无车承运人对物流资源的整合作用。2014年交通运输部发文公布要支持无车承运人等管理方式创新。2016年经交通运输部同意，决定在全国开展道路货运无车承运人试点工作。2018年，试点工作取得了很大进展，无车承运人在一定程度上促进了货运代理的创新，促进了货运平台的衍生。

无车承运人具备以下优势。

（1）无车承运人具有先进物流信息技术，这是无车承运人必须具备的核心能力。无车承运人拥有发达的信息化网络，掌握庞大的货源信息，了解当地的运力结构和产品类型，通过对实体资源的有效整合实现虚拟与实体网络的有效结合。

（2）无车承运人具有敏捷的市场反应能力。对于有车承运人来说，重资产运营使其不得不将有限的精力投入"运输"环节，而无车承运人轻装上阵，其工作重点是关注市场的运力、货源信息以及如何有效组织调配市场资源等。大数据的建立，可以全面地掌控市场，随时监测到市场中的各种变化并做出快速的反应。

（3）无车承运人具有较强的物流管理能力，能够集约整合社会物流资源并为客户提供一体化的物流运输服务方案。无车承运人是集知识密集和技术密集于一体的现代服务企业，通过物流信息平台将各类零散社会物流资源加以整合，从而为客户提供一整套物流服务。

📖 知识点八：多式联运经营人责任基础

责任基础，是指多式联运经营人承担赔偿责任的原则，通常责任基础包括三种：严格责任、过错责任、推定过错责任。

严格责任，又称无过错责任制，是指多式联运经营人有无过失，都要对在其控制货物期间发生的货损承担赔偿责任。采用严格责任时多式联运经营人的风险最大。

过错责任，是指多式联运经营人只对其掌管货物期间因其自身过失造成的货损承担赔偿责任。过错责任倾向于多式联运经营人一方，大大增加了货方的风险。过错责任又可分为完全过错责任和不完全过错责任两种。完全过错责任，只要多式联运经营人有过失就要承担赔偿责任，而不论具体的过失类型。不完全过错责任，多式联运经营人在因特定性质的过失导致货损时可获免责，不必承担赔偿。

推定过错责任，是指当货损发生时，推定多式联运经营人对此负有过错，除非他能举证证明其已尽到谨慎注意的义务但仍不能避免货损的发生，或者其有证据表明其虽有过错但该过错与货损并无因果关系。推定过错责任使举证责任由多式联运经营人承担，即出现举证责任倒置。

📖 知识点九：多式联运经营人责任形式

多式联运经营人的责任形式主要有：网状责任制、统一责任制，以及经修订的统一责任制。

网状责任制，是指当货物发生可定域灭失或损毁时，多式联运经营人适用货物灭失或损毁发生的运输区段的法律来承担赔偿责任。该责任制下的多式联运经营人和实际承运人适用相同的法律。如果发生非定域的货物灭失或损毁时，多式联运经营人统一按照合同的约定或相关的国际公约或国内法，承担赔偿责任。

统一责任制，是指不管货物的灭失或损毁发生在哪个运输区段，不管是定域的还是非定域的，多式联运经营人都适用法律规定或合同约定的统一责任条款，区段承运人仍旧适用货物发生灭失或损毁的运输区段的法律。统一责任制的最大优点是理赔手续十分简便，只要有货损，都按一个标准进行赔偿，但在实际业务中统一责任制应用较少，主要原因是统一赔偿标准难以为多式联运经营人所接受。

经修订的统一责任制，是介于统一责任制与网状责任制之间的责任形式，也称混合责任制。它在责任基础方面与统一责任制相同，在赔偿限额方面则与网状责任制相同。即多式联运经营人对全程运输负责，各区段的实际承运人仅对自己完成区段的运输负责。无论货损发生在哪一区段，多式联运经营人和实际承运人都按公约规定的统一责任限额承担责任。但如果货物的灭失、损坏发生于多式联运的某一特定区域，而对这一区段适用的一项国际公约或强制性国家法律规定的赔偿责任限额高于多式联运公约规定的赔偿责任限额时，多式联运经营人对这种灭失、损坏的赔偿应按照适用的国际公约或强制性国际法律予以确定。《联合国国际货物多式联运公约》基本上采取这种责任形式。

📖 知识点十：相关法规对多式联运经营人责任的规定

1. 国际法规和公约的规定

多式联运领域的国际立法从 20 世纪 60 年代起步，时至今日尚未达成统一的国际实体法。对多式联运领域影响较大的有以下几项。

（1）1975 年《联运单证统一规则》（《75 规则》，后被《92 规则》取代）。《75 规则》中，多式联运经营人的责任基础适用"推定过失责任"，同时规定了一系列除外责任。多式联运经营人责任制度方面采用的是网状责任制，区分定域损害和非定域损害。定域损害适用发生地的单式运输国际公约或国内法，非定域损害适用每千克 30 金法郎的赔偿责任限额。

（2）1992 年《多式联运单证规则》。多式联运经营人责任基础适用"推定过失责任"。责任制度采用"经修订的网状责任制"。对于可定域损害的运输区段，国际公约或强制性国内法优先适用；非定域损害适用《92 规则》的责任限额，每件 666.67 特别提款权（SDR）或每千克 2 SDR。并规定了，任何情况下，单式运输的强制性规定都优先适用。

（3）1980 年《联合国国际货物多式联运公约》（以下简称《公约》）。《公约》强制适用于多式联运合同，但不适用于多式联运合同下的分合同。多式联运经营人责任基础适用"推定过失责任"。责任制度采用"经修订的统一责任制"。责任限额方面规定：含海运区段的多式联运合同，靠海运公约的规定，每件 920 SDR 或每千克 2.75 SDR；不含海运区段的多式联运合同，靠公路运输公约（CMR）的规定，每公斤 8.33 SDR。特别规定，对于可定域损害的运输区段的国际公约或强制性国内法，如果规定的责任限额较高，则不适用《公约》。

（4）2008 年《联合国全程或部分海上国际货物运输合同公约》（《鹿特丹规则》）。多式联运经营人责任基础适用"推定过失责任"。责任形式方面，采用"最小限度的网状责任制"。责任限额为，每件 875 SDR 或每千克 3 SDR。对于可定域损害，全部发生于海运前或海运后的，责任限额根据该区段的强制适用法。延迟交付的经济损失为延迟货物运费的 2.5 倍。

国际货物运输赔偿标准如表 4-8 所示。

表 4-8　国际货物运输赔偿标准

序号	公约名称	每件/每单位责任限额	毛重每千克责任限额
1	海牙规则	100 英镑	
2	维斯比规则	10 000 金法郎	30 金法郎
3	汉堡规则	835 SDR	2.5 SDR
4	鹿特丹规则	875 SDR	3 SDR
5	华沙公约		250 法郎
6	国际公路货物运输合同公约		8.33 SDR
7	关于铁路货物运输的国际公约		50 法郎
8	国际货物多式联运公约	920 SDR	2.75 SDR（包括海上或内河运输） 8.33 SDR（不包括海上或内河运输）
9	多式联运单证规则	666.67 SDR	2 SDR

2. 国内法规的规定

我国还没有专门针对多式联运经营人责任的法规，目前用于规范多式联运经营人行为的主要是《海商法》和《民法典》中的部分内容。

《海商法》中，第四章海上货物运输合同中说明，承运人的责任基础适用"不完全过失责任"。第八节多式联运的特别规定中指出，货物的灭失或者损坏发生于多式联运的某一区段的，多式联运经营人的赔偿责任和责任限额，使用调整该区段运输方式的有关法律规定。对于不可定域的灭失或损坏，《海商法》第五十六条规定赔偿责任限额为每件 666.67 SDR 或每千克 2 SDR。由此可见，多式联运经营人适用的责任形式是"修正的网状责任制"。

《民法典》第八百四十二条规定，货物的毁损、灭失发生于多式联运的某一运输区段的，多式联运经营人的赔偿责任和责任限额，适用调整该区段运输方式的有关法律规定；货物毁损、灭失发生的运输区段不能确定的，依照本章规定承担赔偿责任。相应的，《民法典》第八百三十三条规定，货物的毁损、灭失的赔偿额，当事人有约定的，按照其约定；没有约定或者约定不明确，依据本法第五百一十条的规定仍不能确定的，按照交付或者应当交付时货物到达地的市场价格计算。法律、行政法规对赔偿额的计算方法和赔偿限额另有规定的，依照其规定。

任务训练

项目四	集装箱与多式联运承运人业务		任务二	集装箱运输组织	子任务五	组织集装箱多式联运
任务描述							
各组根据给定任务，查找资料，完成任务目标							
任务实施							
1	试分析多式联运经营人为了开展业务可能签订的合同类型，并说明合同双方当事人							
2	查找资料，说明协作式多式联运和衔接式多式联运组织方式的区别							
3	查找资料，举例说明无车承运人如何组织运输							
4	查阅资料，整理《民法典》对多式联运经营人责任的规定							

续表

5	《联合国国际货物多式联运公约》如何规定多式联运经营人的责任基础和责任形式
6	根据给定背景资料，试为"儿童三轮车"项目设计运输路线和方式；并参考网络资料，为其拟订多式联运合同
7	根据给定背景资料，查阅网络信息，分析并整理"儿童三轮车"项目门到门多式联运业务流程，绘制流程图，注明主要单证

任务评价		
评价类型	评价指标	评价得分
自我评价	完成情况（40%）	
	主动学习（40%）	
	学习收获（20%）	
小组评价	完成情况（40%）	
	成果贡献（40%）	
	协作意识（20%）	
教师评价	完成情况（40%）	
	解决问题（40%）	
	线上参与（20%）	
总体评价	校内（100%）	
	企业（100%）（该项目有企业参与时）	

拓展任务

资源	二维码	资源	二维码
微课 4-12： 集装箱冷链运输		图文 4-21： 交通运输部关于推进改革试点 加快无车承运物流创新 发展的意见	
视频 4-2： 多式联运合同规定		图文 4-22： 联合国全程或部分海上国际货物 运输合同公约——《鹿特丹规则》	
图文 4-20： 图说无车承运人		图文 4-23： 联合国国际货物多式联运公约	
拓展任务学习笔记			

子任务六　集装箱多式联运运费计收

导学任务

NT 集装箱公司接到南京 ABC 进出口公司一批出口德国汉堡 OPQ 公司的"儿童三轮车"的运输任务。

NT 集装箱公司实习员工小王，根据师傅要求，分析该项目运费构成，协助报价。

导学问题

- 集装箱运费的基本结构是什么？
- 集装箱运费的计收方法是什么？
- 集装箱内陆运费的计费项目有哪些？

导学资源

资源	二维码
微课 4-13：集装箱运费	

知识链接

一、集装箱运费构成

知识点一：集装箱运费基本结构

集装箱运输费用主要包括在途运输费用和站点服务费用。以集装箱水路运输为例，由于集装箱运输打破了"港到港"交接的传统，使承运人的运输线路增长、运输环节增多，运输成本和运输风险也较传统"港到港"的运输有很大区别。这使集装箱运费构成不仅包括集装箱海运费，还包括堆场服务费、货运站服务费、集装箱的内陆集疏运费用、集装箱及设备使用费等。

1. 海运费

集装箱海运费是海上运输区段的费用，包括集装箱海上运输基本运费、各种附加费、船边装卸费。这是集装箱运费的主要组成部分，一般各班轮公司以运价本的形式规定。

2. 堆场服务费

堆场服务费，又称码头服务费（THC），包括：装船港堆场接收出口整箱、堆存集装箱以及搬运至桥吊下的费用；卸船港堆场接收进口箱、搬运至堆场及堆存集装箱的费用；装卸港的单证费用等。无论集装箱以何种方式交接，堆场服务费都是不可缺少的部分。这部分费用根据交接方式的不同,可以在装卸港分别向发货人和收货人计收,也可以在 CY to CY 条件下计入海运费中计收。

3. 货运站服务费

货运站服务费,是拼箱货经由货运站作业时的各种操作费用,包括提还空箱、装箱、拆箱、封箱、标记,货物在站内搬运和堆存、理货、积载,签发场站收据、装箱单、必要的分票等费用。通常情况下,在拼箱货运业务中,可将费用划分为海运运费和拼箱服务费两大部分,其中拼箱服务费是指除海运费外,货物在货运站内、从货运站到码头堆场以及在码头堆场内发生的全部费用。

4. 集疏运费用

集疏运费用,即拖箱费,是指将货物从发货地运往码头堆场或由码头堆场运往交货地的费用。根据集疏运的方式不同,可以分为水路集疏运费用和内陆集疏运费用。

📖 知识点二:不同交接方式下的运费结构

在不同的交接方式下,由于全程运输中包括的运输方式、运输距离、中转地点和次数都有较大区别,因此集装箱运费的结构也是不同的,拼箱货和整箱货的运费结构也不相同。

1. 整箱门到门交接方式的全程运费结构(见图 4-30)

该运费结构为:起运地集疏运费+装运地堆场服务费+干线运输费+目的地堆场服务费+目的地集疏运费。

图 4-30　整箱门到门交接方式的全程运费结构

2. 整箱场到场交接方式的全程运费结构(见图 4-31)

该运费结构为:装运地堆场服务费+干线运输费+目的地堆场服务费。

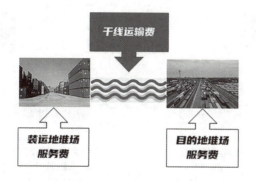

图 4-31　整箱场到场交接方式的全程运费结构

3. 整箱门到场交接方式的全程运费结构（见图4-32）

该运费结构为：起运地集疏运费+装运地堆场服务费+干线运输费+目的地堆场服务费。

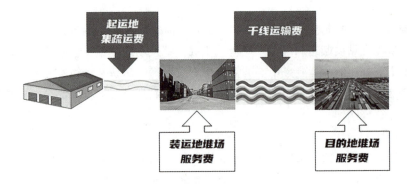

图4-32　整箱门到场交接方式的全程运费结构

4. 整箱场到门交接方式的全程运费结构（见图4-33）

该运费结构为：装运地堆场服务费+干线运输费+目的地堆场服务费+目的地集疏运费。

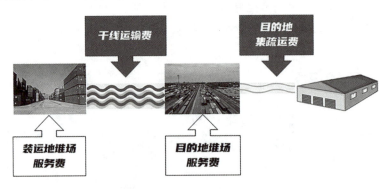

图4-33　整箱场到门交接方式的全程运费结构

5. 拼箱站到站交接方式的全程运费结构（见图4-34）

该运费结构为：起运地货运站服务费+装运地堆场服务费+干线运输费+目的地堆场服务费+目的地货运站服务费。

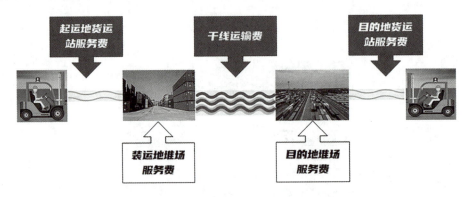

图4-34　拼箱站到站交接方式的全程运费结构

6. 拼箱站到场交接方式的全程运费结构（见图 4-35）

该运费结构为：起运地货运站服务费+装运地堆场服务费+干线运输费+目的地堆场服务费。

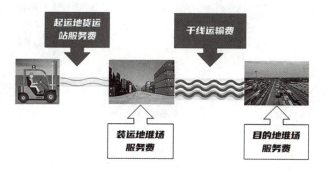

图 4-35　拼箱站到场交接方式的全程运费结构

7. 拼箱站到门交接方式的全程运费结构（见图 4-36）

该运费结构为：起运地货运站服务费+装运地堆场服务费+干线运输费+目的地堆场服务费+目的地集疏运费。

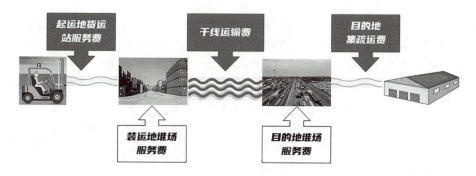

图 4-36　拼箱站到门交接方式的全程运费结构

8. 拼箱门到站交接方式的全程运费结构（见图 4-37）

该运费结构为：起运地集疏运费+装运地堆场服务费+干线运输费+目的地堆场服务费+目的地货运站服务费。

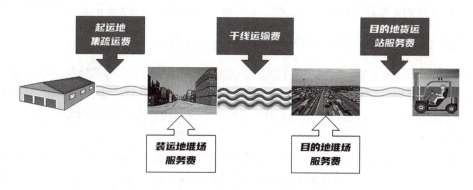

图 4-37　拼箱门到站交接方式的全程运费结构

9. 拼箱场到站交接方式的全程运费结构（见图4-38）

该运费结构为：装运地堆场服务费+干线运输费+目的地堆场服务费+目的地货运站服务费。

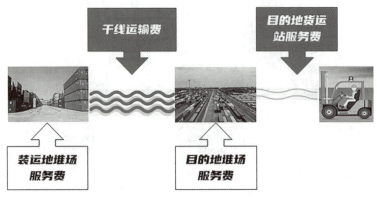

图4-38　拼箱场到站交接方式的全程运费结构

二、集装箱海运费

知识点三：集装箱整箱货海运费计算——包箱费率

对于整箱托运的集装箱货物运费，目前采用的较为普遍的方法是根据集装箱的箱型按箱计收运费，即包箱费率。包箱费率又分为货物包箱费率和均一包箱费率两种。

1. 货物包箱费率（Commodity Box Rate，CBR）

货物包箱费率，是分箱型对货物按不同种类和等级制定费率。在这种费率中将普通货物分成4档20级。相较于件杂货运费率，CBR中低等级货物的集装箱运费率较高，而高等级货物的集装箱运费率较低，同等级货物中按重量吨计费的运价高于按体积吨计费的运价。

使用货物包箱费率时，先根据货名查找货物等级，然后在航线运价表中货物分级的大类、交接方式、集装箱箱型查出相应每只集装箱的运价。

2. 均一包箱费率（Freight for All Kinds，FAK）

均一包箱费率，按箱型规定运费。对于普通货物不再区分箱内货物等级，对特殊货物，如危险货物、冷藏货物等，分成四种：一般化工品、半危险品、全危险品、冷藏货物。均一包箱费率是目前船公司使用最为广泛的一种运费计收方式。例如，SHA-LBG航线运费表示为：USD1410/1880/2065/20′/40′/HQ，其含义是：上海—长滩，一个20 ft通用集装箱运价1 410美元，一个40 ft通用集装箱运价1 880美元，一个40 ft高柜集装箱运价2 065美元。

知识点四：集装箱整箱货海运费计算——按最低运费吨计费

当整箱托运集装箱货物，所使用的集装箱为船公司所有，且采用拼箱货的实际运费吨计费方法的情况下，船公司会对集装箱的装载利用率有一个最低要求，即"最低运费吨"。如果箱内所装货物没有达到规定的最低装箱标准，即没有达到船公司规定的最低运费吨时，其亏损部分，托运人必须支付"亏箱运费"。

规定集装箱最低运费吨的主要目的是，如果所装货物的吨数（重量或体积）没有达到规定的要求，而导致集装箱装载能力未被充分利用时，则仍按该最低运费吨计算运费，以确保承运人的利益。亏箱运费实际上就是对不足计费吨所计收的运费，即是所规定的最低计费吨与实际装载货物数量之间的差额。在计算亏箱运费时，通常是以箱内所载货物中费率最高者为计算标准。

最低运费吨可以用重量吨或体积吨来表示,在确定集装箱的最低运费吨时,通常要包括货板的重量或体积。最低运费吨的大小主要取决于集装箱的类型、尺寸和集装箱班轮公司所遵循的经营策略,也有些班轮公会的费率表中,集装箱的最低运费吨仅与集装箱的尺寸有关,而不考虑集装箱的类型。

📖 知识点五:集装箱整箱货海运费计算——按最高运费吨计费

集装箱最高运费吨的含义是,当集装箱内所载货物的体积吨超过集装箱规定的容积装载能力时,运费按规定的集装箱内容积计收,也就是说超出部分免收运费,例如,通常情况下,20 ft 箱的最高计费吨为 21.5 m^3,40 ft 箱的最高运费吨为 43 m^3。至于计收的费率标准,如果箱内货物的费率等级只有一种,则按该费率计收;如果箱内装有不同等级的货物,则按费率高低,从高费率起往低费率计算,直至货物的总体积吨与规定的集装箱内容积相等为止。

需要注意的是,如果货主没有按照承运人的要求,详细申报箱内所装货物的情况,运费则按集装箱内容积计收,而且,费率按箱内装货物所适用的最高费率计算。如果箱内货物只有部分没有申报数量,那么,未申报部分运费按集装箱内容积与已申报货物运费吨之差计收。

规定集装箱最高利用率的目的主要是鼓励货主使用集装箱装运货物,并能最大限度地利用集装箱的内容积。为此,在集装箱海运费的计算中,船公司通常都为各种规格和类型的集装箱规定了一个按集装箱内容积折算的最高利用率,例如,20 ft 集装箱的最高利用率为 31 m^3,40 ft 集装箱的最高利用率为 67 m^3。

最高利用率之所以用体积吨而不用重量吨为计算单位,是因为每一集装箱都有其最大载重,在运输中超重是不允许的。因此,在正常情况下,不应出现超重的集装箱,更谈不上鼓励超重的做法。

📖 知识点六:集装箱拼箱货海运费计算

目前,各船公司对集装箱运输拼箱货海运费的计算基本上是依据件杂货运费的计算标准,按所托运货物的实际运费吨计费,即尺码大的按尺码吨计费,重量大的按重量吨计费。拼箱货海运费计算公式为:

$$拼箱海运费 = 费率 \times 运费吨 + 附加费$$

由于拼箱货涉及不同的收货人,因而拼箱货不能接受货主提出的有关选港或变更目的港的要求,所以,在拼箱货海运费中没有选港附加费和变更目的港附加费,但要加收与集装箱有关的费用,如拼箱服务费等。

另外,对于拼箱货物,承运人要根据情况,收取起码运费。起码运费按每份提单,不足 1 m^3 或 1 t 时按 1 W/M 收费。

📖 知识点七:集装箱特殊货物海运费计算

一些特殊货物,如成组货物、家具、行李及服装等在使用集装箱进行装运时,在运费的计算上有一些特别的规定。

1. 成组货物

班轮公司通常对符合运价本中有关规定与要求,并按拼箱货托运的成组货物,在运费上给予一定的优惠:在计算运费时,扣除货板本身的重量或体积,但这种扣除不能超过成组货物(货物加货板)重量或体积的 10%,超出部分仍按货板上货物所适用的费率计收运费。但是,对于整箱托运的成组货物,则不能享受优惠运价,并且,整箱货的货板在计算运费时一般不扣除其重量或体积。

2. 家具和行李

对装载在集装箱内的家具或行李,除组装成箱子再装入集装箱外,其他均按集装箱内容积的100%计收运费及其他有关费用。

3. 服装

当服装以挂载方式装载在集装箱内进行运输时,承运人通常仅接受整箱货"CY to CY"的运输交接方式,并由货主提供必要的服装装箱物料,如衣架等。运费按集装箱内容积的85%计算。如果箱内除挂载的服装外,还装有其他货物时,服装仍按箱容的85%计收运费,其他货物则按实际体积计收运费。当两者的总计费体积超过箱容的100%时,其超出部分免收运费。在这种情况下,货主应提供经承运人同意的公证机构出具的货物计量证书。

4. 回运货物

回运货物是指在卸货港或交货地卸货后的一定时间以内,由原承运人运回原装货港或发货地的货物。对于这种回运货物,承运人一般给予一定的运费优惠,比如,当货物在卸货港或交货地卸货后六个月内由原承运人运回原装货港或发货地,对整箱货(原箱)的回程运费按原运费的85%计收,拼箱货则按原运费的90%计收回程运费。但货物在卸货港或交货地滞留期间发生的一切费用均由申请方负担。

📖 知识点八:集装箱海运超期使用费

如果货主所使用的集装箱和有关设备为承运人所有,承运人允许在一定时限内,将自己掌握的集装箱免费提供给用箱人使用。但是,若货主未能在免费使用期届满后将集装箱或有关设备归还给承运人,或送交承运人指定地点,承运人则按规定对超出时间向货主收取集装箱期使用费。集装箱超期使用费参考标准如表4-9所示。

表4-9　集装箱超期使用费参考标准　　　　　　　　　　　　美元/天

货箱种类	尺寸/ft	1~4天	5~7天	8~10天	11~20天	21~40天	41天以上
干货箱	20	免费	免费	免费	5.00	10.00	20.00
	40	免费	免费	免费	10.00	20.00	40.00
开顶箱 框架箱	20	免费	免费	8.00	15.00	15.00	30.00
	40	免费	免费	16.00	30.00	30.00	60.00
冷藏箱、罐箱等 特殊用途箱	20	免费	20.00	20.00	35.00	70.00	70.00
	40	免费	40.00	40.00	70.00	140.00	140.00

逾期41天仍不交还集装箱者,可推定集装箱及其设备灭失。灭失集装箱的赔偿标准如表4-10所示。

表4-10　集装箱丢失和推定全损赔偿参考标准　　　　　　　　　　　　美元

货箱种类	尺寸/ft	集装箱价格	年折旧率	最低赔偿额
干货箱	20	3 200.00	5%	1 280.00
	40	4 300.00	5%	1 720.00
超高箱	20	4 000.00	5%	1 600.00
	40	5 000.00	5%	2 000.00

续表

货箱种类	尺寸/ft	集装箱价格	年折旧率	最低赔偿额
开顶箱	20	5 500.00	5%	2 000.00
	40	5 000.00	5%	2 000.00
框架箱	20	4 500.00	5%	1 800.00
	40	7 500.00	5%	3 000.00
冷藏箱、罐箱等特殊用途箱	20	25 000.00	5%	12 500.00
	40	33 000.00	5%	16 500.00

三、铁路集装箱运输费用

知识点九：铁路集装箱运输费用计算——一口价

铁路集装箱运输费用计算有两种方法：一种是由运费、杂费、装卸作业费及其他费用构成的常规算法，另一种是为适应集装箱需要而制定的集装箱一口价计算方法。

铁路集装箱运输一口价是指集装箱自进入始发站货场至离开到达站货场，在铁路运输全过程中各项价格的总和。铁路集装箱运输一口价按照《集装箱运输一口价实施办法》执行。车站在集装箱营业场所公布本站的集装箱运输一口价表，按发、到站分箱型列明一口价。

一口价中包括：铁路基本运价、装卸作业费、杂费和建设基金、电气化附加费等符合国家规定的运价和收费外，还包括了"门到门"运输取/还空箱作业费、专用线取送车作业费、港站货场作业费等。

不适用铁路集装箱运输一口价的情况有：集装箱国际铁路联运，集装箱危险品运输，冷藏、罐式、板架等专用集装箱运输。

知识点十：铁路集装箱运输费用计算——常规计算

铁路集装箱运输费用常规计算方法以箱为单位，由运费、装卸作业费、杂费、其他费用计算得来。

1. 铁路集装箱运费

运费由发到基价和运行基价两部分组成，其计算公式为：

集装箱每箱运费＝发到基价＋运行基价×运价里程

其中，发到基价和运行基价是按集装箱箱型，从《铁路货物运价率表》中确定适用的发到基价和运行基价率；运价里程是按《货物运价里程表》确定始发站至到达站的运价里程。

2. 铁路集装箱装卸作业费

铁路集装箱货物的装卸作业费，实行综合作业费率计费的办法。

3. 铁路集装箱货物运杂费

铁路集装箱运输收取的杂费主要包括：过秤费、取送车费、铁路集装箱使用费和延期使用费、自备集装箱管理费、地方铁路集装箱使用费、铁路集装箱清扫费、货物暂存费、集装箱拼箱费、变更手续费、运杂费迟交金、铁路电气化附加费、新路新价均摊运费、铁路建设基金等。

4. 其他费用

其他费用主要是根据货物运输的具体情况，可能向托运人或收货人征收的费用，如铁路电气化附加费、铁路建设基金等费用。

四、公路集装箱运输费用

📖 知识点十一：公路集装箱运输费用计算

公路集装箱货物运输以箱为单位计算运费，主要由基本运价、箱次费和其他费用构成。

基本运价，是各类标准集装箱重箱在等级公路上运输的（每箱·千米）运价。标准集装箱重箱运价按照不同规格的箱型的基本运价执行，标准集装箱空箱运价在重箱运价的基础上减成计算。非标准重箱运价按照不同规格的箱型，在标准集装箱基本运价的基础上加成计算；非标准集装箱空箱运价在非标准集装箱重箱运价的基础上减成计算。特种箱运价在箱型基本运价的基础上按装载不同特种货物的加成幅度加成计算。

箱次费，按不同箱型分别确定。

其他费用，根据集装箱货物运输的具体情况，承运人征收如调车费、延滞费、装箱落空损失费、道路阻塞停车费、车辆通行费、车辆处置费、运输变更手续费等其他费用。

公路集装箱运费计算公式为：

重箱运费＝重箱运价×计费箱数×计费里程＋箱次费×计费箱数＋其他费用
空箱运费＝空箱运价×计费箱数×计费里程＋箱次费×计费箱数＋其他费用

任务训练

项目四	集装箱与多式联运承运人业务	任务二	集装箱运输组织	子任务六	集装箱多式联运运费计收
任务描述					
各组根据给定任务，查找资料，完成任务目标						
任务实施					
1	一只 40 ft 高箱内装 A、B、C 三种货（属同一货主 FCL 货），分别属运价本中的第 5、8、15 级货，查此柜所走航线的运费率分别为：5 级货 USD85/R.T.，8 级货为 USD100/R.T.，15 级货为 130/R.T.。已知 A、B、C 三种货物的尺码与重量分别为：15 m^3，10 t；20 m^3，9 t；40 m^3，8 t。该运价本 40 ft 高箱的最高运费吨为 67 m^3，最低运费吨为 43 m^3 和 27.5 t。依据最高运费吨和最低运费吨原则，计算此箱运费				
2	南京 ABC 进出口公司向 NT 集装箱公司办理的这批出口德国汉堡 OPQ 公司"儿童三轮车"，拟采用门到门多式联运方式。请查询网络资料，试算不同干线运输方式下，该批货物的集装箱运费				
任务评价					

评价类型	评价指标	评价得分
自我评价	完成情况（40%）	
	主动学习（40%）	
	学习收获（20%）	
小组评价	完成情况（40%）	
	成果贡献（40%）	
	协作意识（20%）	

续表

评价类型	评价指标	评价得分
教师评价	完成情况（40%）	
	解决问题（40%）	
	线上参与（20%）	
总体评价	校内（100%）	
	企业（100%）（该项目有企业参与时）	

拓展任务

资源	二维码	资源	二维码
图文 4-24：中欧班列运价机制及结算规则		图文 4-25：整车和集装箱道路货物运输价格和成本计算方法	
拓展任务学习笔记			

参 考 文 献

[1] 朱晓宁. 集装箱运输与多式联运［M］. 北京：中国铁道出版社，2010.
[2] 莱文森. 集装箱改变世界［M］. 北京：机械工业出版社，2022.
[3] 中国报关协会. 关务基本技能［M］. 北京：中国海关出版社，2022.
[4] 丁莲芝. 多式联运经营人责任限制问题研究［M］. 北京：法律出版社，2015.
[5] 赵宏. 集装箱运输与海关监管［M］. 北京：中国海关出版社，2009.
[6] 林赞明，王学锋. 集装箱检验与维修［M］. 北京：北京大学出版社，2015.
[7] 国家标准化管理委员会. GB/T 1413—2023 系列 1 集装箱分类、尺寸和额定质量［M］. 北京：中国标准出版社，2023.
[8] 国家标准化管理委员会. GB/T 30349—2013 集装箱货运代理服务规范［M］. 北京：中国质检出版社，2013.
[9] 国家标准化管理委员会. GB/T 1836—2017 集装箱代码、识别和标记［M］. 北京：中国质检出版社，2017.
[10] 国家标准化管理委员会. GB/T 1992—2023 集装箱术语［M］. 北京：中国标准出版社，2023.
[11] 国家标准化管理委员会. GB/T 16561—2023 集装箱设备交接单［M］. 北京：中国标准出版社，2023.